JOHANN WOLFGANG VON GOETHE

FAUST

Der Tragödie zweiter Teil
in fünf Akten

HAMBURGER LESEHEFTE VERLAG
HUSUM/NORDSEE

ÜBERSICHT ÜBER DIE SZENENFOLGE

DER TRAGÖDIE ZWEITER TEIL

ERSTER AKT

ANMUTIGE GEGEND

Faust auf blumigen Rasen gebettet, ermüdet, unruhig, Schlaf suchend.
Dämmerung.
Geisterkreis schwebend bewegt, anmutige kleine Gestalten.

ARIEL (*Gesang, von Äolsharfen begleitet*).
Wenn der Blüten Frühlingsregen
Über alle schwebend sinkt,
Wenn der Felder grüner Segen
Allen Erdgebornen blinkt,
Kleiner Elfen Geistergröße
Eilet, wo sie helfen kann,
Ob er heilig, ob er böse,
Jammert sie der Unglücksmann.
Die ihr dies Haupt umschwebt im luft'gen Kreise,
Erzeigt euch hier nach edler Elfen Weise,
Besänftiget des Herzens grimmen Strauß,
Entfernt des Vorwurfs glühend bittre Pfeile,
Sein Innres reinigt von erlebtem Graus.
Vier sind die Pausen nächtiger Weile,
Nun ohne Säumen füllt sie freundlich aus.
Erst senkt sein Haupt aufs kühle Polster nieder,
Dann badet ihn im Tau aus Lethes Flut;
Gelenk sind bald die krampferstarrten Glieder,
Wenn er gestärkt dem Tag entgegenruht;
Vollbringt der Elfen schönste Pflicht,
Gebt ihn zurück dem heiligen Licht.

CHOR (*einzeln, zu zweien und vielen, abwechselnd und gesamt*).
Wenn sich lau die Lüfte füllen
Um den grün umschränkten Plan,
Süße Düfte, Nebelhüllen
Senkt die Dämmerung heran.
Lispelt leise süßen Frieden,
Wiegt das Herz in Kindesruh;
Und den Augen dieses Müden
Schließt des Tages Pforte zu.

Nacht ist schon hereingesunken,
Schließt sich heilig Stern an Stern,

Große Lichter, kleine Funken
Glitzern nah und glänzen fern;
Glitzern hier im See sich spiegelnd,
Glänzen droben klarer Nacht,
Tiefsten Ruhens Glück besiegelnd
Herrscht des Mondes volle Pracht.

Schon verloschen sind die Stunden,
Hingeschwunden Schmerz und Glück;
Fühl es vor! Du wirst gesunden;
Traue neuem Tagesblick.
Täler grünen, Hügel schwellen,
Buschen sich zu Schattenruh;
Und in schwanken Silberwellen
Wogt die Saat der Ernte zu.

Wunsch um Wünsche zu erlangen,
Schaue nach dem Glanze dort!
Leise bist du nur umfangen,
Schlaf ist Schale, wirf sie fort!
Säume nicht, dich zu erdreisten,
Wenn die Menge zaudernd schweift;
Alles kann der Edle leisten,
Der versteht und rasch ergreift.

(Ungeheures Getöse verkündet das Herannahen der Sonne.)

ARIEL. Horchet! horcht dem Sturm der Horen!
Tönend wird für Geistesohren
Schon der neue Tag geboren.
Felsentore knarren rasselnd,
Phöbus' Räder rollen prasselnd,
Welch Getöse bringt das Licht!
Es trommetet, es posaunet,
Auge blinzt und Ohr erstaunet,
Unerhörtes hört sich nicht.
Schlüpfet zu den Blumenkronen,
Tiefer, tiefer, still zu wohnen,
In die Felsen, unters Laub;
Trifft es euch, so seid ihr taub.

FAUST. Des Lebens Pulse schlagen frisch lebendig,
Ätherische Dämmerung milde zu begrüßen;
Du, Erde, warst auch diese Nacht beständig
Und atmest neu erquickt zu meinen Füßen,
Beginnest schon, mit Lust mich zu umgeben,

Du regst und rührst ein kräftiges Beschließen,
Zum höchsten Dasein immerfort zu streben. –
In Dämmerschein liegt schon die Welt erschlossen,
Der Wald ertönt von tausendstimmigem Leben,
Tal aus, Tal ein ist Nebelstreif ergossen,
Doch senkt sich Himmelsklarheit in die Tiefen,
Und Zweig und Äste, frisch erquickt, entsprossen
Dem duft'gen Abgrund, wo versenkt sie schliefen;
Auch Farb an Farbe klärt sich los vom Grunde,
Wo Blum und Blatt von Zitterperle triefen –
Ein Paradies wird um mich her die Runde.

Hinaufgeschaut! – Der Berge Gipfelriesen
Verkünden schon die feierlichste Stunde;
Sie dürfen früh des ewigen Lichts genießen,
Das später sich zu uns hernieder wendet.
Jetzt zu der Alpe grün gesenkten Wiesen
Wird neuer Glanz und Deutlichkeit gespendet,
Und stufenweis herab ist es gelungen; –
Sie tritt hervor! – und leider schon geblendet,
Kehr ich mich weg, vom Augenschmerz durchdrungen.

So ist es also, wenn ein sehnend Hoffen
Dem höchsten Wunsch sich traulich zugerungen,
Erfüllungspforten findet flügeloffen;
Nun aber bricht aus jenen ewigen Gründen
Ein Flammenübermaß, wir stehn betroffen;
Des Lebens Fackel wollten wir entzünden,
Ein Feuermeer umschlingt uns, welch ein Feuer!
Ist's Lieb? ist's Hass? die glühend uns umwinden,
Mit Schmerz und Freuden wechselnd ungeheuer,
Sodass wir wieder nach der Erde blicken,
Zu bergen uns in jugendlichstem Schleier.

So bleibe denn die Sonne mir im Rücken!
Der Wassersturz, das Felsenriff durchbrausend,
Ihn schau ich an mit wachsendem Entzücken.
Von Sturz zu Sturzen wälzt er jetzt in tausend,
Dann abertausend Strömen sich ergießend,
Hoch in die Lüfte Schaum an Schäume sausend.
Allein wie herrlich, diesem Sturm ersprießend,
Wölbt sich des bunten Bogens Wechseldauer,
Bald rein gezeichnet, bald in Luft zerfließend,

Umher verbreitend duftig kühle Schauer.
Der spiegelt ab das menschliche Bestreben.
Ihm sinne nach, und du begreifst genauer:
Am farbigen Abglanz haben wir das Leben.

KAISERLICHE PFALZ · SAAL DES THRONES

Staatsrat in Erwartung des Kaisers.
Trompeten.

Hofgesinde aller Art, prächtig gekleidet, tritt vor.
Der Kaiser gelangt auf den Thron, zu seiner Rechten
der Astrolog.

KAISER. Ich grüße die Getreuen, Lieben,
Versammelt aus der Näh und Weite; –
Den Weisen seh ich mir zur Seite,
Allein wo ist der Narr geblieben?
JUNKER. Gleich hinter deiner Mantelschleppe
Stürzt' er zusammen auf der Treppe,
Man trug hinweg das Fettgewicht,
Tot oder trunken? weiß man nicht.
ZWEITER JUNKER. Sogleich mit wunderbarer Schnelle
Drängt sich ein andrer an die Stelle.
Gar köstlich ist er aufgeputzt,
Doch fratzenhaft, dass jeder stutzt;
Die Wache hält ihm an der Schwelle
Kreuzweis die Hellebarden vor –
Da ist er doch, der kühne Tor!
MEPHISTOPHELES *(am Throne kniend).*
Was ist verwünscht und stets willkommen?
Was ist ersehnt und stets verjagt?
Was immerfort in Schutz genommen?
Was hart gescholten und verklagt?
Wen darfst du nicht herbeiberufen?
Wen höret jeder gern genannt?
Was naht sich deines Thrones Stufen?
Was hat sich selbst hinweggebannt?
KAISER. Für diesmal spare deine Worte!
Hier sind die Rätsel nicht am Orte,
Das ist die Sache dieser Herrn. –
Da löse du! das hört' ich gern.

Mein alter Narr ging, fürcht ich, weit ins Weite;
Nimm seinen Platz und komm an meine Seite.
(Mephistopheles steigt hinauf und stellt sich zur Linken.)

GEMURMEL DER MENGE.
Ein neuer Narr – Zu neuer Pein –
Wo kommt er her? – Wie kam er ein? –
Der alte fiel – Der hat vertan –
Es war ein Fass – Nun ist's ein Span –

KAISER. Und also, ihr Getreuen, Lieben,
Willkommen aus der Näh und Ferne!
Ihr sammelt euch mit günstigem Sterne,
Da droben ist uns Glück und Heil geschrieben.
Doch sagt, warum in diesen Tagen,
Wo wir der Sorgen uns entschlagen,
Schönbärte mummenschänzlich tragen
Und Heitres nur genießen wollten,
Warum wir uns ratschlagend quälen sollten?
Doch weil ihr meint, es ging nicht anders an,
Geschehen ist's, so sei's getan.

KANZLER.
Die höchste Tugend, wie ein Heiligenschein,
Umgibt des Kaisers Haupt; nur er allein
Vermag sie gültig auszuüben:
Gerechtigkeit! – Was alle Menschen lieben,
Was alle fordern, wünschen, schwer entbehren,
Es liegt an ihm, dem Volk es zu gewähren.
Doch ach! Was hilft dem Menschengeist Verstand,
Dem Herzen Güte, Willigkeit der Hand,
Wenn's fieberhaft durchaus im Staate wütet
Und Übel sich in Übeln überbrütet?
Wer schaut hinab von diesem hohen Raum
Ins weite Reich, ihm scheint's ein schwerer Traum,
Wo Missgestalt in Missgestalten schaltet,
Das Ungesetz gesetzlich überwaltet
Und eine Welt des Irrtums sich entfaltet.

Der raubt sich Herden, der ein Weib,
Kelch, Kreuz und Leuchter vom Altare,
Berühmt sich dessen manche Jahre
Mit heiler Haut, mit unverletztem Leib.
Jetzt drängen Kläger sich zur Halle,
Der Richter prunkt auf hohem Pfühl,
Indessen wogt in grimmigem Schwalle

Des Aufruhrs wachsendes Gewühl.
Der darf auf Schand und Frevel pochen,
Der auf Mitschuldigste sich stützt,
Und: Schuldig! hörst du ausgesprochen,
Wo Unschuld nur sich selber schützt.
So will sich alle Welt zerstückeln,
Vernichtigen, was sich gebührt;
Wie soll sich da der Sinn entwickeln,
Der einzig uns zum Rechten führt?
Zuletzt ein wohlgesinnter Mann
Neigt sich dem Schmeichler, dem Bestecher,
Ein Richter, der nicht strafen kann,
Gesellt sich endlich zum Verbrecher.
Ich malte schwarz, doch dichtern Flor
Zög ich dem Bilde lieber vor. *(Pause.)*
Entschlüsse sind nicht zu vermeiden;
Wenn alle schädigen, alle leiden,
Geht selbst die Majestät zu Raub.

HEERMEISTER. Wie tobt's in diesen wilden Tagen!
Ein jeder schlägt und wird erschlagen,
Und fürs Kommando bleibt man taub.
Der Bürger hinter seinen Mauern,
Der Ritter auf dem Felsennest
Verschwuren sich, uns auszudauern,
Und halten ihre Kräfte fest.
Der Mietsoldat wird ungeduldig,
Mit Ungestüm verlangt er seinen Lohn,
Und wären wir ihm nichts mehr schuldig,
Er liefe ganz und gar davon.
Verbiete wer, was alle wollten,
Der hat ins Wespennest gestört;
Das Reich, das sie beschützen sollten,
Es liegt geplündert und verheert.
Man lässt ihr Toben wütend hausen,
Schon ist die halbe Welt vertan;
Es sind noch Könige da draußen,
Doch keiner denkt, es ging ihn irgend an.

SCHATZMEISTER. Wer wird auf Bundsgenossen pochen!
Subsidien, die man uns versprochen,
Wie Röhrenwasser bleiben aus.
Auch, Herr, in deinen weiten Staaten
An wen ist der Besitz geraten?
Wohin man kommt, da hält ein Neuer Haus,

Und unabhängig will er leben,
Zusehen muss man, wie er's treibt;
Wir haben so viel Rechte hingegeben,
Dass uns auf nichts ein Recht mehr übrig bleibt.
Auch auf Parteien, wie sie heißen,
Ist heutzutage kein Verlass;
Sie mögen schelten oder preisen,
Gleichgültig wurden Lieb und Hass.
Die Ghibellinen wie die Guelfen
Verbergen sich, um auszuruhn;
Wer jetzt will seinem Nachbar helfen?
Ein jeder hat für sich zu tun.
Die Goldespforten sind verrammelt,
Ein jeder kratzt und scharrt und sammelt,
Und unsre Kassen bleiben leer.

MARSCHALK. Welch Unheil muss auch ich erfahren!
Wir wollen alle Tage sparen
Und brauchen alle Tage mehr,
Und täglich wächst mir neue Pein.
Den Köchen tut kein Mangel wehe;
Wildschweine, Hirsche, Hasen, Rehe,
Welschhühner, Hühner, Gäns und Enten,
Die Deputate, sichre Renten,
Sie gehen noch so ziemlich ein.
Jedoch am Ende fehlt's an Wein.
Wenn sonst im Keller Fass an Fass sich häufte,
Der besten Berg' und Jahresläufte,
So schlürft unendliches Gesäufte
Der edlen Herrn den letzten Tropfen aus.
Der Stadtrat muss sein Lager auch verzapfen,
Man greift zu Humpen, greift zu Napfen,
Und unterm Tische liegt der Schmaus.
Nun soll ich zahlen, alle lohnen;
Der Jude wird mich nicht verschonen,
Der schafft Antizipationen,
Die speisen Jahr um Jahr voraus.
Die Schweine kommen nicht zu Fette,
Verpfändet ist der Pfühl im Bette,
Und auf den Tisch kommt vorgegessen Brot.

KAISER *(nach einigem Nachdenken zu Mephistopheles).*
Sag, weißt du Narr nicht auch noch eine Not?

MEPHISTOPHELES.
Ich? Keineswegs. Den Glanz umher zu schauen,

Dich und die Deinen! – Mangelte Vertrauen,
Wo Majestät unweigerlich gebeut,
Bereite Macht Feindseliges zerstreut?
Wo guter Wille, kräftig durch Verstand,
Und Tätigkeit, vielfältige, zur Hand?
Was könnte da zum Unheil sich vereinen,
Zur Finsternis, wo solche Sterne scheinen?

GEMURMEL. Das ist ein Schalk – Der's wohl versteht –
Er lügt sich ein – So lang es geht –
Ich weiß schon – Was dahinter steckt –
Und was denn weiter? – Ein Projekt –

MEPHISTOPHELES.
Wo fehlt's nicht irgendwo auf dieser Welt?
Dem dies, dem das, hier aber fehlt das Geld.
Vom Estrich zwar ist es nicht aufzuraffen;
Doch Weisheit weiß das Tiefste herzuschaffen.
In Bergesadern, Mauergründen
Ist Gold gemünzt und ungemünzt zu finden,
Und fragt ihr mich, wer es zutage schafft:
Begabten Manns Natur- und Geisteskraft.

KANZLER.
Natur und Geist – so spricht man nicht zu Christen.
Deshalb verbrennt man Atheisten,
Weil solche Reden höchst gefährlich sind.
Natur ist Sünde, Geist ist Teufel,
Sie hegen zwischen sich den Zweifel,
Ihr missgestaltet Zwitterkind.
Uns nicht so! – Kaisers alten Landen
Sind zwei Geschlechter nur entstanden,
Sie stützen würdig seinen Thron:
Die Heiligen sind es und die Ritter;
Sie stehen jedem Ungewitter
Und nehmen Kirch und Staat zum Lohn.
Dem Pöbelsinn verworrner Geister
Entwickelt sich ein Widerstand:
Die Ketzer sind's! die Hexenmeister!
Und sie verderben Stadt und Land.
Die willst du nun mit frechen Scherzen
In diese hohen Kreise schwärzen;
Ihr hegt euch an verderbtem Herzen,
Dem Narren sind sie nah verwandt.

MEPHISTOPHELES. Daran erkenn ich den gelehrten Herrn!
Was ihr nicht tastet, steht euch meilenfern,

Was ihr nicht fasst, das fehlt euch ganz und gar,
Was ihr nicht rechnet, glaubt ihr, sei nicht wahr,
Was ihr nicht wägt, hat für euch kein Gewicht,
Was ihr nicht münzt, das, meint ihr, gelte nicht.
KAISER. Dadurch sind unsre Mängel nicht erledigt,
Was willst du jetzt mit deiner Fastenpredigt?
Ich habe satt das ewige Wie und Wenn;
Es fehlt an Geld, nun gut, so schaff es denn.
MEPHISTOPHELES.
Ich schaffe, was ihr wollt, und schaffe mehr;
Zwar ist es leicht, doch ist das Leichte schwer;
Es liegt schon da, doch um es zu erlangen,
Das ist die Kunst, wer weiß es anzufangen?
Bedenkt doch nur: in jenen Schreckensläuften,
Wo Menschenfluten Land und Volk ersäuften,
Wie der und der, so sehr es ihn erschreckte,
Sein Liebstes da- und dortwohin versteckte.
So war's von je in mächtiger Römer Zeit,
Und so fortan, bis gestern, ja bis heut.
Das alles liegt im Boden still begraben,
Der Boden ist des Kaisers, der soll's haben.
SCHATZMEISTER.
Für einen Narren spricht er gar nicht schlecht,
Das ist fürwahr des alten Kaisers Recht.
KANZLER. Der Satan legt euch gold gewirkte Schlingen:
Es geht nicht zu mit frommen rechten Dingen.
MARSCHALK. Schafft er uns nur zu Hof willkommne Gaben,
Ich wollte gern ein bisschen Unrecht haben.
HEERMEISTER.
Der Narr ist klug, verspricht, was jedem frommt;
Fragt der Soldat doch nicht, woher es kommt.
MEPHISTOPHELES.
Und glaubt ihr euch vielleicht durch mich betrogen,
Hier steht ein Mann! da, fragt den Astrologen!
In Kreis um Kreise kennt er Stund und Haus;
So sage denn: wie sieht's am Himmel aus?
GEMURMEL. Zwei Schelme sind's – Verstehn sich schon –
Narr und Phantast – So nah dem Thron –
Ein mattgesungen – Alt Gedicht –
Der Tor bläst ein – Der Weise spricht –
ASTROLOG *(spricht, Mephistopheles bläst ein).*
Die Sonne selbst, sie ist ein lautres Gold,
Merkur, der Bote, dient um Gunst und Sold,

Frau Venus hat's euch allen angetan,
So früh als spat blickt sie euch lieblich an;
Die keusche Luna launet grillenhaft;
Mars, trifft er nicht, so dräut euch seine Kraft.
Und Jupiter bleibt doch der schönste Schein,
Saturn ist groß, dem Auge fern und klein.
Ihn als Metall verehren wir nicht sehr,
An Wert gering, doch im Gewichte schwer.
Ja! wenn zu Sol sich Luna fein gesellt,
Zum Silber Gold, dann ist es heitre Welt;
Das Übrige ist alles zu erlangen:
Paläste, Gärten, Brüstlein, rote Wangen,
Das alles schafft der hochgelahrte Mann,
Der das vermag, was unser keiner kann.
KAISER. Ich höre doppelt, was er spricht,
Und dennoch überzeugt's mich nicht.
GEMURMEL. Was soll uns das? – Gedroschner Spaß –
Kalenderei – Chymisterei –
Das hört' ich oft – Und falsch gehofft –
Und kommt er auch – So ist's ein Gauch –
MEPHISTOPHELES. Da stehen sie umher und staunen,
Vertrauen nicht dem hohen Fund,
Der eine faselt von Alraunen,
Der andre von dem schwarzen Hund.
Was soll es, dass der eine witzelt,
Ein andrer Zauberei verklagt,
Wenn ihm doch auch einmal die Sohle kitzelt,
Wenn ihm der sichre Schritt versagt.
Ihr alle fühlt geheimes Wirken
Der ewig waltenden Natur,
Und aus den untersten Bezirken
Schmiegt sich herauf lebend'ge Spur.
Wenn es in allen Gliedern zwackt,
Wenn es unheimlich wird am Platz,
Nur gleich entschlossen grabt und hackt,
Da liegt der Spielmann, liegt der Schatz!
GEMURMEL. Mir liegt's im Fuß wie Bleigewicht –
Mir krampft's im Arme – Das ist Gicht –
Mir krabbelt's an der großen Zeh –
Mir tut der ganze Rücken weh –
Nach solchen Zeichen wäre hier
Das allerreichste Schatzrevier.
KAISER. Nur eilig! du entschlüpfst nicht wieder,

Erprobe deine Lügenschäume
Und zeig uns gleich die edlen Räume.
Ich lege Schwert und Zepter nieder
Und will mit eignen hohen Händen,
Wenn du nicht lügst, das Werk vollenden,
Dich, wenn du lügst, zur Hölle senden!

MEPHISTOPHELES.
Den Weg dahin wüsst allenfalls zu finden –
Doch kann ich nicht genug verkünden,
Was überall besitzlos harrend liegt.
Der Bauer, der die Furche pflügt,
Hebt einen Goldtopf mit der Scholle,
Salpeter hofft er von der Leimenwand
Und findet golden-goldne Rolle
Erschreckt, erfreut in kümmerlicher Hand.
Was für Gewölbe sind zu sprengen,
In welchen Klüften, welchen Gängen
Muss sich der Schatzbewusste drängen,
Zur Nachbarschaft der Unterwelt!
In weiten, altverwahrten Kellern
Von goldnen Humpen, Schüsseln, Tellern
Sieht er sich Reihen aufgestellt;
Pokale stehen aus Rubinen,
Und will er deren sich bedienen,
Daneben liegt uraltes Nass.
Doch – werdet ihr dem Kundigen glauben –
Verfault ist längst das Holz der Dauben,
Der Weinstein schuf dem Wein ein Fass.
Essenzen solcher edlen Weine,
Gold und Juwelen nicht alleine
Umhüllen sich mit Nacht und Graus.
Der Weise forscht hier unverdrossen;
Am Tag erkennen, das sind Possen,
Im Finstern sind Mysterien zu Haus.

KAISER. Die lass ich dir! Was will das Düstre frommen?
Hat etwas Wert, es muss zu Tage kommen.
Wer kennt den Schelm in tiefer Nacht genau?
Schwarz sind die Kühe, so die Katzen grau.
Die Töpfe drunten, voll von Goldgewicht –
Zieh deinen Pflug und ackre sie ans Licht.

MEPHISTOPHELES. Nimm Hack und Spaten, grabe selber,
Die Bauernarbeit macht dich groß,
Und eine Herde goldner Kälber,

Sie reißen sich vom Boden los.
Dann ohne Zaudern, mit Entzücken
Kannst du dich selbst, wirst die Geliebte schmücken;
Ein leuchtend Farb- und Glanzgestein erhöht
Die Schönheit wie die Majestät.
KAISER. Nur gleich, nur gleich! Wie lange soll es währen!
ASTROLOG *(wie oben).*
Herr, mäßige solch dringendes Begehren,
Lass erst vorbei das bunte Freudenspiel;
Zerstreutes Wesen führt uns nicht zum Ziel.
Erst müssen wir in Fassung uns versühnen,
Das Untre durch das Obere verdienen.
Wer Gutes will, der sei erst gut;
Wer Freude will, besänftige sein Blut;
Wer Wein verlangt, der keltre reife Trauben;
Wer Wunder hofft, der stärke seinen Glauben.
KAISER. So sei die Zeit in Fröhlichkeit vertan!
Und ganz erwünscht kommt Aschermittwoch an.
Indessen feiern wir, auf jeden Fall,
Nur lustiger das wilde Karneval.
(Trompeten. Exeunt.)
MEPHISTOPHELES. Wie sich Verdienst und Glück verketten,
Das fällt den Toren niemals ein;
Wenn sie den Stein der Weisen hätten,
Der Weise mangelte dem Stein.

WEITLÄUFIGER SAAL MIT NEBENGEMÄCHERN

verziert und aufgeputzt zur Mummenschanz

HEROLD. Denkt nicht, ihr seid in deutschen Grenzen
Von Teufels-, Narren- und Totentänzen;
Ein heitres Fest erwartet euch.
Der Herr, auf seinen Römerzügen,
Hat, sich zu Nutz, euch zum Vergnügen,
Die hohen Alpen überstiegen,
Gewonnen sich ein heitres Reich.
Der Kaiser, er, an heiligen Sohlen
Erbat sich erst das Recht zur Macht,
Und als er ging, die Krone sich zu holen,
Hat er uns auch die Kappe mitgebracht.
Nun sind wir alle neugeboren;

Ein jeder weltgewandte Mann
Zieht sie behaglich über Kopf und Ohren;
Sie ähnelt ihn verrückten Toren,
Er ist darunter weise, wie er kann.
Ich sehe schon, wie sie sich scharen,
Sich schwankend sondern, traulich paaren;
Zudringlich schließt sich Chor an Chor.
Herein, hinaus, nur unverdrossen;
Es bleibt doch endlich nach wie vor
Mit ihren hunderttausend Possen
Die Welt ein einzig großer Tor.

GÄRTNERINNEN *(Gesang, begleitet von Mandolinen).*

Euren Beifall zu gewinnen,
Schmückten wir uns diese Nacht,
Junge Florentinerinnen
Folgten deutschen Hofes Pracht;

Tragen wir in braunen Locken
Mancher heitern Blume Zier;
Seidenfäden, Seidenflocken
Spielen ihre Rolle hier.

Denn wir halten es verdienstlich,
Lobenswürdig ganz und gar,
Unsere Blumen, glänzend künstlich,
Blühen fort das ganze Jahr.

Allerlei gefärbten Schnitzeln
Ward symmetrisch Recht getan;
Mögt ihr Stück für Stück bewitzeln
Doch das Ganze zieht euch an.

Niedlich sind wir anzuschauen,
Gärtnerinnen und galant;
Denn das Naturell der Frauen
Ist so nah mit Kunst verwandt.

HEROLD. Lasst die reichen Körbe sehen,
Die ihr auf den Häupten traget,
Die sich bunt am Arme blähen,
Jeder wähle, was behaget.
Eilig, dass in Laub und Gängen

Sich ein Garten offenbare!
Würdig sind sie zu umdrängen,
Krämerinnen wie die Ware.

GÄRTNERINNEN. Feilschet nun am heitern Orte,
Doch kein Markten finde statt!
Und mit sinnig kurzem Worte
Wisse jeder, was er hat.

OLIVENZWEIG MIT FRÜCHTEN.
Keinen Blumenflor beneid ich,
Allen Widerstreit vermeid ich;
Mir ist's gegen die Natur:
Bin ich doch das Mark der Lande
Und, zum sichern Unterpfande,
Friedenszeichen jeder Flur.
Heute, hoff ich, soll mir's glücken,
Würdig schönes Haupt zu schmücken.

ÄHRENKRANZ *(golden).* Ceres' Gaben, euch zu putzen,
Werden hold und lieblich stehn:
Das Erwünschteste dem Nutzen
Sei als eure Zierde schön.

PHANTASIEKRANZ. Bunte Blumen, Malven ähnlich,
Aus dem Moos ein Wunderflor!
Der Natur ist's nicht gewöhnlich,
Doch die Mode bringt's hervor.

PHANTASIESTRAUSS. Meinen Namen euch zu sagen,
Würde Theophrast nicht wagen;
Und doch hoff ich, wo nicht allen,
Aber mancher zu gefallen,
Der ich mich wohl eignen möchte,
Wenn sie mich ins Haar verflöchte,
Wenn sie sich entschließen könnte,
Mir am Herzen Platz vergönnte.

ROSENKNOSPEN *(Ausforderung).*
Mögen bunte Phantasieen
Für des Tages Mode blühen,
Wunderseltsam sein gestaltet,
Wie Natur sich nie entfaltet;
Grüne Stiele, goldne Glocken,
Blickt hervor aus reichen Locken! –
Doch wir – halten uns versteckt:
Glücklich, wer uns frisch entdeckt.
Wenn der Sommer sich verkündet,
Rosenknospe sich entzündet,

Wer mag solches Glück entbehren?
Das Versprechen, das Gewähren,
Das beherrscht in Florens Reich
Blick und Sinn und Herz zugleich.

(Unter grünen Laubgängen putzen die Gärtnerinnen zierlich ihren Kram auf.)

GÄRTNER *(Gesang, begleitet von Theorben).*

Blumen sehet ruhig sprießen,
Reizend euer Haupt umzieren;
Früchte wollen nicht verführen,
Kostend mag man sie genießen.

Bieten bräunliche Gesichter
Kirschen, Pfirschen, Königspflaumen,
Kauft! denn gegen Zung und Gaumen
Hält sich Auge schlecht als Richter.

Kommt, von allerreifsten Früchten
Mit Geschmack und Lust zu speisen!
Über Rosen lässt sich dichten,
In die Äpfel muss man beißen.

Sei's erlaubt, uns anzupaaren
Eurem reichen Jugendflor,
Und wir putzen reifer Waren
Fülle nachbarlich empor.

Unter lustigen Gewinden,
In geschmückter Lauben Bucht,
Alles ist zugleich zu finden:
Knospe, Blätter, Blume, Frucht.

(Unter Wechselgesang, begleitet von Gitarren und Theorben, fahren beide Chöre fort, ihre Waren stufenweis in die Höhe zu schmücken und auszubieten.)

Mutter und Tochter.

MUTTER. Mädchen, als du kamst ans Licht,
Schmückt' ich dich im Häubchen;
Warst so lieblich von Gesicht
Und so zart am Leibchen.
Dachte dich sogleich als Braut,

Gleich dem Reichsten angetraut,
Dachte dich als Weibchen.

Ach! Nun ist schon manches Jahr
Ungenützt verflogen,
Der Sponsierer bunte Schar
Schnell vorbeigezogen;
Tanztest mit dem einen flink,
Gabst dem andern feinen Wink
Mit dem Ellenbogen.

Welches Fest man auch ersann,
Ward umsonst begangen,
Pfänderspiel und dritter Mann
Wollten nicht verfangen;
Heute sind die Narren los,
Liebchen, öffne deinen Schoß,
Bleibt wohl einer hangen.

Gespielinnen, jung und schön, gesellen sich hinzu, ein vertrauliches Geplauder wird laut.

Fischer und Vogelsteller mit Netzen, Angeln und Leimruten, auch sonstigem Geräte treten auf, mischen sich unter die schönen Kinder. Wechselseitige Versuche, zu gewinnen, zu fangen, zu entgehen und festzuhalten, geben zu den angenehmsten Dialogen Gelegenheit.

HOLZHAUER *(treten ein, ungestüm und ungeschlacht).*
Nur Platz! nur Blöße!
Wir brauchen Räume,
Wir fällen Bäume,
Die krachen, schlagen;
Und wenn wir tragen,
Da gibt es Stöße.
Zu unserm Lobe
Bringt dies ins Reine;
Denn wirkten Grobe
Nicht auch im Lande,
Wie kämen Feine
Für sich zustande,
So sehr sie witzten?
Des seid belehret!

Denn ihr erfröret,
Wenn wir nicht schwitzten.

PULCINELLE *(täppisch, fast läppisch).*

Ihr seid die Toren,
Gebückt geboren.
Wir sind die Klugen,
Die nie was trugen;
Denn unsre Kappen,
Jacken und Lappen
Sind leicht zu tragen;
Und mit Behagen
Wir immer müßig,
Pantoffelfüßig,
Durch Markt und Haufen
Einherzulaufen,
Gaffend zu stehen,
Uns anzukrähen;
Auf solche Klänge
Durch Drang und Menge
Aalgleich zu schlüpfen,
Gesamt zu hüpfen,
Vereint zu toben.
Ihr mögt uns loben,
Ihr mögt uns schelten,
Wir lassen's gelten.

PARASITEN *(schmeichelnd-lüstern).*

Ihr wackern Träger
Und eure Schwäger,
Die Kohlenbrenner,
Sind unsre Männer.
Denn alles Bücken,
Bejahndes Nicken,
Gewundne Phrasen,
Das Doppelblasen,
Das wärmt und kühlet,
Wie's einer fühlet,
Was könnt es frommen?
Es möchte Feuer
Selbst ungeheuer
Vom Himmel kommen,
Gäb es nicht Scheite
Und Kohlentrachten,
Die Herdesbreite

Zur Glut entfachten.
Da brät's und prudelt's,
Da kocht's und strudelt's.
Der wahre Schmecker,
Der Tellerlecker,
Er riecht den Braten,
Er ahnet Fische;
Das regt zu Taten
An Gönners Tische.

TRUNKNER *(unbewusst).*

Sei mir heute nichts zuwider!
Fühle mich so frank und frei;
Frische Lust und heitre Lieder,
Holt' ich selbst sie doch herbei.
Und so trink ich! Trinke, trinke!
Stoßet an, ihr! Tinke, Tinke!
Du dorthinten, komm heran!
Stoßet an, so ist's getan.

Schrie mein Weibchen doch entrüstet,
Rümpfte diesem bunten Rock,
Und, wie sehr ich mich gebrüstet,
Schalt mich einen Maskenstock.
Doch ich trinke! Trinke, trinke!
Angeklungen! Tinke, Tinke!
Maskenstöcke, stoßet an!
Wenn es klingt, so ist's getan.

Saget nicht, dass ich verirrt bin,
Bin ich doch, wo mir's behagt.
Borgt der Wirt nicht, borgt die Wirtin,
Und am Ende borgt die Magd.
Immer trink ich! Trinke, trinke!
Auf, ihr andern! Tinke, Tinke!
Jeder jedem! so fortan!
Dünkt mich's doch, es sei getan.

Wie und wo ich mich vergnüge,
Mag es immerhin geschehn;
Lasst mich liegen, wo ich liege,
Denn ich mag nicht länger stehn.

CHOR. Jeder Bruder trinke, trinke!
Toastet frisch ein Tinke, Tinke!
Sitzet fest auf Bank und Span!
Unterm Tisch dem ist's getan.

Der Herold kündigt verschiedene Poeten an, Naturdichter, Hof- und Rittersänger, zärtliche sowie Enthusiasten. Im Gedräng von Mitwerbern aller Art lässt keiner den andern zum Vortrag kommen. Einer schleicht mit wenigen Worten vorüber.

SATIRIKER. Wisst ihr, was mich Poeten
Erst recht erfreuen sollte?
Dürft ich singen und reden,
Was niemand hören wollte.

(Die Nacht- und Grabdichter lassen sich entschuldigen, weil sie soeben im interessantesten Gespräch mit einem frisch erstandenen Vampyren begriffen seien, woraus eine neue Dichtart sich vielleicht entwickeln könnte; der Herold muss es gelten lassen und ruft indessen die griechische Mythologie hervor, die, selbst in moderner Maske, weder Charakter noch Gefälliges verliert.)

Die Grazien.

AGLAIA. Anmut bringen wir ins Leben;
Leget Anmut in das Geben.
HEGEMONE. Leget Anmut ins Empfangen,
Lieblich ist's, den Wunsch erlangen.
EUPHROSYNE. Und in stiller Tage Schranken
Höchst anmutig sei das Danken.

Die Parzen.

ATROPOS. Mich, die Älteste, zum Spinnen
Hat man diesmal eingeladen;
Viel zu denken, viel zu sinnen
Gibt's beim zarten Lebensfaden.

Dass er euch gelenk und weich sei,
Wusst' ich feinsten Flachs zu sichten;
Dass er glatt und schlank und gleich sei,
Wird der kluge Finger schlichten.

Wolltet ihr bei Lust und Tänzen
Allzu üppig euch erweisen,
Denkt an dieses Fadens Grenzen,
Hütet euch! Er möchte reißen.

KLOTHO. Wisst, in diesen letzten Tagen
Ward die Schere mir vertraut;
Denn man war von dem Betragen
Unsrer Alten nicht erbaut.

Zerrt unnützeste Gespinste
Lange sie an Licht und Luft,
Hoffnung herrlichster Gewinste
Schleppt sie schneidend zu der Gruft.

Doch auch ich im Jugendwalten
Irrte mich schon hundertmal;
Heute mich im Zaum zu halten,
Schere steckt im Futteral.

Und so bin ich gern gebunden,
Blicke freundlich diesem Ort;
Ihr in diesen freien Stunden
Schwärmt nur immer fort und fort.

LACHESIS. Mir, die ich allein verständig,
Blieb das Ordnen zugeteilt;
Meine Weife, stets lebendig,
Hat noch nie sich übereilt.

Fäden kommen, Fäden weifen,
Jeden lenk ich seine Bahn,
Keinen lass ich überschweifen,
Füg er sich im Kreis heran.

Könnt ich einmal mich vergessen,
Wär es um die Welt mir bang;
Stunden zählen, Jahre messen,
Und der Weber nimmt den Strang.

HEROLD.
Die jetzo kommen, werdet ihr nicht kennen,
Wärt ihr noch so gelehrt in alten Schriften;

Sie anzusehn, die so viel Übel stiften,
Ihr würdet sie willkommne Gäste nennen.

Die Furien sind es, niemand wird uns glauben,
Hübsch, wohlgestaltet, freundlich, jung von Jahren;
Lasst euch mit ihnen ein, ihr sollt erfahren,
Wie schlangenhaft verletzen solche Tauben.

Zwar sind sie tückisch, doch am heutigen Tage,
Wo jeder Narr sich rühmet seiner Mängel,
Auch sie verlangen nicht den Ruhm als Engel,
Bekennen sich als Stadt- und Landesplage.

Die Furien.

ALEKTO. Was hilft es euch? ihr werdet uns vertrauen,
Denn wir sind hübsch und jung und Schmeichelkätzchen;
Hat einer unter euch ein Liebeschätzchen,
Wir werden ihm so lang die Ohren krauen,

Bis wir ihm sagen dürfen, Aug in Auge:
Dass sie zugleich auch dem und jenem winke,
Im Kopfe dumm, im Rücken krumm, und hinke
Und, wenn sie seine Braut ist, gar nichts tauge.

So wissen wir die Braut auch zu bedrängen:
Es hat sogar der Freund, vor wenig Wochen,
Verächtliches von ihr zu der gesprochen! –
Versöhnt man sich, so bleibt doch etwas hängen.

MEGÄRA.
Das ist nur Spaß! denn, sind sie erst verbunden,
Ich nehm es auf und weiß, in allen Fällen,
Das schönste Glück durch Grille zu vergällen;
Der Mensch ist ungleich, ungleich sind die Stunden.

Und niemand hat Erwünschtes fest in Armen,
Der sich nicht nach Erwünschterem törig sehnte,
Vom höchsten Glück, woran er sich gewöhnte;
Die Sonne flieht er, will den Frost erwarmen.

Mit diesem allen weiß ich zu gebaren
Und führe her Asmodi, den Getreuen,

Zu rechter Zeit Unseliges auszustreuen,
Verderbe so das Menschenvolk in Paaren.

TISIPHONE. Gift und Dolch statt böser Zungen
Misch ich, schärf ich dem Verräter;
Liebst du andre, früher, später
Hat Verderben dich durchdrungen.

Muss der Augenblicke Süßtes
Sich zu Gischt und Galle wandeln!
Hier kein Markten, hier kein Handeln –
Wie er es beging, er büßt es.

Singe keiner vom Vergeben!
Felsen klag ich meine Sache,
Echo! horch! erwidert: Rache!
Und wer wechselt, soll nicht leben.

HEROLD. Belieb es euch, zur Seite wegzuweichen,
Denn was jetzt kommt, ist nicht von euresgleichen.
Ihr seht, wie sich ein Berg herangedrängt,
Mit bunten Teppichen die Weichen stolz behängt,
Ein Haupt mit langen Zähnen, Schlangenrüssel,
Geheimnisvoll, doch zeig ich euch den Schlüssel.
Im Nacken sitzt ihm zierlich-zarte Frau,
Mit feinem Stäbchen lenkt sie ihn genau;
Die andre, droben stehend herrlich-hehr,
Umgibt ein Glanz, der blendet mich zu sehr.
Zur Seite gehn gekettet edle Frauen,
Die eine bang, die andre froh zu schauen;
Die eine wünscht, die andre fühlt sich frei.
Verkünde jede, wer sie sei.

FURCHT. Dunstige Fackeln, Lampen, Lichter
Dämmern durchs verworrne Fest;
Zwischen diese Truggesichter
Bannt mich, ach! die Kette fest.

Fort, ihr lächerlichen Lacher!
Euer Grinsen gibt Verdacht;
Alle meine Widersacher
Drängen mich in dieser Nacht.

Hier! ein Freund ist Feind geworden,
Seine Maske kenn ich schon;
Jener wollte mich ermorden,
Nun entdeckt schleicht er davon.

Ach wie gern in jeder Richtung
Flöh ich zu der Welt hinaus;
Doch von drüben droht Vernichtung,
Hält mich zwischen Dunst und Graus.

HOFFNUNG. Seid gegrüßt, ihr lieben Schwestern!
Habt ihr euch schon heut und gestern
In Vermummungen gefallen,
Weiß ich doch gewiss von allen:
Morgen wollt ihr euch enthüllen.
Und wenn wir bei Fackelscheine
Uns nicht sonderlich behagen,
Werden wir in heitern Tagen
Ganz nach unserm eignen Willen
Bald gesellig, bald alleine
Frei durch schöne Fluren wandeln,
Nach Belieben ruhn und handeln
Und in sorgenfreiem Leben
Nie entbehren, stets erstreben;
Überall willkommne Gäste,
Treten wir getrost hinein:
Sicherlich, es muss das Beste
Irgendwo zu finden sein.

KLUGHEIT. Zwei der größten Menschenfeinde,
Furcht und Hoffnung, angekettet,
Halt ich ab von der Gemeinde;
Platz gemacht! ihr seid gerettet.

Den lebendigen Kolossen
Führ ich, seht ihr, turmbeladen,
Und er wandelt unverdrossen
Schritt vor Schritt auf steilen Pfaden.

Droben aber auf der Zinne
Jene Göttin, mit behänden
Breiten Flügeln, zum Gewinne
Allerseits sich hinzuwenden.

Rings umgibt sie Glanz und Glorie,
Leuchtend fern nach allen Seiten;
Und sie nennet sich Viktorie,
Göttin aller Tätigkeiten.

ZOILO-THERSITES.
Hu! Hu! da komm ich eben recht,
Ich schelt euch allzusammen schlecht!
Doch was ich mir zum Ziel ersah,
Ist oben Frau Viktoria.
Mit ihrem weißen Flügelpaar
Sie dünkt sich wohl, sie sei ein Aar,
Und wo sie sich nur hingewandt,
Gehör ihr alles Volk und Land;
Doch, wo was Rühmliches gelingt,
Es mich sogleich in Harnisch bringt.
Das Tiefe hoch, das Hohe tief,
Das Schiefe grad, das Grade schief,
Das ganz allein macht mich gesund,
So will ich's auf dem Erdenrund.
HEROLD. So treffe dich, du Lumpenhund,
Des frommen Stabes Meisterstreich!
Da krümm und winde dich sogleich! –
Wie sich die Doppelzwerggestalt
So schnell zum eklen Klumpen ballt! –
– Doch Wunder! – Klumpen wird zum Ei,
Das bläht sich auf und platzt entzwei.
Nun fällt ein Zwillingspaar heraus,
Die Otter und die Fledermaus;
Die eine fort im Staube kriecht,
Die andre schwarz zur Decke fliegt.
Sie eilen draußen zum Verein;
Da möcht ich nicht der Dritte sein.
GEMURMEL. Frisch! dahinten tanzt man schon –
Nein! Ich wollt, ich wär davon –
Fühlst du, wie uns das umflicht,
Das gespenstische Gezücht? –
Saust es mir doch übers Haar –
Ward ich's doch am Fuß gewahr –
Keiner ist von uns verletzt –
Alle doch in Furcht gesetzt –
Ganz verdorben ist der Spaß –
Und die Bestien wollten das.

HEROLD. Seit mir sind bei Maskeraden
Heroldspflichten aufgeladen,
Wach ich ernstlich an der Pforte,
Dass euch hier am lustigen Orte
Nichts Verderbliches erschleiche,
Weder wanke, weder weiche.
Doch ich fürchte, durch die Fenster
Ziehen luftige Gespenster,
Und von Spuk und Zaubereien
Wüsst ich euch nicht zu befreien.
Machte sich der Zwerg verdächtig,
Nun! dort hinten strömt es mächtig.
Die Bedeutung der Gestalten
Möcht ich amtsgemäß entfalten.
Aber was nicht zu begreifen,
Wüsst ich auch nicht zu erklären;
Helfet alle mich belehren! –
Seht ihr's durch die Menge schweifen?
Vierbespannt ein prächtiger Wagen
Wird durch alles durchgetragen;
Doch er teilet nicht die Menge,
Nirgend seh ich ein Gedränge.
Farbig glitzert's in der Ferne,
Irrend leuchten bunte Sterne
Wie von magischer Laterne,
Schnaubt heran mit Sturmgewalt.
Platz gemacht! Mich schaudert's!
KNABE WAGENLENKER. Halt!
Rosse, hemmet eure Flügel,
Fühlet den gewohnten Zügel,
Meistert euch, wie ich euch meistre,
Rauschet hin, wenn ich begeistre –
Diese Räume lasst uns ehren!
Schaut umher, wie sie sich mehren,
Die Bewundrer, Kreis um Kreise.
Herold auf! nach deiner Weise,
Ehe wir von euch entfliehen,
Uns zu schildern, uns zu nennen;
Denn wir sind Allegorien,
Und so solltest du uns kennen.
HEROLD. Wüsste nicht, dich zu benennen;
Eher könnt ich dich beschreiben.
KNABE LENKER. So probier's!

HEROLD. Man muss gestehn:
Erstlich bist du jung und schön.
Halbwüchsiger Knabe bist du; doch die Frauen,
Sie möchten dich ganz ausgewachsen schauen.
Du scheinest mir ein künftiger Sponsierer,
Recht so von Haus aus ein Verführer.
KNABE LENKER. Das lässt sich hören! fahre fort,
Erfinde dir des Rätsels heitres Wort.
HEROLD. Der Augen schwarzer Blitz, die Nacht der Locken,
Erheitert von juwelnem Band!
Und welch ein zierliches Gewand
Fließt dir von Schultern zu den Socken,
Mit Purpursaum und Glitzertand!
Man könnte dich ein Mädchen schelten;
Doch würdest du, zu Wohl und Weh,
Auch jetzo schon bei Mädchen gelten,
Sie lehrten dich das ABC.
KNABE LENKER. Und dieser, der als Prachtgebilde
Hier auf dem Wagenthrone prangt?
HEROLD. Er scheint ein König reich und milde,
Wohl dem, der seine Gunst erlangt!
Er hat nichts weiter zu erstreben,
Wo's irgend fehlte, späht sein Blick,
Und seine reine Lust zu geben
Ist größer als Besitz und Glück.
KNABE LENKER. Hiebei darfst du nicht stehen bleiben,
Du musst ihn recht genau beschreiben.
HEROLD. Das Würdige beschreibt sich nicht.
Doch das gesunde Mondgesicht,
Ein voller Mund, erblühte Wangen,
Die unterm Schmuck des Turbans prangen;
Im Faltenkleid ein reich Behagen!
Was soll ich von dem Anstand sagen?
Als Herrscher scheint er mir bekannt.
KNABE LENKER. Plutus, des Reichtums Gott genannt!
Derselbe kommt in Prunk daher,
Der hohe Kaiser wünscht ihn sehr.
HEROLD. Sag von dir selber auch das Was und Wie!
KNABE LENKER. Bin die Verschwendung, bin die Poesie;
Bin der Poet, der sich vollendet,
Wenn er sein eigenst Gut verschwendet.
Auch ich bin unermesslich reich
Und schätze mich dem Plutus gleich,

Beleb und schmück ihm Tanz und Schmaus,
Das, was ihm fehlt, das teil ich aus.
HEROLD. Das Prahlen steht dir gar zu schön,
Doch lass uns deine Künste sehn.
KNABE LENKER.
Hier seht mich nur ein Schnippchen schlagen,
Schon glänzt's und glitzert's um den Wagen.
Da springt eine Perlenschnur hervor!
(Immerfort umherschnippend.)
Nehmt goldne Spange für Hals und Ohr;
Auch Kamm und Krönchen ohne Fehl,
In Ringen köstlichstes Juwel;
Auch Flämmchen spend ich dann und wann,
Erwartend, wo es zünden kann.
HEROLD. Wie greift und hascht die liebe Menge!
Fast kommt der Geber ins Gedränge.
Kleinode schnippt er wie ein Traum,
Und alles hascht im weiten Raum.
Doch da erleb ich neue Pfiffe:
Was einer noch so emsig griffe,
Des hat er wirklich schlechten Lohn,
Die Gabe flattert ihm davon.
Es löst sich auf das Perlenband,
Ihm krabbeln Käfer in der Hand,
Er wirft sie weg, der arme Tropf,
Und sie umsummen ihm den Kopf.
Die andern statt solider Dinge
Erhaschen frevle Schmetterlinge.
Wie doch der Schelm so viel verheißt
Und nur verleiht, was golden gleißt!
KNABE LENKER.
Zwar Masken, merk ich, weißt du zu verkünden,
Allein der Schale Wesen zu ergründen,
Sind Herolds Hofgeschäfte nicht;
Das fordert schärferes Gesicht.
Doch hüt ich mich vor jeder Fehde;
An dich, Gebieter, wend ich Frag und Rede.
(Zu Plutus gewendet.)
Hast du mir nicht die Windesbraut
Des Viergespannes anvertraut?
Lenk ich nicht glücklich, wie du leitest?
Bin ich nicht da, wohin du deutest?
Und wusst' ich nicht auf kühnen Schwingen

Für dich die Palme zu erringen?
Wie oft ich auch für dich gefochten,
Mir ist es jederzeit geglückt:
Wenn Lorbeer deine Stirne schmückt,
Hab ich ihn nicht mit Sinn und Hand geflochten?

PLUTUS. Wenn's nötig ist, dass ich dir Zeugnis leiste,
So sag ich gern: Bist Geist von meinem Geiste.
Du handelst stets nach meinem Sinn,
Bist reicher, als ich selber bin.
Ich schätze, deinen Dienst zu lohnen,
Den grünen Zweig vor allen meinen Kronen.
Ein wahres Wort verkünd ich allen:
Mein lieber Sohn, an dir hab ich Gefallen.

KNABE LENKER *(zur Menge).*
Die größten Gaben meiner Hand,
Seht! hab ich ringsumher gesandt.
Auf dem und jenem Kopfe glüht
Ein Flämmchen, das ich angesprüht;
Von einem zu dem andern hüpft's,
An diesem hält sich's, dem entschlüpft's,
Gar selten aber flammt's empor,
Und leuchtet rasch in kurzem Flor;
Doch vielen, eh man's noch erkannt,
Verlischt es, traurig ausgebrannt.

WEIBERGEKLATSCH.
Da droben auf dem Viergespann
Das ist gewiss ein Scharlatan;
Gekauzt da hintendrauf Hanswurst,
Doch abgezehrt von Hunger und Durst,
Wie man ihn niemals noch erblickt;
Er fühlt wohl nicht, wenn man ihn zwickt.

DER ABGEMAGERTE.
Vom Leibe mir, ekles Weibsgeschlecht!
Ich weiß, dir komm ich niemals recht. –
Wie noch die Frau den Herd versah,
Da hieß ich Avaritia;
Da stand es gut um unser Haus:
Nur viel herein und nichts hinaus!
Ich eiferte für Kist und Schrein;
Das sollte wohl gar ein Laster sein.
Doch als in allerneusten Jahren
Das Weib nicht mehr gewohnt zu sparen,
Und, wie ein jeder böser Zahler,

Weit mehr Begierden hat als Taler,
Da bleibt dem Manne viel zu dulden,
Wo er nur hinsieht, da sind Schulden.
Sie wendet's, kann sie was erspulen,
An ihren Leib, an ihren Buhlen;
Auch speist sie besser, trinkt noch mehr
Mit der Sponsierer leidigem Heer;
Das steigert mir des Goldes Reiz:
Bin männlichen Geschlechts, der Geiz!

HAUPTWEIB. Mit Drachen mag der Drache geizen;
Ist's doch am Ende Lug und Trug!
Er kommt, die Männer aufzureizen,
Sie sind schon unbequem genug.

WEIBER IN MASSE.
Der Strohmann! Reich ihm eine Schlappe!
Was will das Marterholz uns dräun?
Wir sollen seine Fratze scheun!
Die Drachen sind von Holz und Pappe,
Frisch an und dringt auf ihn hinein!

HEROLD. Bei meinem Stabe! Ruh gehalten! –
Doch braucht es meiner Hülfe kaum;
Seht, wie die grimmen Ungestalten,
Bewegt im rasch gewonnenen Raum,
Das Doppel-Flügelpaar entfalten.
Entrüstet schütteln sich der Drachen
Umschuppte, Feuer speiende Rachen;
Die Menge flieht, rein ist der Platz.

(Plutus steigt vom Wagen.)

HEROLD. Er tritt herab, wie königlich!
Er winkt, die Drachen rühren sich,
Die Kiste haben sie vom Wagen
Mit Gold und Geiz herangetragen,
Sie steht zu seinen Füßen da:
Ein Wunder ist es, wie's geschah.

PLUTUS *(zum Lenker).*
Nun bist du los der allzu lästigen Schwere,
Bist frei und frank, nun frisch zu deiner Sphäre!
Hier ist sie nicht! Verworren, scheckig, wild
Umdrängt uns hier ein fratzenhaft Gebild.
Nur wo du klar ins holde Klare schaust,
Dir angehörst und dir allein vertraust,
Dorthin, wo Schönes, Gutes nur gefällt,
Zur Einsamkeit! – Da schaffe deine Welt.

KNABE LENKER. So acht ich mich als werten Abgesandten,
So lieb ich dich als nächsten Anverwandten.
Wo du verweilst, ist Fülle; wo ich bin,
Fühlt jeder sich im herrlichsten Gewinn.
Auch schwankt er oft im widersinnigen Leben:
Soll er sich dir? soll er sich mir ergeben?
Die Deinen freilich können müßig ruhn,
Doch wer mir folgt, hat immer was zu tun.
Nicht insgeheim vollführ ich meine Taten,
Ich atme nur, und schon bin ich verraten.
So lebe wohl! Du gönnst mir ja mein Glück;
Doch lisple leis, und gleich bin ich zurück. *(Ab, wie er kam.)*
PLUTUS. Nun ist es Zeit, die Schätze zu entfesseln!
Die Schlösser treff ich mit des Herolds Rute.
Es tut sich auf! schaut her! in ehrnen Kesseln
Entwickelt sich's und wallt von goldnem Blute,
Zunächst der Schmuck von Kronen, Ketten, Ringen;
Es schwillt und droht, ihn schmelzend zu verschlingen.
WECHSELGESCHREI DER MENGE.
Seht hier, o hin! wie's reichlich quillt,
Die Kiste bis zum Rande füllt. –
Gefäße, goldne, schmelzen sich,
Gemünzte Rollen wälzen sich. –
Dukaten hüpfen wie geprägt,
O wie mir das den Busen regt –
Wie schau ich alle mein Begehr!
Da kollern sie am Boden her. –
Man bietet's euch, benutzt's nur gleich
Und bückt euch nur und werdet reich. –
Wir andern, rüstig wie der Blitz,
Wir nehmen den Koffer in Besitz.
HEROLD. Was soll's, ihr Toren? soll mir das?
Es ist ja nur ein Maskenspaß.
Heut Abend wird nicht mehr begehrt;
Glaubt ihr, man geb euch Gold und Wert?
Sind doch für euch in diesem Spiel
Selbst Rechenpfennige zu viel.
Ihr Täppischen! ein artiger Schein
Soll gleich die plumpe Wahrheit sein.
Was soll euch Wahrheit? – Dumpfen Wahn
Packt ihr an allen Zipfeln an. –
Vermummter Plutus, Maskenheld,
Schlag dieses Volk mir aus dem Feld.

PLUTUS. Dein Stab ist wohl dazu bereit,
Verleih ihn mir auf kurze Zeit. –
Ich tauch ihn rasch in Sud und Glut. –
Nun, Masken, seid auf eurer Hut!
Wie's blitzt und platzt, in Funken sprüht!
Der Stab, schon ist er angeglüht.
Wer sich zu nah herangedrängt,
Ist unbarmherzig gleich versengt. –
Jetzt fang ich meinen Umgang an.
GESCHREI UND GEDRÄNG.
O weh! Es ist um uns getan. –
Entfliehe, wer entfliehen kann! –
Zurück, zurück, du Hintermann! –
Mir sprüht es heiß ins Angesicht. –
Mich drückt des glühenden Stabs Gewicht –
Verloren sind wir all und all. –
Zurück, zurück, du Maskenschwall!
Zurück, zurück, unsinniger Hauf! –
O hätt ich Flügel, flög ich auf. –
PLUTUS. Schon ist der Kreis zurückgedrängt,
Und niemand, glaub ich, ist versengt.
Die Menge weicht,
Sie ist verscheucht. –
Doch solcher Ordnung Unterpfand
Zieh ich ein unsichtbares Band.
HEROLD. Du hast ein herrlich Werk vollbracht,
Wie dank ich deiner klugen Macht!
PLUTUS. Noch braucht es, edler Freund, Geduld:
Es droht noch mancherlei Tumult.
GEIZ. So kann man doch, wenn es beliebt,
Vergnüglich diesen Kreis beschauen;
Denn immerfort sind vornenan die Frauen,
Wo's was zu gaffen, was zu naschen gibt.
Noch bin ich nicht so völlig eingerostet!
Ein schönes Weib ist immer schön;
Und heute, weil es mich nichts kostet,
So wollen wir getrost sponsieren gehn.
Doch weil am überfüllten Orte
Nicht jedem Ohr vernehmlich alle Worte,
Versuch ich klug und hoff, es soll mir glücken,
Mich pantomimisch deutlich auszudrücken.
Hand, Fuß, Gebärde reicht mir da nicht hin,
Da muss ich mich um einen Schwank bemühn.

Wie feuchten Ton will ich das Gold behandeln,
Denn dies Metall lässt sich in alles wandeln.
HEROLD. Was fängt der an, der magre Tor!
Hat so ein Hungermann Humor?
Er knetet alles Gold zu Teig,
Ihm wird es untern Händen weich;
Wie er es drückt und wie es ballt,
Bleibt's immer doch nur ungestalt.
Er wendet sich zu den Weibern dort,
Sie schreien alle, möchten fort,
Gebärden sich gar widerwärtig;
Der Schalk erweist sich übelfertig.
Ich fürchte, dass er sich ergetzt,
Wenn er die Sittlichkeit verletzt.
Dazu darf ich nicht schweigsam bleiben,
Gib meinen Stab, ihn zu vertreiben.
PLUTUS. Er ahnet nicht, was uns von außen droht;
Lass ihn die Narrenteidung treiben!
Ihm wird kein Raum für seine Possen bleiben;
Gesetz ist mächtig, mächtiger ist die Not.
GETÜMMEL UND GESANG.
Das wilde Heer, es kommt zumal
Von Bergeshöh und Waldestal,
Unwiderstehlich schreitet's an:
Sie feiern ihren großen Pan.
Sie wissen doch, was keiner weiß,
Und drängen in den leeren Kreis.
PLUTUS.
Ich kenn euch wohl und euren großen Pan!
Zusammen habt ihr kühnen Schritt getan.
Ich weiß recht gut, was nicht ein jeder weiß,
Und öffne schuldig diesen engen Kreis.
Mag sie ein gut Geschick begleiten!
Das Wunderlichste kann geschehn;
Sie wissen nicht, wohin sie schreiten,
Sie haben sich nicht vorgesehn.
WILDGESANG.
Geputztes Volk du, Flitterschau!
Sie kommen roh, sie kommen rau,
In hohem Sprung, in raschem Lauf,
Sie treten derb und tüchtig auf.
FAUNEN. Die Faunenschar
Im lustigen Tanz,

Den Eichenkranz
Im krausen Haar,
Ein feines zugespitztes Ohr
Dringt an dem Lockenkopf hervor,
Ein stumpfes Näschen, ein breit Gesicht,
Das schadet alles bei Frauen nicht:
Dem Faun, wenn er die Patsche reicht,
Versagt die Schönste den Tanz nicht leicht.
SATYR. Der Satyr hüpft nun hinterdrein
Mit Ziegenfuß und dürrem Bein,
Ihm sollen sie mager und sehnig sein,
Und gämsenartig auf Bergeshöhn
Belustigt er sich, umherzusehn.
In Freiheitsluft erquickt alsdann,
Verhöhnt er Kind und Weib und Mann,
Die tief in Tales Dampf und Rauch
Behaglich meinen, sie lebten auch,
Da ihm doch rein und ungestört
Die Welt dort oben allein gehört.
GNOMEN. Da trippelt ein die kleine Schar,
Sie hält nicht gern sich Paar und Paar;
Im moosigen Kleid mit Lämplein hell
Bewegt sich's durcheinander schnell,
Wo jedes für sich selber schafft,
Wie Leucht-Ameisen wimmelhaft;
Und wuselt emsig hin und her,
Beschäftigt in die Kreuz und Quer.
Den frommen Gütchen nah verwandt,
Als Felschirurgen wohl bekannt;
Die hohen Berge schröpfen wir,
Aus vollen Adern schöpfen wir;
Metalle stürzen wir zuhauf,
Mit Gruß getrost: Glück auf! Glück auf!
Das ist von Grund aus wohl gemeint:
Wir sind der guten Menschen Freund.
Doch bringen wir das Gold zu Tag,
Damit man stehlen und kuppeln mag,
Nicht Eisen fehle dem stolzen Mann,
Der allgemeinen Mord ersann.
Und wer die drei Gebot' veracht't,
Sich auch nichts aus den andern macht.
Das alles ist nicht unsre Schuld;
Drum habt so fort, wie wir, Geduld.

RIESEN. Die wilden Männer sind s' genannt,
Am Harzgebirge wohl bekannt;
Natürlich nackt in aller Kraft,
Sie kommen sämtlich riesenhaft.
Den Fichtenstamm in rechter Hand
Und um den Leib ein wulstig Band,
Den derbsten Schurz von Zweig und Blatt,
Leibwache, wie der Papst nicht hat.

NYMPHEN IM CHOR (*Sie umschließen den großen Pan*).
Auch kommt er an! –
Das All der Welt
Wird vorgestellt
Im großen Pan.
Ihr Heitersten, umgebet ihn,
Im Gaukeltanz umschwebet ihn:
Denn weil er ernst und gut dabei,
So will er, dass man fröhlich sei.
Auch unterm blauen Wölbedach
Verhielt er sich beständig wach;
Doch rieseln ihm die Bäche zu,
Und Lüftlein wiegen ihn mild in Ruh.
Und wenn er zu Mittage schläft,
Sich nicht das Blatt am Zweige regt;
Gesunder Pflanzen Balsamduft
Erfüllt die schweigsam stille Luft;
Die Nymphe darf nicht munter sein,
Und wo sie stand, da schläft sie ein.
Wenn unerwartet mit Gewalt
Dann aber seine Stimm erschallt,
Wie Blitzes Knattern, Meergebraus,
Dann niemand weiß, wo ein noch aus,
Zerstreut sich tapfres Heer im Feld,
Und im Getümmel bebt der Held.
So Ehre dem, dem Ehre gebührt,
Und Heil ihm, der uns hergeführt!

DEPUTATION DER GNOMEN (*an den großen Pan*).
Wenn das glänzend reiche Gute
Fadenweis durch Klüfte streicht,
Nur der klugen Wünschelrute
Seine Labyrinthe zeigt,

Wölben wir in dunklen Grüften
Troglodytisch unser Haus,

Und an reinen Tageslüften
Teilst du Schätze gnädig aus.

Nun entdecken wir hieneben
Eine Quelle wunderbar,
Die bequem verspricht zu geben,
Was kaum zu erreichen war.

Dies vermagst du zu vollenden,
Nimm es, Herr, in deine Hut:
Jeder Schatz in deinen Händen
Kommt der ganzen Welt zugut.

PLUTUS *(zum Herold).*
Wir müssen uns im hohen Sinne fassen
Und, was geschieht, getrost geschehen lassen,
Du bist ja sonst des stärksten Mutes voll.
Nun wird sich gleich ein Gräulichstes eräugnen,
Hartnäckig wird es Welt und Nachwelt leugnen:
Du schreib es treulich in dein Protokoll.

HEROLD *(den Stab anfassend, welchen Plutus in der Hand behält).*
Die Zwerge führen den großen Pan
Zur Feuerquelle sacht heran;
Sie siedet auf vom tiefsten Schlund,
Dann sinkt sie wieder hinab zum Grund,
Und finster steht der offne Mund;
Wallt wieder auf in Glut und Sud,
Der große Pan steht wohlgemut,
Freut sich des wundersamen Dings,
Und Perlenschaum sprüht rechts und links.
Wie mag er solchem Wesen traun?
Er bückt sich tief hineinzuschaun. –
Nun aber fällt sein Bart hinein! –
Wer mag das glatte Kinn wohl sein?
Die Hand verbirgt es unserm Blick. –
Nun folgt ein großes Ungeschick:
Der Bart entflammt und fliegt zurück,
Entzündet Kranz und Haupt und Brust,
Zu Leiden wandelt sich die Lust. –
Zu löschen läuft die Schar herbei,
Doch keiner bleibt von Flammen frei,
Und wie es patscht und wie es schlägt,

Wird neues Flammen aufgeregt;
Verflochten in das Element,
Ein ganzer Maskenklump verbrennt.

Was aber, hör ich, wird uns kund
Von Ohr zu Ohr, von Mund zu Mund!
O ewig unglücksel'ge Nacht,
Was hast du uns für Leid gebracht!
Verkünden wird der nächste Tag,
Was niemand willig hören mag;
Doch hör ich aller Orten schrein:
„Der Kaiser leidet solche Pein."
O wäre doch ein andres wahr!
Der Kaiser brennt und seine Schar.
Sie sei verflucht, die ihn verführt,
In harzig Reis sich eingeschnürt,
Zu toben her mit Brüllgesang
Zu allerseitigem Untergang.
O Jugend, Jugend, wirst du nie
Der Freude reines Maß bezirken?
O Hoheit, Hoheit, wirst du nie
Vernünftig wie allmächtig wirken?

Schon geht der Wald in Flammen auf,
Sie züngeln leckend spitz hinauf
Zum holzverschränkten Deckenband;
Uns droht ein allgemeiner Brand.
Des Jammers Maß ist übervoll,
Ich weiß nicht, wer uns retten soll.
Ein Aschenhaufen einer Nacht
Liegt morgen reiche Kaiserpracht.

PLUTUS. Schrecken ist genug verbreitet,
Hilfe sei nun eingeleitet! –
Schlage, heil'gen Stabs Gewalt,
Dass der Boden bebt und schallt!
Du, geräumig weite Luft,
Fülle dich mit kühlem Duft!
Zieht heran, umherzuschweifen,
Nebeldünste, schwangre Streifen,
Deckt ein flammendes Gewühl!
Rieselt, säuselt, Wölkchen kräuselt,
Schlüpfet wallend, leise dämpfet,

Löschend überall bekämpfet,
Ihr, die lindernden, die feuchten,
Wandelt in ein Wetterleuchten
Solcher eitlen Flamme Spiel! –
Drohen Geister, uns zu schädigen,
Soll sich die Magie betätigen.

LUSTGARTEN

Morgensonne.

Der Kaiser, Hofleute, Faust, Mephistopheles, anständig, nicht auffallend, nach Sitte gekleidet; beide knien.

FAUST. Verzeihst du, Herr, das Flammengaukelspiel?
KAISER *(zum Aufstehn winkend).*
Ich wünsche mir dergleichen Scherze viel. –
Auf einmal sah ich mich in glühnder Sphäre,
Es schien mir fast, als ob ich Pluto wäre.
Aus Nacht und Kohlen lag ein Felsengrund,
Von Flämmchen glühend. Dem und jenem Schlund
Aufwirbelten viel tausend wilde Flammen
Und flackerten in ein Gewölb zusammen.
Zum höchsten Dome züngelt' es empor,
Der immer ward und immer sich verlor.
Durch fernen Raum gewundner Feuersäulen
Sah ich bewegt der Völker lange Zeilen,
Sie drängten sich im weiten Kreis heran
Und huldigten, wie sie es stets getan.
Von meinem Hof erkannt' ich ein und andern,
Ich schien ein Fürst von tausend Salamandern.
MEPHISTOPHELES. Das bist du, Herr! weil jedes Element
Die Majestät als unbedingt erkennt.
Gehorsam Feuer hast du nun erprobt;
Wirf dich ins Meer, wo es am wildsten tobt,
Und kaum betrittst du perlenreichen Grund,
So bildet wallend sich ein herrlich Rund;
Siehst auf und ab lichtgrüne schwanke Wellen,
Mit Purpursaum, zur schönsten Wohnung schwellen
Um dich, den Mittelpunkt. Bei jedem Schritt,
Wohin du gehst, gehn die Paläste mit.
Die Wände selbst erfreuen sich des Lebens,

Pfeilschnellen Wimmlens, Hin- und Widerstrebens.
Meerwunder drängen sich zum neuen milden Schein,
Sie schießen an, und keines darf herein.
Da spielen farbig gold beschuppte Drachen,
Der Haifisch klafft, du lachst ihm in den Rachen.
Wie sich auch jetzt der Hof um dich entzückt,
Hast du doch nie ein solch Gedräng erblickt.
Doch bleibst du nicht vom Lieblichsten geschieden:
Es nahen sich neugierige Nereiden
Der prächt'gen Wohnung in der ew'gen Frische,
Die jüngsten scheu und lüstern wie die Fische,
Die spätern klug. Schon wird es Thetis kund,
Dem zweiten Peleus reicht sie Hand und Mund. –
Den Sitz alsdann auf des Olymps Revier . . .

KAISER. Die luft'gen Räume, die erlass ich dir:
Noch früh genug besteigt man jenen Thron.

MEPHISTOPHELES.
Und, höchster Herr! die Erde hast du schon.

KAISER. Welch gut Geschick hat dich hieher gebracht,
Unmittelbar aus Tausend Einer Nacht?
Gleichst du an Fruchtbarkeit Scheherazaden,
Versichr' ich dich der höchsten aller Gnaden.
Sei stets bereit, wenn eure Tageswelt,
Wie's oft geschieht, mir widerlichst missfällt.

MARSCHALK *(tritt eilig auf).*
Durchlauchtigster, ich dacht' in meinem Leben
Vom schönsten Glück Verkündung nicht zu geben
Als diese, die mich hochbeglückt,
In deiner Gegenwart entzückt:
Rechnung für Rechnung ist berichtigt,
Die Wucherklauen sind beschwichtigt,
Los bin ich solcher Höllenpein;
Im Himmel kann's nicht heitrer sein.

HEERMEISTER *(folgt eilig).*
Abschläglich ist der Sold entrichtet,
Das ganze Heer aufs Neu verpflichtet,
Der Landsknecht fühlt sich frisches Blut,
Und Wirt und Dirnen haben's gut.

KAISER. Wie atmet eure Brust erweitert!
Das faltige Gesicht erheitert!
Wie eilig tretet ihr heran!

SCHATZMEISTER *(der sich einfindet).*
Befrage diese, die das Werk getan.

FAUST. Dem Kanzler ziemt's, die Sache vorzutragen.
KANZLER *(der langsam herankommt).*
Beglückt genug in meinen alten Tagen. –
So hört und schaut das schicksalschwere Blatt,
Das alles Weh in Wohl verwandelt hat.
Er liest. „Zu wissen sei es jedem, der's begehrt:
Der Zettel hier ist tausend Kronen wert.
Ihm liegt gesichert, als gewisses Pfand,
Unzahl vergrabnen Guts im Kaiserland.
Nun ist gesorgt, damit der reiche Schatz,
Sogleich gehoben, diene zum Ersatz."
KAISER. Ich ahne Frevel, ungeheuren Trug!
Wer fälschte hier des Kaisers Namenszug?
Ist solch Verbrechen ungestraft geblieben?
SCHATZMEISTER. Erinnre dich! hast selbst es unterschrieben;
Erst heute Nacht. Du standst als großer Pan,
Der Kanzler sprach mit uns zu dir heran:
„Gewähre dir das hohe Festvergnügen,
Des Volkes Heil, mit wenig Federzügen."
Du zogst sie rein, dann ward's in dieser Nacht
Durch Tausendkünstler schnell vertausendfacht.
Damit die Wohltat allen gleich gedeihe,
So stempelten wir gleich die ganze Reihe,
Zehn, Dreißig, Funfzig, Hundert sind parat.
Ihr denkt euch nicht, wie wohl's dem Volke tat.
Seht eure Stadt, sonst halb im Tod verschimmelt,
Wie alles lebt und lustgenießend wimmelt!
Obschon dein Name längst die Welt beglückt,
Man hat ihn nie so freundlich angeblickt.
Das Alphabet ist nun erst überzählig,
In diesem Zeichen wird nun jeder selig.
KAISER. Und meinen Leuten gilt's für gutes Gold?
Dem Heer, dem Hofe gnügt's zu vollem Sold?
So sehr mich's wundert, muss ich's gelten lassen.
MARSCHALK. Unmöglich wär's, die Flüchtigen einzufassen;
Mit Blitzeswink zerstreute sich's im Lauf.
Die Wechslerbänke stehen sperrig auf:
Man honoriert daselbst ein jedes Blatt
Durch Gold und Silber, freilich mit Rabatt.
Nun geht's von da zum Fleischer, Bäcker, Schenken;
Die halbe Welt scheint nur an Schmaus zu denken,
Wenn sich die andre neu in Kleidern bläht.
Der Krämer schneidet aus, der Schneider näht.

Bei „Hoch dem Kaiser!“ sprudelt's in den Kellern,
Dort kocht's und brät's und klappert mit den Tellern.

MEPHISTOPHELES.
Wer die Terrassen einsam abspaziert,
Gewahrt die Schönste, herrlich aufgeziert,
Ein Aug verdeckt vom stolzen Pfauenwedel,
Sie schmunzelt uns und blickt nach solcher Schedel;
Und hurt'ger als durch Witz und Redekunst
Vermittelt sich die reichste Liebesgunst.
Man wird sich nicht mit Börs und Beutel plagen,
Ein Blättchen ist im Busen leicht zu tragen,
Mit Liebesbrieflein paart's bequem sich hier.
Der Priester trägt's andächtig im Brevier,
Und der Soldat, um rascher sich zu wenden,
Erleichtert schnell den Gürtel seiner Lenden.
Die Majestät verzeihe, wenn ins Kleine
Das hohe Werk ich zu erniedern scheine.

FAUST. Das Übermaß der Schätze, das, erstarrt,
In deinen Landen tief im Boden harrt,
Liegt ungenutzt. Der weiteste Gedanke
Ist solchen Reichtums kümmerlichste Schranke;
Die Phantasie, in ihrem höchsten Flug,
Sie strengt sich an und tut sich nie genug.
Doch fassen Geister, würdig, tief zu schauen,
Zum Grenzenlosen grenzenlos Vertrauen.

MEPHISTOPHELES.
Ein solch Papier, an Gold und Perlen statt,
Ist so bequem, man weiß doch, was man hat;
Man braucht nicht erst zu markten, noch zu tauschen,
Kann sich nach Lust in Lieb und Wein berauschen.
Will man Metall, ein Wechsler ist bereit,
Und fehlt es da, so gräbt man eine Zeit.
Pokal und Kette wird verauktioniert,
Und das Papier, sogleich amortisiert,
Beschämt den Zweifler, der uns frech verhöhnt.
Man will nichts anders, ist daran gewöhnt.
So bleibt von nun an allen Kaiserlanden
An Kleinod, Gold, Papier genug vorhanden.

KAISER. Das hohe Wohl verdankt euch unser Reich;
Wo möglich sei der Lohn dem Dienste gleich.
Vertraut sei euch des Reiches innrer Boden,
Ihr seid der Schätze würdigste Kustoden.
Ihr kennt den weiten, wohl verwahrten Hort,

Und wenn man gräbt, so sei's auf euer Wort.
Vereint euch nun, ihr Meister unsres Schatzes,
Erfüllt mit Lust die Würden eures Platzes,
Wo mit der obern sich die Unterwelt,
In Einigkeit beglückt, zusammenstellt.

SCHATZMEISTER.
Soll zwischen uns kein fernster Zwist sich regen,
Ich liebe mir den Zaubrer zum Kollegen. *(Ab mit Faust.)*

KAISER. Beschenk ich nun bei Hofe Mann für Mann,
Gesteh er mir, wozu er's brauchen kann.

PAGE *(empfangend).* Ich lebe lustig, heiter, guter Dinge.

EIN ANDRER *(gleichfalls).*
Ich schaffe gleich dem Liebchen Kett' und Ringe.

KÄMMERER *(annehmend).*
Von nun an trink ich doppelt bessre Flasche.

EIN ANDRER *(gleichfalls).*
Die Würfel jucken mich schon in der Tasche.

BANNERHERR *(mit Bedacht).*
Mein Schloss und Feld, ich mach es schuldenfrei.

EIN ANDRER *(gleichfalls).*
Es ist ein Schatz, den leg ich Schätzen bei.

KAISER. Ich hoffte Lust und Mut zu neuen Taten;
Doch wer euch kennt, der wird euch leicht erraten.
Ich merk es wohl: bei aller Schätze Flor,
Wie ihr gewesen, bleibt ihr nach wie vor.

NARR *(herbeikommend).*
Ihr spendet Gnaden, gönnt auch mir davon!

KAISER. Und lebst du wieder, du vertrinkst sie schon.

NARR. Die Zauberblätter! ich versteh's nicht recht.

KAISER. Das glaub ich wohl, denn du gebrauchst sie schlecht.

NARR. Da fallen andere; weiß nicht, was ich tu.

KAISER. Nimm sie nur hin, sie fielen dir ja zu. *(Ab.)*

NARR. Fünftausend Kronen wären mir zu Handen!

MEPHISTOPHELES.
Zweibeiniger Schlauch, bist wieder auferstanden?

NARR. Geschieht mir oft, doch nicht so gut als jetzt.

MEPHISTOPHELES.
Du freust dich so, dass dich's in Schweiß versetzt.

NARR. Da seht nur her, ist das wohl Geldes wert?

MEPHISTOPHELES.
Du hast dafür, was Schlund und Bauch begehrt.

NARR. Und kaufen kann ich Acker, Haus und Vieh?

MEPHISTOPHELES. Versteht sich! Biete nur, das fehlt dir nie.

NARR. Und Schloss, mit Wald und Jagd und Fischbach?
MEPHISTOPHELES. Traun!
Ich möchte dich gestrengen Herrn wohl schaun!
NARR. Heut Abend wieg ich mich im Grundbesitz! – *(Ab.)*
MEPHISTOPHELES *(solus)*.
Wer zweifelt noch an unsres Narren Witz!

FINSTERE GALERIE

Faust. Mephistopheles.

MEPHISTOPHELES.
Was ziehst du mich in diese düstern Gänge?
Ist nicht da drinnen Lust genug,
Im dichten, bunten Hofgedränge
Gelegenheit zu Spaß und Trug?
FAUST. Sag mir das nicht, du hast's in alten Tagen
Längst an den Sohlen abgetragen;
Doch jetzt dein Hin- und Widergehn
Ist nur, um mir nicht Wort zu stehn.
Ich aber bin gequält zu tun:
Der Marschalk und der Kämmrer treibt mich nun.
Der Kaiser will, es muss sogleich geschehn,
Will Helena und Paris vor sich sehn;
Das Musterbild der Männer so der Frauen
In deutlichen Gestalten will er schauen.
Geschwind ans Werk! ich darf mein Wort nicht brechen.
MEPHISTOPHELES.
Unsinnig war's, leichtsinnig zu versprechen.
FAUST. Du hast, Geselle, nicht bedacht,
Wohin uns deine Künste führen;
Erst haben wir ihn reich gemacht,
Nun sollen wir ihn amüsieren.
MEPHISTOPHELES. Du wähnst, es füge sich sogleich;
Hier stehen wir vor steilern Stufen,
Greifst in ein fremdestes Bereich,
Machst frevelhaft am Ende neue Schulden,
Denkst Helenen so leicht hervorzurufen
Wie das Papiergespenst der Gulden. –
Mit Hexen-Fexen, mit Gespenst-Gespinsten,
Kielkröpfigen Zwergen steh ich gleich zu Diensten;
Doch Teufels-Liebchen, wenn auch nicht zu schelten,

Sie können nicht für Heroinen gelten.
FAUST. Da haben wir den alten Leierton!
Bei dir gerät man stets ins Ungewisse.
Der Vater bist du aller Hindernisse,
Für jedes Mittel willst du neuen Lohn.
Mit wenig Murmeln, weiß ich, ist's getan;
Wie man sich umschaut, bringst du sie zur Stelle.
MEPHISTOPHELES. Das Heidenvolk geht mich nichts an,
Es haust in seiner eignen Hölle;
Doch gibt's ein Mittel.
FAUST. Sprich, und ohne Säumnis!
MEPHISTOPHELES. Ungern entdeck ich höheres Geheimnis.
Göttinnen thronen hehr in Einsamkeit,
Um sie kein Ort, noch weniger eine Zeit;
Von ihnen sprechen ist Verlegenheit.
Die Mütter sind es!
FAUST *(aufgeschreckt)*. Mütter!
MEPHISTOPHELES. Schaudert's dich?
FAUST. Die Mütter! Mütter! – 's klingt so wunderlich!
MEPHISTOPHELES. Das ist es auch. Göttinnen, ungekannt
Euch Sterblichen, von uns nicht gern genannt.
Nach ihrer Wohnung magst ins Tiefste schürfen;
Du selbst bist schuld, dass ihrer wir bedürfen.
FAUST. Wohin der Weg?
MEPHISTOPHELES. Kein Weg! Ins Unbetretene,
Nicht zu Betretende; ein Weg ans Unerbetene,
Nicht zu Erbittende. Bist du bereit? –
Nicht Schlösser sind, nicht Riegel wegzuschieben,
Von Einsamkeiten wirst umhergetrieben.
Hast du Begriff von Öd und Einsamkeit?
FAUST. Du spartest, dächt ich, solche Sprüche;
Hier wittert's nach der Hexenküche,
Nach einer längst vergangnen Zeit.
Musst' ich nicht mit der Welt verkehren?
Das Leere lernen, Leeres lehren? –
Sprach ich vernünftig, wie ich's angeschaut,
Erklang der Widerspruch gedoppelt laut;
Musst' ich sogar vor widerwärtigen Streichen
Zur Einsamkeit, zur Wildernis entweichen
Und, um nicht ganz versäumt allein zu leben,
Mich doch zuletzt dem Teufel übergeben.
MEPHISTOPHELES.
Und hättest du den Ozean durchschwommen,

Das Grenzenlose dort geschaut,
So sähst du dort doch Well auf Welle kommen,
Selbst wenn es dir vorm Untergange graut.
Du sähst doch etwas. Sähst wohl in der Grüne
Gestillter Meere streichende Delphine;
Sähst Wolken ziehen, Sonne, Mond und Sterne –
Nichts wirst du sehn in ewig leerer Ferne,
Den Schritt nicht hören, den du tust,
Nichts Festes finden, wo du ruhst.

FAUST. Du sprichst als Erster aller Mystagogen,
Die treue Neophyten je betrogen;
Nur umgekehrt. Du sendest mich ins Leere,
Damit ich dort so Kunst als Kraft vermehre;
Behandelst mich, dass ich, wie jene Katze,
Dir die Kastanien aus den Gluten kratze.
Nur immer zu! wir wollen es ergründen,
In deinem Nichts hoff ich das All zu finden.

MEPHISTOPHELES.
Ich rühme dich, eh du dich von mir trennst,
Und sehe wohl, dass du den Teufel kennst;
Hier diesen Schlüssel nimm.

FAUST. Das kleine Ding!

MEPHISTOPHELES.
Erst fass ihn an und schätz ihn nicht gering.

FAUST. Er wächst in meiner Hand! er leuchtet, blitzt!

MEPHISTOPHELES.
Merkst du nun bald, was man an ihm besitzt?
Der Schlüssel wird die rechte Stelle wittern,
Folg ihm hinab, er führt dich zu den Müttern.

FAUST *(schaudernd)*.
Den Müttern! Trifft's mich immer wie ein Schlag!
Was ist das Wort, das ich nicht hören mag?

MEPHISTOPHELES.
Bist du beschränkt, dass neues Wort dich stört?
Willst du nur hören, was du schon gehört?
Dich störe nichts, wie es auch weiter klinge,
Schon längst gewohnt der wunderbarsten Dinge.

FAUST. Doch im Erstarren such ich nicht mein Heil,
Das Schaudern ist der Menschheit bestes Teil;
Wie auch die Welt ihm das Gefühl verteure,
Ergriffen, fühlt er tief das Ungeheure.

MEPHISTOPHELES.
Versinke denn! Ich könnt auch sagen: steige!

’s ist einerlei. Entfliehe dem Entstandnen
In der Gebilde losgebundne Reiche!
Ergetze dich am längst nicht mehr Vorhandnen;
Wie Wolkenzüge schlingt sich das Getreibe,
Den Schlüssel schwinge, halte sie vom Leibe!
FAUST *(begeistert).* Wohl! fest ihn fassend fühl ich neue Stärke,
Die Brust erweitert, hin zum großen Werke.
MEPHISTOPHELES.
Ein glühnder Dreifuß tut dir endlich kund,
Du seist im tiefsten, allertiefsten Grund.
Bei seinem Schein wirst du die Mütter sehn,
Die einen sitzen, andre stehn und gehn,
Wie’s eben kommt. Gestaltung, Umgestaltung,
Des ewigen Sinnes ewige Unterhaltung.
Umschwebt von Bildern aller Kreatur;
Sie sehn dich nicht, denn Schemen sehn sie nur.
Da fass ein Herz, denn die Gefahr ist groß,
Und gehe grad auf jenen Dreifuß los,
Berühr ihn mit dem Schlüssel!
FAUST *(macht eine entschieden gebietende Attitüde mit dem Schlüssel).*
MEPHISTOPHELES *(ihn betrachtend).* So ist’s recht!
Er schließt sich an, er folgt als treuer Knecht;
Gelassen steigst du, dich erhebt das Glück,
Und eh sie’s merken, bist mit ihm zurück.
Und hast du ihn einmal hierher gebracht,
So rufst du Held und Heldin aus der Nacht,
Der Erste, der sich jener Tat erdreistet;
Sie ist getan, und du hast es geleistet.
Dann muss fortan, nach magischem Behandeln,
Der Weihrauchsnebel sich in Götter wandeln.
FAUST. Und nun was jetzt?
MEPHISTOPHELES. Dein Wesen strebe nieder;
Versinke stampfend, stampfend steigst du wieder.
FAUST *(stampft und versinkt).*
MEPHISTOPHELES.
Wenn ihm der Schlüssel nur zum Besten frommt!
Neugierig bin ich, ob er wiederkommt.

HELL ERLEUCHTETE SÄLE

Kaiser und Fürsten, Hof in Bewegung.

KÄMMERER *(zu Mephistopheles).*
Ihr seid uns noch die Geisterszene schuldig;
Macht Euch daran! der Herr ist ungeduldig.
MARSCHALK. Soeben fragt der Gnädigste darnach;
Ihr! zaudert nicht der Majestät zur Schmach.
MEPHISTOPHELES.
Ist mein Kumpan doch deshalb weggegangen;
Er weiß schon, wie es anzufangen,
Und laboriert verschlossen still,
Muss ganz besonders sich befleißen;
Denn wer den Schatz, das Schöne, heben will,
Bedarf der höchsten Kunst, Magie der Weisen.
MARSCHALK. Was ihr für Künste braucht, ist einerlei:
Der Kaiser will, dass alles fertig sei.
BLONDINE *(zu Mephistopheles).*
Ein Wort, mein Herr! Ihr seht ein klar Gesicht,
Jedoch so ist's im leidigen Sommer nicht!
Da sprossen hundert bräunlich rote Flecken,
Die zum Verdruss die weiße Haut bedecken.
Ein Mittel!
MEPHISTOPHELES. Schade! so ein leuchtend Schätzchen
Im Mai getupft wie eure Pantherkätzchen.
Nehmt Froschlaich, Krötenzungen, kohobiert,
Im vollsten Mondlicht sorglich distilliert
Und, wenn er abnimmt, reinlich aufgestrichen,
Der Frühling kommt, die Tupfen sind entwichen.
BRAUNE. Die Menge drängt heran, Euch zu umschranzen.
Ich bitt um Mittel! Ein erfrorner Fuß
Verhindert mich am Wandeln wie am Tanzen,
Selbst ungeschickt beweg ich mich zum Gruß.
MEPHISTOPHELES. Erlaubet einen Tritt von meinem Fuß.
BRAUNE. Nun, das geschieht wohl unter Liebesleuten.
MEPHISTOPHELES.
Mein Fußtritt, Kind! hat Größres zu bedeuten.
Zu Gleichem Gleiches, was auch einer litt;
Fuß heilet Fuß, so ist's mit allen Gliedern.
Heran! Gebt Acht! Ihr sollt es nicht erwidern.
BRAUNE *(schreiend).*
Weh! Weh! das brennt! das war ein harter Tritt,

Wie Pferdehuf.
MEPHISTOPHELES. Die Heilung nehmt Ihr mit.
Du kannst nunmehr den Tanz nach Lust verüben,
Bei Tafel schwelgend füßle mit dem Lieben.
DAME *(herandringend).*
Lasst mich hindurch! Zu groß sind meine Schmerzen,
Sie wühlen siedend mir im tiefsten Herzen;
Bis gestern sucht' Er Heil in meinen Blicken,
Er schwatzt mit ihr und wendet mir den Rücken.
MEPHISTOPHELES. Bedenklich ist es, aber höre mich.
An ihn heran musst du dich leise drücken;
Nimm diese Kohle, streich ihm einen Strich
Auf Ärmel, Mantel, Schulter, wie sich's macht;
Er fühlt im Herzen holden Reuestich.
Die Kohle doch musst du sogleich verschlingen,
Nicht Wein, nicht Wasser an die Lippen bringen;
Er seufzt vor deiner Tür noch heute Nacht.
DAME. Ist doch kein Gift?
MEPHISTOPHELES *(entrüstet).* Respekt, wo sich's gebührt!
Weit müsstet Ihr nach solcher Kohle laufen;
Sie kommt von einem Scheiterhaufen,
Den wir sonst emsiger angeschürt.
PAGE. Ich bin verliebt, man hält mich nicht für voll.
MEPHISTOPHELES *(beiseite).*
Ich weiß nicht mehr, wohin ich hören soll.
(Zum Pagen.) Müsst Euer Glück nicht auf die Jüngste setzen.
Die Angejahrten wissen Euch zu schätzen. –
(Andere drängen sich herzu.)
Schon wieder Neue! Welch ein harter Strauß!
Ich helfe mir zuletzt mit Wahrheit aus;
Der schlechteste Behelf! Die Not ist groß. –
O Mütter, Mütter! Lasst nur Fausten los! *(Umherschauend.)*
Die Lichter brennen trübe schon im Saal,
Der ganze Hof bewegt sich auf einmal.
Anständig seh ich sie in Folge ziehn
Durch lange Gänge, ferne Galerien.
Nun! sie versammeln sich im weiten Raum
Des alten Rittersaals, er fasst sie kaum.
Auf breite Wände Teppiche spendiert,
Mit Rüstung Eck' und Nischen ausgeziert.
Hier braucht es, dächt ich, keine Zauberworte;
Die Geister finden sich von selbst zum Orte.

RITTERSAAL

Dämmernde Beleuchtung.
Kaiser und Hof sind eingezogen.

HEROLD. Mein alt Geschäft, das Schauspiel anzukünden,
Verkümmert mir der Geister heimlich Walten;
Vergebens wagt man, aus verständigen Gründen
Sich zu erklären das verworrene Schalten.
Die Sessel sind, die Stühle schon zur Hand;
Den Kaiser setzt man grade vor die Wand;
Auf den Tapeten mag er da die Schlachten
Der großen Zeit bequemlichstens betrachten.
Hier sitzt nun alles, Herr und Hof im Runde,
Die Bänke drängen sich im Hintergrunde;
Auch Liebchen hat, in düstern Geisterstunden,
Zur Seite Liebchens lieblich Raum gefunden.
Und so, da alle schicklich Platz genommen,
Sind wir bereit; die Geister mögen kommen! *(Posaunen.)*
ASTROLOG. Beginne gleich das Drama seinen Lauf,
Der Herr befiehlt's, ihr Wände tut euch auf!
Nichts hindert mehr, hier ist Magie zur Hand:
Die Teppiche schwinden, wie gerollt vom Brand;
Die Mauer spaltet sich, sie kehrt sich um,
Ein tief Theater scheint sich aufzustellen,
Geheimnisvoll ein Schein uns zu erhellen,
Und ich besteige das Proszenium.
MEPHISTOPHELES *(aus dem Souffleurloche auftauchend).*
Von hier aus hoff ich allgemeine Gunst,
Einbläsereien sind des Teufels Redekunst.
(Zum Astrologen.)
Du kennst den Takt, in dem die Sterne gehn,
Und wirst mein Flüstern meisterlich verstehn.
ASTROLOG. Durch Wunderkraft erscheint allhier zur Schau,
Massiv genug, ein alter Tempelbau.
Dem Atlas gleich, der einst den Himmel trug,
Stehn reihenweis der Säulen hier genug;
Sie mögen wohl der Felsenlast genügen,
Da zweie schon ein groß Gebäude trügen.
ARCHITEKT. Das wär antik! Ich wüsst es nicht zu preisen,
Es sollte plump und überlästig heißen.
Roh nennt man edel, unbehülflich groß.
Schmalpfeiler lieb ich, strebend, grenzenlos;

Spitzbögiger Zenit erhebt den Geist;
Solch ein Gebäu erbaut uns allermeist.

ASTROLOG. Empfangt mit Ehrfurcht sterngegönnte Stunden;
Durch magisch Wort sei die Vernunft gebunden;
Dagegen weit heran bewege frei
Sich herrliche verwegne Phantasei.
Mit Augen schaut nun, was ihr kühn begehrt,
Unmöglich ist's, drum eben glaubenswert.

Faust steigt auf der andern Seite des Proszeniums herauf.

ASTROLOG. Im Priesterkleid, bekränzt, ein Wundermann,
Der nun vollbringt, was er getrost begann.
Ein Dreifuß steigt mit ihm aus hohler Gruft,
Schon ahn ich aus der Schale Weihrauchduft.
Er rüstet sich, das hohe Werk zu segnen;
Es kann fortan nur Glückliches begegnen.

FAUST *(großartig).*
In eurem Namen, Mütter, die ihr thront
Im Grenzenlosen, ewig einsam wohnt,
Und doch gesellig. Euer Haupt umschweben
Des Lebens Bilder, regsam, ohne Leben.
Was einmal war, in allem Glanz und Schein,
Es regt sich dort; denn es will ewig sein.
Und ihr verteilt es, allgewaltige Mächte,
Zum Zelt des Tages, zum Gewölb der Nächte.
Die einen fasst des Lebens holder Lauf,
Die andern sucht der kühne Magier auf;
In reicher Spende lässt er, voll Vertrauen,
Was jeder wünscht, das Wunderwürdige schauen.

ASTROLOG. Der glühnde Schlüssel rührt die Schale kaum,
Ein dunstiger Nebel deckt sogleich den Raum;
Er schleicht sich ein, er wogt nach Wolkenart,
Gedehnt, geballt, verschränkt, geteilt, gepaart.
Und nun erkennt ein Geister-Meisterstück!
So wie sie wandeln, machen sie Musik.
Aus luft'gen Tönen quillt ein Weißnichtwie,
Indem sie ziehn, wird alles Melodie.
Der Säulenschaft, auch die Triglyphe klingt,
Ich glaube gar, der ganze Tempel singt.
Das Dunstige senkt sich; aus dem leichten Flor
Ein schöner Jüngling tritt im Takt hervor.
Hier schweigt mein Amt, ich brauch ihn nicht zu nennen,
Wer sollte nicht den holden Paris kennen!

Paris hervortretend.

DAME. Oh! welch ein Glanz aufblühender Jugendkraft!
ZWEITE. Wie eine Pfirsche frisch und voller Saft!
DRITTE. Die fein gezognen, süß geschwollnen Lippen!
VIERTE. Du möchtest wohl an solchem Becher nippen?
FÜNFTE. Er ist gar hübsch, wenn auch nicht eben fein.
SECHSTE. Ein bisschen könnt er doch gewandter sein.
RITTER. Den Schäferknecht glaub ich allhier zu spüren,
Vom Prinzen nichts und nichts von Hofmanieren.
ANDRER. Eh nun! halb nackt ist wohl der Junge schön,
Doch müssten wir ihn erst im Harnisch sehn!
DAME. Er setzt sich nieder, weichlich, angenehm.
RITTER. Auf seinem Schoße wär Euch wohl bequem?
ANDRE. Er lehnt den Arm so zierlich übers Haupt.
KÄMMERER. Die Flegelei! Das find ich unerlaubt!
DAME. Ihr Herren wisst an allem was zu mäkeln.
DERSELBE. In Kaisers Gegenwart sich hinzuräkeln!
DAME. Er stellt's nur vor! Er glaubt sich ganz allein.
DERSELBE. Das Schauspiel selbst, hier sollt es höflich sein
DAME. Sanft hat der Schlaf den Holden übernommen.
DERSELBE.
Er schnarcht nun gleich; natürlich ist's, vollkommen!
JUNGE DAME *(entzückt)*.
Zum Weihrauchsdampf was duftet so gemischt,
Das mir das Herz zum innigsten erfrischt?
ÄLTERE. Fürwahr! Es dringt ein Hauch tief ins Gemüte,
Er kommt von ihm!
ÄLTESTE. Es ist des Wachstums Blüte,
Im Jüngling als Ambrosia bereitet
Und atmosphärisch ringsumher verbreitet.

Helena hervortretend.

MEPHISTOPHELES.
Das wär sie denn! Vor dieser hätt ich Ruh;
Hübsch ist sie wohl, doch sagt sie mir nicht zu.
ASTROLOG. Für mich ist diesmal weiter nichts zu tun,
Als Ehrenmann gesteh, bekenn ich's nun.
Die Schöne kommt, und hätt ich Feuerzungen! –
Von Schönheit ward von jeher viel gesungen –
Wem sie erscheint, wird aus sich selbst entrückt,
Wem sie gehörte, ward zu hochbeglückt.
FAUST. Hab ich noch Augen? Zeigt sich tief im Sinn
Der Schönheit Quelle reichlichstens ergossen?
Mein Schreckensgang bringt seligsten Gewinn.
Wie war die Welt mir nichtig, unerschlossen!

Was ist sie nun seit meiner Priesterschaft?
Erst wünschenswert, gegründet, dauerhaft!
Verschwinde mir des Lebens Atemkraft,
Wenn ich mich je von dir zurückgewöhne! –
Die Wohlgestalt, die mich voreinst entzückte,
In Zauberspiegelung beglückte,
War nur ein Schaumbild solcher Schöne! –
Du bist's, der ich die Regung aller Kraft,
Den Inbegriff der Leidenschaft,
Dir Neigung, Lieb, Anbetung, Wahnsinn zolle.
MEPHISTOPHELES *(aus dem Kasten).*
So fasst Euch doch und fallt nicht aus der Rolle!
ÄLTERE DAME. Groß, wohlgestaltet, nur der Kopf zu klein.
JÜNGERE. Seht nur den Fuß! Wie könnt er plumper sein!
DIPLOMAT. Fürstinnen hab ich dieser Art gesehn,
Mich deucht, sie ist vom Kopf zum Fuße schön.
HOFMANN. Sie nähert sich dem Schläfer listig mild.
DAME. Wie hässlich neben jugendreinem Bild!
POET. Von ihrer Schönheit ist er angestrahlt.
DAME. Endymion und Luna! wie gemalt!
DERSELBE. Ganz recht! Die Göttin scheint herabzusinken,
Sie neigt sich über, seinen Hauch zu trinken;
Beneidenswert! – Ein Kuss! – Das Maß ist voll.
DUENNA. Vor allen Leuten! Das ist doch zu toll!
FAUST. Furchtbare Gunst dem Knaben! –
MEPHISTOPHELES. Ruhig! still!
Lass das Gespenst doch machen, was es will.
HOFMANN. Sie schleicht sich weg, leichtfüßig; er erwacht.
DAME. Sie sieht sich um! Das hab ich wohl gedacht.
HOFMANN. Er staunt! Ein Wunder ist's, was ihm geschieht.
DAME. Ihr ist kein Wunder, was sie vor sich sieht.
HOFMANN. Mit Anstand kehrt sie sich zu ihm herum.
DAME. Ich merke schon, sie nimmt ihn in die Lehre;
In solchem Fall sind alle Männer dumm,
Er glaubt wohl auch, dass er der Erste wäre.
RITTER. Lasst mir sie gelten! Majestätisch fein! –
DAME. Die Buhlerin! Das nenn ich doch gemein!
PAGE. Ich möchte wohl an seiner Stelle sein!
HOFMANN. Wer würde nicht in solchem Netz gefangen?
DAME. Das Kleinod ist durch manche Hand gegangen,
Auch die Verguldung ziemlich abgebraucht.
ANDRE. Vom zehnten Jahr an hat sie nichts getaugt.
RITTER. Gelegentlich nimmt jeder sich das Beste;

Ich hielte mich an diese schönen Reste.
GELAHRTER. Ich seh sie deutlich, doch gesteh ich frei:
Zu zweiflen ist, ob sie die rechte sei.
Die Gegenwart verführt ins Übertriebne,
Ich halte mich vor allem ans Geschriebne.
Da les ich denn, sie habe wirklich allen
Graubärten Trojas sonderlich gefallen;
Und wie mich dünkt, vollkommen passt das hier:
Ich bin nicht jung, und doch gefällt sie mir.
ASTROLOG. Nicht Knabe mehr! Ein kühner Heldenmann,
Umfasst er sie, die kaum sich wehren kann.
Gestärkten Arms hebt er sie hoch empor,
Entführt er sie wohl gar?
FAUST. Verwegner Tor!
Du wagst! Du hörst nicht! halt! das ist zu viel!
MEPHISTOPHELES.
Machst du's doch selbst, das Fratzengeisterspiel!
ASTROLOG. Nur noch ein Wort! Nach allem, was geschah,
Nenn ich das Stück den Raub der Helena.
FAUST. Was Raub! Bin ich für nichts an dieser Stelle!
Ist dieser Schlüssel nicht in meiner Hand!
Er führte mich, durch Graus und Wog und Welle
Der Einsamkeiten, her zum festen Strand.
Hier fass ich Fuß! Hier sind es Wirklichkeiten,
Von hier aus darf der Geist mit Geistern streiten,
Das Doppelreich, das große, sich bereiten.
So fern sie war, wie kann sie näher sein!
Ich rette sie, und sie ist doppelt mein.
Gewagt! Ihr Mütter! Mütter! müsst's gewähren!
Wer sie erkannt, der darf sie nicht entbehren.
ASTROLOG. Was tust du, Fauste! Fauste! – Mit Gewalt
Fasst er sie an, schon trübt sich die Gestalt.
Den Schlüssel kehrt er nach dem Jüngling zu,
Berührt ihn! – Weh uns, Wehe! Nu! im Nu!

(Explosion, Faust liegt am Boden.
Die Geister gehen in Dunst auf.)

MEPHISTOPHELES *(der Fausten auf die Schulter nimmt).*
Da habt ihr's nun! mit Narren sich beladen,
Das kommt zuletzt dem Teufel selbst zu Schaden.

(Finsternis, Tumult.)

ZWEITER AKT

HOCH GEWÖLBTES ENGES GOTISCHES ZIMMER

ehemals Faustens, unverändert

MEPHISTOPHELES *(hinter einem Vorhang hervortretend. Indem er ihn aufhebt und zurücksieht, erblickt man Fausten hingestreckt auf einem altväterischen Bette).*
Hier lieg, Unseliger! verführt
Zu schwer gelöstem Liebesbande!
Wen Helena paralysiert,
Der kommt so leicht nicht zu Verstande. *(Sich umschauend.)*
Blick ich hinauf, hierher, hinüber,
Allunverändert ist es, unversehrt;
Die bunten Scheiben sind, so dünkt mich, trüber,
Die Spinneweben haben sich vermehrt;
Die Tinte starrt, vergilbt ist das Papier;
Doch alles ist am Platz geblieben;
Sogar die Feder liegt noch hier,
Mit welcher Faust dem Teufel sich verschrieben.
Ja! tiefer in dem Rohre stockt
Ein Tröpflein Blut, wie ich's ihm abgelockt.
Zu einem solchen einzigen Stück
Wünscht ich dem größten Sammler Glück.
Auch hängt der alte Pelz am alten Haken,
Erinnert mich an jene Schnaken,
Wie ich den Knaben einst belehrt,
Woran er noch vielleicht als Jüngling zehrt.
Es kommt mir wahrlich das Gelüsten,
Rauchwarme Hülle, dir vereint
Mich als Dozent noch einmal zu erbrüsten,
Wie man so völlig Recht zu haben meint.
Gelehrte wissen's zu erlangen,
Dem Teufel ist es längst vergangen.
(Er schüttelt den herabgenommenen Pelz; Zikaden, Käfer und Farfarellen fahren heraus.)

CHOR DER INSEKTEN. Willkommen! willkommen,
Du alter Patron!
Wir schweben und summen
Und kennen dich schon.
Nur einzeln im Stillen
Du hast uns gepflanzt;

Zu Tausenden kommen wir,
Vater, getanzt.
Der Schalk in dem Busen
Verbirgt sich so sehr,
Vom Pelze die Läuschen
Enthüllen sich eh'r.

MEPHISTOPHELES.
Wie überraschend mich die junge Schöpfung freut!
Man säe nur, man erntet mit der Zeit.
Ich schüttle noch einmal den alten Flaus,
Noch eines flattert hier und dort hinaus. –
Hinauf! umher! in hunderttausend Ecken
Eilt euch, ihr Liebchen, zu verstecken.
Dort, wo die alten Schachteln stehn,
Hier im bebräunten Pergamen,
In staubigen Scherben alter Töpfe,
Dem Hohlaug jener Totenköpfe.
In solchem Wust und Moderleben
Muss es für ewig Grillen geben. *(Schlüpft in den Pelz.)*
Komm, decke mir die Schultern noch einmal!
Heut bin ich wieder Prinzipal.
Doch hilft es nichts, mich so zu nennen;
Wo sind die Leute, die mich anerkennen?

(Er zieht die Glocke, die einen gellenden, durchdringenden Ton erschallen lässt, wovon die Hallen erbeben und die Türen aufspringen.)

FAMULUS *(den langen finstern Gang herwankend).*
Welch ein Tönen! welch ein Schauer!
Treppe schwankt, es bebt die Mauer;
Durch der Fenster buntes Zittern
Seh ich wetterleuchtend Wittern.
Springt das Estrich, und von oben
Rieselt Kalk und Schutt verschoben.
Und die Türe, fest verriegelt,
Ist durch Wunderkraft entsiegelt. –
Dort! Wie fürchterlich! Ein Riese
Steht in Faustens altem Vliese!
Seinen Blicken, seinem Winken
Möcht ich in die Knie sinken.
Soll ich fliehen? Soll ich stehn?
Ach, wie wird es mir ergehn!

MEPHISTOPHELES *(winkend).*
Heran, mein Freund! – Ihr heißet Nikodemus.

FAMULUS. Hochwürdiger Herr! so ist mein Nam – Oremus.
MEPHISTOPHELES. Das lassen wir!
FAMULUS. Wie froh, dass Ihr mich kennt!
MEPHISTOPHELES.
Ich weiß es wohl, bejahrt und noch Student,
Bemooster Herr! Auch ein gelehrter Mann
Studiert so fort, weil er nicht anders kann.
So baut man sich ein mäßig Kartenhaus,
Der größte Geist baut's doch nicht völlig aus.
Doch Euer Meister, das ist ein Beschlagner:
Wer kennt ihn nicht, den edlen Doktor Wagner,
Den Ersten jetzt in der gelehrten Welt!
Er ist's allein, der sie zusammenhält,
Der Weisheit täglicher Vermehrer.
Allwissbegierige Horcher, Hörer
Versammeln sich um ihn zuhauf.
Er leuchtet einzig vom Katheder;
Die Schlüssel übt er wie Sankt Peter,
Das Untre so das Obre schließt er auf.
Wie er vor allen glüht und funkelt,
Kein Ruf, kein Ruhm hält weiter stand;
Selbst Faustus' Name wird verdunkelt,
Er ist es, der allein erfand.
FAMULUS.
Verzeiht, hochwürdiger Herr! wenn ich Euch sage,
Wenn ich zu widersprechen wage:
Von allem dem ist nicht die Frage;
Bescheidenheit ist sein beschieden Teil.
Ins unbegreifliche Verschwinden
Des hohen Manns weiß er sich nicht zu finden;
Von dessen Wiederkunft erfleht er Trost und Heil.
Das Zimmer, wie zu Doktor Faustus' Tagen,
Noch unberührt seitdem er fern,
Erwartet seinen alten Herrn.
Kaum wag ich's, mich hereinzuwagen.
Was muss die Sternenstunde sein? –
Gemäuer scheint mir zu erbangen;
Türpfosten bebten, Riegel sprangen,
Sonst kamt Ihr selber nicht herein.
MEPHISTOPHELES. Wo hat der Mann sich hingetan?
Führt mich zu ihm, bringt ihn heran!
FAMULUS. Ach! sein Verbot ist gar zu scharf,
Ich weiß nicht, ob ich's wagen darf.

Monatelang, des großen Werkes willen,
Lebt' er im allerstillsten Stillen.
Der zarteste gelehrter Männer,
Er sieht aus wie ein Kohlenbrenner,
Geschwärzt vom Ohre bis zur Nasen,
Die Augen rot vom Feuerblasen,
So lechzt er jedem Augenblick;
Geklirr der Zange gibt Musik.

MEPHISTOPHELES. Sollt er den Zutritt mir verneinen?
Ich bin der Mann, das Glück ihm zu beschleunen.
(Der Famulus geht ab, Mephistopheles setzt sich gravitätisch nieder.)
Kaum hab ich Posto hier gefasst,
Regt sich dort hinten, mir bekannt, ein Gast.
Doch diesmal ist er von den Neusten,
Er wird sich grenzenlos erdreusten.

BACCALAUREUS *(den Gang herstürmend).*
Tor und Türe find ich offen!
Nun, da lässt sich endlich hoffen,
Dass nicht, wie bisher, im Moder
Der Lebendige wie ein Toter
Sich verkümmere, sich verderbe
Und am Leben selber sterbe.

Diese Mauern, diese Wände
Neigen, senken sich zum Ende,
Und wenn wir nicht bald entweichen,
Wird uns Fall und Sturz erreichen.
Bin verwegen, wie nicht einer,
Aber weiter bringt mich keiner.

Doch was soll ich heut erfahren!
War's nicht hier, vor so viel Jahren,
Wo ich, ängstlich und beklommen,
War als guter Fuchs gekommen?
Wo ich diesen Bärtigen traute,
Mich an ihrem Schnack erbaute?

Aus den alten Bücherkrusten
Logen sie mir, was sie wussten,
Was sie wussten, selbst nicht glaubten,
Sich und mir das Leben raubten.
Wie? – Dort hinten in der Zelle
Sitzt noch einer dunkel-helle!

Nahend seh ich's mit Erstaunen,
Sitzt er noch im Pelz, dem braunen,
Wahrlich, wie ich ihn verließ,
Noch gehüllt im rauen Vlies!
Damals schien er zwar gewandt,
Als ich ihn noch nicht verstand.
Heute wird es nichts verfangen,
Frisch an ihn herangegangen!
Wenn, alter Herr, nicht Lethes trübe Fluten
Das schief gesenkte, kahle Haupt durchschwommen,
Seht anerkennend hier den Schüler kommen,
Entwachsen akademischen Ruten.
Ich find Euch noch, wie ich Euch sah;
Ein anderer bin ich wieder da.

MEPHISTOPHELES.
Mich freut, dass ich Euch hergeläutet.
Ich schätzt' Euch damals nicht gering;
Die Raupe schon, die Chrysalide deutet
Den künftigen bunten Schmetterling.
Am Lockenkopf und Spitzenkragen
Empfandet Ihr ein kindliches Behagen. –
Ihr trugt wohl niemals einen Zopf? –
Heut schau ich Euch im Schwedenkopf.
Ganz resolut und wacker seht Ihr aus;
Kommt nur nicht absolut nach Haus.

BACCALAUREUS. Mein alter Herr! Wir sind am alten Orte;
Bedenkt jedoch erneuter Zeiten Lauf
Und sparet doppelsinnige Worte;
Wir passen nun ganz anders auf.
Ihr hänseltet den guten treuen Jungen;
Das ist Euch ohne Kunst gelungen,
Was heutzutage niemand wagt.

MEPHISTOPHELES.
Wenn man der Jugend reine Wahrheit sagt,
Die gelben Schnäbeln keineswegs behagt,
Sie aber hinterdrein nach Jahren
Das alles derb an eigner Haut erfahren,
Dann dünkeln sie, es käm aus eignem Schopf;
Da heißt es denn: der Meister war ein Tropf.

BACCALAUREUS.
Ein Schelm vielleicht! – denn welcher Lehrer spricht
Die Wahrheit uns direkt ins Angesicht?
Ein jeder weiß zu mehren wie zu mindern,

Bald ernst, bald heiter klug zu frommen Kindern.
MEPHISTOPHELES.
Zum Lernen gibt es freilich eine Zeit;
Zum Lehren seid Ihr, merk ich, selbst bereit.
Seit manchen Monden, einigen Sonnen
Erfahrungsfülle habt Ihr wohl gewonnen.
BACCALAUREUS. Erfahrungswesen! Schaum und Dust!
Und mit dem Geist nicht ebenbürtig.
Gesteht! was man von je gewusst,
Es ist durchaus nicht wissenswürdig.
MEPHISTOPHELES *(nach einer Pause).*
Mich deucht es längst. Ich war ein Tor,
Nun komm ich mir recht schal und albern vor.
BACCALAUREUS.
Das freut mich sehr! Da hör ich doch Verstand;
Der erste Greis, den ich vernünftig fand!
MEPHISTOPHELES.
Ich suchte nach verborgen-goldnem Schatze,
Und schauerliche Kohlen trug ich fort.
BACCALAUREUS.
Gesteht nur, Euer Schädel, Eure Glatze
Ist nicht mehr wert als jene hohlen dort?
MEPHISTOPHELES *(gemütlich).*
Du weißt wohl nicht, mein Freund, wie grob du bist?
BACCALAUREUS.
Im Deutschen lügt man, wenn man höflich ist.
MEPHISTOPHELES *(der mit seinem Rollstuhle immer näher ins Proszenium rückt, zum Parterre).*
Hier oben wird mir Licht und Luft benommen;
Ich finde wohl bei euch ein Unterkommen?
BACCALAUREUS.
Anmaßlich find ich, dass zur schlechtsten Frist
Man etwas sein will, wo man nichts mehr ist.
Des Menschen Leben lebt im Blut, und wo
Bewegt das Blut sich wie im Jüngling so?
Das ist lebendig Blut in frischer Kraft,
Das neues Leben sich aus Leben schafft.
Da regt sich alles, da wird was getan,
Das Schwache fällt, das Tüchtige tritt heran.
Indessen wir die halbe Welt gewonnen,
Was habt Ihr denn getan? genickt, gesonnen,
Geträumt, erwogen, Plan und immer Plan.
Gewiss! das Alter ist ein kaltes Fieber

Im Frost von grillenhafter Not.
Hat einer dreißig Jahr vorüber,
So ist er schon so gut wie tot.
Am besten wär's, euch zeitig totzuschlagen.

MEPHISTOPHELES.
Der Teufel hat hier weiter nichts zu sagen.

BACCALAUREUS. Wenn ich nicht will, so darf kein Teufel sein.

MEPHISTOPHELES *(abseits).*
Der Teufel stellt dir nächstens doch ein Bein.

BACCALAUREUS. Dies ist der Jugend edelster Beruf!
Die Welt, sie war nicht, eh ich sie erschuf;
Die Sonne führt' ich aus dem Meer herauf;
Mit mir begann der Mond des Wechsels Lauf;
Da schmückte sich der Tag auf meinen Wegen,
Die Erde grünte, blühte mir entgegen.
Auf meinen Wink, in jener ersten Nacht,
Entfaltete sich aller Sterne Pracht.
Wer, außer mir, entband euch aller Schranken
Philisterhaft einklemmender Gedanken?
Ich aber frei, wie mir's im Geiste spricht,
Verfolge froh mein innerliches Licht,
Und wandle rasch, im eigensten Entzücken,
Das Helle vor mir, Finsternis im Rücken. *(Ab.)*

MEPHISTOPHELES. Original, fahr hin in deiner Pracht! –
Wie würde dich die Einsicht kränken:
Wer kann was Dummes, wer was Kluges denken,
Das nicht die Vorwelt schon gedacht? –
Doch sind wir auch mit diesem nicht gefährdet,
In wenig Jahren wird es anders sein:
Wenn sich der Most auch ganz absurd gebärdet,
Es gibt zuletzt doch noch e' Wein.
(Zu dem jüngern Parterre, das nicht applaudiert.)
Ihr bleibt bei meinem Worte kalt,
Euch guten Kindern lass ich's gehen;
Bedenkt: der Teufel, der ist alt,
So werdet alt, ihn zu verstehen!

LABORATORIUM

im Sinne des Mittelalters, weitläufige unbehülfliche Apparate zu phantastischen Zwecken

WAGNER *(am Herde).* Die Glocke tönt, die fürchterliche,
Durchschauert die berußten Mauern.
Nicht länger kann das Ungewisse
Der ernstesten Erwartung dauern.
Schon hellen sich die Finsternisse;
Schon in der innersten Phiole
Erglüht es wie lebendige Kohle,
Ja wie der herrlichste Karfunkel,
Verstrahlend Blitze durch das Dunkel.
Ein helles weißes Licht erscheint!
O dass ich's diesmal nicht verliere! –
Ach Gott! was rasselt an der Türe?
MEPHISTOPHELES *(eintretend).*
Willkommen! es ist gut gemeint.
WAGNER *(ängstlich).* Willkommen zu dem Stern der Stunde!
(Leise.) Doch haltet Wort und Atem fest im Munde,
Ein herrlich Werk ist gleich zustand gebracht.
MEPHISTOPHELES *(leiser).*
Was gibt es denn?
WAGNER *(leiser).* Es wird ein Mensch gemacht.
MEPHISTOPHELES. Ein Mensch? Und welch verliebtes Paar
Habt ihr ins Rauchloch eingeschlossen?
WAGNER. Behüte Gott! wie sonst das Zeugen Mode war,
Erklären wir für eitel Possen.
Der zarte Punkt, aus dem das Leben sprang,
Die holde Kraft, die aus dem Innern drang
Und nahm und gab, bestimmt sich selbst zu zeichnen,
Erst Nächstes, dann sich Fremdes anzueignen,
Die ist von ihrer Würde nun entsetzt;
Wenn sich das Tier noch weiter dran ergetzt,
So muss der Mensch mit seinen großen Gaben
Doch künftig höhern, höhern Ursprung haben.
(Zum Herd gewendet.)
Es leuchtet! seht! – Nun lässt sich wirklich hoffen,
Dass, wenn wir aus viel hundert Stoffen
Durch Mischung – denn auf Mischung kommt es an –
Den Menschenstoff gemächlich komponieren,
In einen Kolben verlutieren

Und ihn gehörig kohobieren,
So ist das Werk im Stillen abgetan.
(Zum Herd gewendet.)
Es wird! die Masse regt sich klarer!
Die Überzeugung wahrer, wahrer:
Was man an der Natur Geheimnisvolles pries,
Das wagen wir verständig zu probieren,
Und was sie sonst organisieren ließ,
Das lassen wir kristallisieren.

MEPHISTOPHELES. Wer lange lebt, hat viel erfahren,
Nichts Neues kann für ihn auf dieser Welt geschehn.
Ich habe schon in meinen Wanderjahren
Kristallisiertes Menschenvolk gesehn.

WAGNER *(bisher immer aufmerksam auf die Phiole).*
Es steigt, es blitzt, es häuft sich an,
Im Augenblick ist es getan.
Ein großer Vorsatz scheint im Anfang toll;
Doch wollen wir des Zufalls künftig lachen,
Und so ein Hirn, das trefflich denken soll,
Wird künftig auch ein Denker machen.
(Entzückt die Phiole betrachtend.)
Das Glas erklingt von lieblicher Gewalt,
Es trübt, es klärt sich; also muss es werden!
Ich seh in zierlicher Gestalt
Ein artig Männlein sich gebärden.
Was wollen wir, was will die Welt nun mehr?
Denn das Geheimnis liegt am Tage.
Gebt diesem Laute nur Gehör,
Er wird zur Stimme, wird zur Sprache.

HOMUNCULUS *(in der Phiole zu Wagner).*
Nun Väterchen! wie steht's? es war kein Scherz.
Komm, drücke mich recht zärtlich an dein Herz!
Doch nicht zu fest, damit das Glas nicht springe.
Das ist die Eigenschaft der Dinge:
Natürlichem genügt das Weltall kaum,
Was künstlich ist, verlangt geschlossnen Raum.
(Zu Mephistopheles.)
Du aber, Schalk, Herr Vetter, bist du hier
Im rechten Augenblick? ich danke dir.
Ein gut Geschick führt dich zu uns herein;
Dieweil ich bin, muss ich auch tätig sein.
Ich möchte mich sogleich zur Arbeit schürzen.
Du bist gewandt, die Wege mir zu kürzen.

WAGNER. Nur noch ein Wort! Bisher musst' ich mich schämen,
Denn Alt und Jung bestürmt mich mit Problemen.
Zum Beispiel nur: noch niemand konnt' es fassen,
Wie Seel und Leib so schön zusammenpassen,
So fest sich halten, als um nie zu scheiden,
Und doch den Tag sich immerfort verleiden.
Sodann –
MEPHISTOPHELES. Halt ein! ich wollte lieber fragen:
Warum sich Mann und Frau so schlecht vertragen?
Du kommst, mein Freund, hierüber nie ins Reine.
Hier gibt's zu tun, das eben will der Kleine.
HOMUNCULUS. Was gibt's zu tun?
MEPHISTOPHELES *(auf eine Seitentüre deutend).*
Hier zeige deine Gabe!
WAGNER *(immer in die Phiole schauend).*
Fürwahr, du bist ein allerliebster Knabe!
(Die Seitentür öffnet sich, man sieht Faust auf dem Lager hingestreckt.)
HOMUNCULUS *(erstaunt).* Bedeutend! –
(Die Phiole entschlüpft aus Wagners Händen, schwebt über Faust und beleuchtet ihn.)
Schön umgeben! – Klar Gewässer
Im dichten Haine! Fraun, die sich entkleiden,
Die allerliebsten! – Das wird immer besser.
Doch eine lässt sich glänzend unterscheiden,
Aus höchstem Helden-, wohl aus Götterstamme.
Sie setzt den Fuß in das durchsichtige Helle;
Des edlen Körpers holde Lebensflamme
Kühlt sich im schmiegsamen Kristall der Welle. –
Doch welch Getöse rasch bewegter Flügel,
Welch Sausen, Plätschern wühlt im glatten Spiegel?
Die Mädchen fliehn verschüchtert; doch allein
Die Königin, sie blickt gelassen drein
Und sieht mit stolzem weiblichem Vergnügen
Der Schwäne Fürsten ihrem Knie sich schmiegen,
Zudringlich-zahm. Er scheint sich zu gewöhnen. –
Auf einmal aber steigt ein Dunst empor
Und deckt mit dicht gewebtem Flor
Die lieblichste von allen Szenen.
MEPHISTOPHELES. Was du nicht alles zu erzählen hast!
So klein du bist, so groß bist du Phantast.
Ich sehe nichts –
HOMUNCULUS. Das glaub ich. Du aus Norden,

Im Nebelalter jung geworden,
Im Wust von Rittertum und Pfäfferei,
Wo wäre da dein Auge frei!
Im Düstern bist du nur zu Hause. *(Umherschauend.)*
Verbräunt Gestein, bemodert, widrig,
Spitzbögig, schnörkelhaftest, niedrig! –
Erwacht uns dieser, gibt es neue Not,
Er bleibt gleich auf der Stelle tot.
Waldquellen, Schwäne, nackte Schönen,
Das war sein ahnungsvoller Traum;
Wie wollt' er sich hierher gewöhnen!
Ich, der Bequemste, duld es kaum.
Nun fort mit ihm!

MEPHISTOPHELES. Der Ausweg soll mich freuen.

HOMUNCULUS. Befiehl den Krieger in die Schlacht,
Das Mädchen führe du zum Reihen,
So ist gleich alles abgemacht.
Jetzt eben, wie ich schnell bedacht,
Ist klassische Walpurgisnacht;
Das Beste, was begegnen könnte.
Bringt ihn zu seinem Elemente!

MEPHISTOPHELES. Dergleichen hab ich nie vernommen.

HOMUNCULUS. Wie wollt' es auch zu euren Ohren kommen?
Romantische Gespenster kennt ihr nur allein;
Ein echt Gespenst, auch klassisch hat's zu sein.

MEPHISTOPHELES.
Wohin denn aber soll die Fahrt sich regen?
Mich widern schon antikische Kollegen.

HOMUNCULUS. Nordwestlich, Satan, ist dein Lustrevier,
Südöstlich diesmal aber segeln wir –
An großer Fläche fließt Peneios frei,
Umbuscht, umbaumt, in still- und feuchten Buchten;
Die Ebne dehnt sich zu der Berge Schluchten,
Und oben liegt Pharsalus, alt und neu.

MEPHISTOPHELES. O weh! hinweg! und lasst mir jene Streite
Von Tyrannei und Sklaverei beiseite.
Mich langeweilt's; denn kaum ist's abgetan,
So fangen sie von vorne wieder an;
Und keiner merkt: er ist doch nur geneckt
Vom Asmodeus, der dahinter steckt.
Sie streiten sich, so heißt's, um Freiheitsrechte;
Genau besehn, sind's Knechte gegen Knechte.

HOMUNCULUS. Den Menschen lass ihr widerspenstig Wesen,

Ein jeder muss sich wehren, wie er kann,
Vom Knaben auf, so wird's zuletzt ein Mann.
Hier fragt sich's nur, wie dieser kann genesen.
Hast du ein Mittel, so erprob es hier,
Vermagst du's nicht, so überlass es mir.

MEPHISTOPHELES.
Manch Brockenstückchen wäre durchzuproben,
Doch Heidenriegel find ich vorgeschoben.
Das Griechenvolk, es taugte nie recht viel!
Doch blendet's euch mit freiem Sinnenspiel,
Verlockt des Menschen Brust zu heitern Sünden;
Die unsern wird man immer düster finden.
Und nun, was soll's?

HOMUNCULUS. Du bist ja sonst nicht blöde;
Und wenn ich von thessalischen Hexen rede,
So denk ich, hab ich was gesagt.

MEPHISTOPHELES *(lüstern).*
Thessalische Hexen! Wohl! das sind Personen,
Nach denen hab ich lang gefragt.
Mit ihnen Nacht für Nacht zu wohnen,
Ich glaube nicht, dass es behagt;
Doch zum Besuch, Versuch –

HOMUNCULUS. Den Mantel her,
Und um den Ritter umgeschlagen!
Der Lappen wird euch, wie bisher,
Den einen mit dem andern tragen;
Ich leuchte vor.

WAGNER *(ängstlich).* Und ich?

HOMUNCULUS. Eh nun,
Du bleibst zu Hause, Wichtigstes zu tun.
Entfalte du die alten Pergamente,
Nach Vorschrift sammle Lebenselemente
Und füge sie mit Vorsicht eins ans andre.
Das Was bedenke, mehr bedenke Wie.
Indessen ich ein Stückchen Welt durchwandre,
Entdeck ich wohl das Tüpfchen auf das i.
Dann ist der große Zweck erreicht;
Solch einen Lohn verdient ein solches Streben:
Gold, Ehre, Ruhm, gesundes langes Leben,
Und Wissenschaft und Tugend – auch vielleicht.
Leb wohl!

WAGNER *(betrübt).* Leb wohl! Das drückt das Herz mir nieder.
Ich fürchte schon, ich seh dich niemals wieder.

MEPHISTOPHELES. Nun zum Peneios frisch hinab!
Herr Vetter ist nicht zu verachten.
(Ad spectatores.) Am Ende hängen wir doch ab
Von Kreaturen, die wir machten.

KLASSISCHE WALPURGISNACHT

PHARSALISCHE FELDER

Finsternis.

ERICHTHO. Zum Schauderfeste dieser Nacht, wie öfter schon,
Tret ich einher, Erichtho, ich, die düstere;
Nicht so abscheulich, wie die leidigen Dichter mich
Im Übermaß verlästern ... Endigen sie doch nie
In Lob und Tadel ... Überbleicht erscheint mir schon
Von grauer Zelten Woge weit das Tal dahin,
Als Nachgesicht der sorg- und grauenvollsten Nacht.
Wie oft schon wiederholt' sich's! wird sich immerfort
Ins Ewige wiederholen ... Keiner gönnt das Reich
Dem andern; dem gönnt's keiner, der's mit Kraft erwarb
Und kräftig herrscht. Denn jeder, der sein innres Selbst
Nicht zu regieren weiß, regierte gar zu gern
Des Nachbars Willen, eignem stolzem Sinn gemäß ...
Hier aber ward ein großes Beispiel durchgekämpft:
Wie sich Gewalt Gewaltigerem entgegenstellt,
Der Freiheit holder, tausendblumiger Kranz zerreißt,
Der starre Lorbeer sich ums Haupt des Herrschers biegt.
Hier träumte Magnus früher Größe Blütentag,
Dem schwanken Zünglein lauschend wachte Cäsar dort!
Das wird sich messen. Weiß die Welt doch, wem's gelang.

Wachfeuer glühen, rote Flammen spendende,
Der Boden haucht vergossnen Blutes Widerschein,
Und angelockt von seltnem Wunderglanz der Nacht,
Versammelt sich hellenischer Sage Legion.
Um alle Feuer schwankt unsicher oder sitzt
Behaglich alter Tage fabelhaft Gebild ...
Der Mond, zwar unvollkommen, aber leuchtend hell,
Erhebt sich, milden Glanz verbreitend überall;
Der Zelten Trug verschwindet, Feuer brennen blau.

Doch über mir! welch unerwartet Meteor?
Es leuchtet und beleuchtet körperlichen Ball.
Ich wittre Leben. Da geziemen will mir's nicht,
Lebendigem zu nahen, dem ich schädlich bin;
Das bringt mir bösen Ruf und frommt mir nicht.
Schon sinkt es nieder. Weich ich aus mit Wohlbedacht!
(Entfernt sich.)
Die Luftfahrer oben.

HOMUNCULUS. Schwebe noch einmal die Runde
Über Flamm- und Schaudergrauen;
Ist es doch in Tal und Grunde
Gar gespenstisch anzuschauen.

MEPHISTOPHELES. Seh ich, wie durchs alte Fenster
In des Nordens Wust und Graus,
Ganz abscheuliche Gespenster,
Bin ich hier wie dort zu Haus.

HOMUNCULUS. Sieh! da schreitet eine Lange
Weiten Schrittes vor uns hin.

MEPHISTOPHELES. Ist es doch, als wär ihr bange;
Sah uns durch die Lüfte ziehn.

HOMUNCULUS. Lass sie schreiten! setz ihn nieder,
Deinen Ritter, und sogleich
Kehret ihm das Leben wieder,
Denn er sucht's im Fabelreich.

FAUST *(den Boden berührend).*
Wo ist sie? –

HOMUNCULUS. Wüssten's nicht zu sagen,
Doch hier wahrscheinlich zu erfragen.
In Eile magst du, eh es tagt,
Von Flamm zu Flamme spürend gehen:
Wer zu den Müttern sich gewagt,
Hat weiter nichts zu überstehen.

MEPHISTOPHELES. Auch ich bin hier an meinem Teil;
Doch wüsst ich Besseres nicht zu unserm Heil,
Als: jeder möge durch die Feuer
Versuchen sich sein eigen Abenteuer.
Dann, um uns wieder zu vereinen,
Lass deine Leuchte, Kleiner, tönend scheinen.

HOMUNCULUS. So soll es blitzen, soll es klingen.
(Das Glas dröhnt und leuchtet gewaltig.)
Nun frisch zu neuen Wunderdingen!

FAUST *(allein).* Wo ist sie? – Frage jetzt nicht weiter nach . . .
Wär's nicht die Scholle, die sie trug,

Die Welle nicht, die ihr entgegenschlug,
So ist's die Luft, die ihre Sprache sprach.
Hier! durch ein Wunder, hier in Griechenland!
Ich fühlte gleich den Boden, wo ich stand;
Wie mich, den Schläfer, frisch ein Geist durchglühte,
So steh ich, ein Antäus an Gemüte.
Und find ich hier das Seltsamste beisammen,
Durchforsch ich ernst dies Labyrinth der Flammen.
(Entfernt sich.)

AM OBEREN PENEIOS

MEPHISTOPHELES *(umherspürend).*
Und wie ich diese Feuerchen durchschweife,
So find ich mich doch ganz und gar entfremdet,
Fast alles nackt, nur hie und da behemdet:
Die Sphinxe schamlos, unverschämt die Greife,
Und was nicht alles, lockig und beflügelt,
Von vorn und hinten sich im Auge spiegelt . . .
Zwar sind auch wir von Herzen unanständig,
Doch das Antike find ich zu lebendig;
Das müsste man mit neustem Sinn bemeistern
Und mannigfaltig modisch überkleistern . . .
Ein widrig Volk! Doch darf mich's nicht verdrießen,
Als neuer Gast anständig sie zu grüßen . . .
Glück zu den schönen Fraun, den klugen Greisen!
GREIF *(schnarrend).*
Nicht Greisen! Greifen! – Niemand hört es gern,
Dass man ihn Greis nennt. Jedem Worte klingt
Der Ursprung nach, wo es sich her bedingt:
Grau, grämlich, griesgram, gräulich, Gräber, grimmig,
Etymologisch gleicherweise stimmig,
Verstimmen uns.
MEPHISTOPHELES. Und doch, nicht abzuschweifen,
Gefällt das G r e i im Ehrentitel G r e i f e n.
GREIF *(wie oben und immer so fort).*
Natürlich! Die Verwandtschaft ist erprobt,
Zwar oft gescholten, mehr jedoch gelobt;
Man greife nun nach Mädchen, Kronen, Gold,
Dem Greifenden ist meist Fortuna hold.
AMEISEN *(von der kolossalen Art).*
Ihr sprecht von Gold, wir hatten viel gesammelt,

In Fels- und Höhlen heimlich eingerammelt;
Das Arimaspen-Volk hat's ausgespürt,
Sie lachen dort, wie weit sie's weggeführt.

GREIFE. Wir wollen sie schon zum Geständnis bringen.

ARIMASPEN. Nur nicht zur freien Jubelnacht.
Bis morgen ist's alles durchgebracht,
Es wird uns diesmal wohl gelingen.

MEPHISTOPHELES *(hat sich zwischen die Sphinxe gesetzt).*
Wie leicht und gern ich mich hierher gewöhne,
Denn ich verstehe Mann für Mann.

SPHINX. Wir hauchen unsre Geistertöne,
Und ihr verkörpert sie alsdann.
Jetzt nenne dich, bis wir dich weiter kennen.

MEPHISTOPHELES.
Mit vielen Namen glaubt man mich zu nennen –
Sind Briten hier? Sie reisen sonst so viel,
Schlachtfeldern nachzuspüren, Wasserfällen,
Gestürzten Mauern, klassisch dumpfen Stellen;
Das wäre hier für sie ein würdig Ziel.
Sie zeugten auch: Im alten Bühnenspiel
Sah man mich dort als old Iniquity.

SPHINX. Wie kam man drauf?

MEPHISTOPHELES. Ich weiß es selbst nicht wie.

SPHINX. Mag sein! Hast du von Sternen einige Kunde?
Was sagst du zu der gegenwärt'gen Stunde?

MEPHISTOPHELES *(aufschauend).*
Stern schießt nach Stern, beschnittner Mond scheint helle,
Und mir ist wohl an dieser trauten Stelle,
Ich wärme mich an deinem Löwenfelle.
Hinauf sich zu versteigen, wär zum Schaden;
Gib Rätsel auf, gib allenfalls Scharaden.

SPHINX. Sprich nur dich selbst aus, wird schon Rätsel sein.
Versuch einmal, dich innigst aufzulösen:
„Dem frommen Manne nötig wie dem bösen,
Dem ein Plastron, aszetisch zu rapieren,
Kumpan dem andern, Tolles zu vollführen,
Und beides nur, um Zeus zu amüsieren."

ERSTER GREIF *(schnarrend).* Den mag ich nicht!

ZWEITER GREIF *(stärker schnarrend).* Was will uns der?

BEIDE. Der Garstige gehöret nicht hierher!

MEPHISTOPHELES *(brutal).*
Du glaubst vielleicht, des Gastes Nägel krauen
Nicht auch so gut wie deine scharfen Klauen?

Versuch's einmal!
SPHINX *(milde).* Du magst nur immer bleiben,
Wird dich's doch selbst aus unsrer Mitte treiben;
In deinem Lande tust dir was zugute,
Doch, irr ich nicht, hier ist dir schlecht zumute.
MEPHISTOPHELES.
Du bist recht appetitlich oben anzuschauen,
Doch untenhin die Bestie macht mir Grauen.
SPHINX. Du Falscher kommst zu deiner bittern Buße,
Denn unsre Tatzen sind gesund;
Dir mit verschrumpftem Pferdefuße
Behagt es nicht in unserem Bund.

Sirenen präludieren oben.

MEPHISTOPHELES. Wer sind die Vögel, in den Ästen
Des Pappelstromes hingewiegt?
SPHINX. Gewahrt euch nur! Die Allerbesten
Hat solch ein Singsang schon besiegt.
SIRENEN. Ach was wollt ihr euch verwöhnen
In dem Hässlich-Wunderbaren!
Horcht, wir kommen hier zu Scharen
Und in wohlgestimmten Tönen;
So geziemet es Sirenen.
SPHINXE *(sie verspottend in derselben Melodie).*
Nötigt sie, herabzusteigen!
Sie verbergen in den Zweigen
Ihre garstigen Habichtskrallen,
Euch verderblich anzufallen,
Wenn ihr euer Ohr verleiht.
SIRENEN. Weg das Hassen! weg das Neiden!
Sammeln wir die klarsten Freuden,
Unterm Himmel ausgestreut!
Auf dem Wasser, auf der Erde
Sei's die heiterste Gebärde,
Die man dem Willkommnen beut.
MEPHISTOPHELES. Das sind die saubern Neuigkeiten,
Wo aus der Kehle, von den Saiten
Ein Ton sich um den andern flicht.
Das Trallern ist bei mir verloren:
Es krabbelt wohl mir um die Ohren,
Allein zum Herzen dringt es nicht.
SPHINXE. Sprich nicht vom Herzen! das ist eitel;
Ein lederner verschrumpfter Beutel,
Das passt dir eher zu Gesicht.

FAUST *(herantretend).*
Wie wunderbar! das Anschaun tut mir Gnüge,
Im Widerwärtigen große, tüchtige Züge.
Ich ahne schon ein günstiges Geschick;
Wohin versetzt mich dieser ernste Blick?
(Auf Sphinxe bezüglich).
Vor solchen hat einst Ödipus gestanden;
(Auf Sirenen bezüglich.)
Vor solchen krümmte sich Ulyss in hänfnen Banden;
(Auf Ameisen bezüglich.)
Von solchen ward der höchste Schatz gespart,
(Auf Greife bezüglich.)
Von diesen treu und ohne Fehl bewahrt.
Vom frischen Geiste fühl ich mich durchdrungen;
Gestalten groß, groß die Erinnerungen.
MEPHISTOPHELES. Sonst hättest du dergleichen weggeflucht,
Doch jetzo scheint es dir zu frommen;
Denn wo man die Geliebte sucht,
Sind Ungeheuer selbst willkommen.
FAUST *(zu den Sphinxen).*
Ihr Frauenbilder müsst mir Rede stehn:
Hat eins der Euren Helena gesehn?
SPHINXE. Wir reichen nicht hinauf zu ihren Tagen,
Die letztesten hat Herkules erschlagen.
Von Chiron könntest du's erfragen;
Der sprengt herum in dieser Geisternacht;
Wenn er dir steht, so hast du's weit gebracht.
SIRENEN. Sollte dir's doch auch nicht fehlen! . . .
Wie Ulyss bei uns verweilte,
Schmähend nicht vorübereilte,
Wusst' er vieles zu erzählen;
Würden alles dir vertrauen,
Wolltest du zu unsern Gauen
Dich ans grüne Meer verfügen.
SPHINX. Lass dich, Edler, nicht betrügen.
Statt dass Ulyss sich binden ließ,
Lass unsern guten Rat dich binden;
Kannst du den hohen Chiron finden,
Erfährst du, was ich dir verhieß.
(Faust entfernt sich.)
MEPHISTOPHELES *(verdrießlich).*
Was krächzt vorbei mit Flügelschlag?
So schnell, dass man's nicht sehen mag,

Und immer eins dem andern nach,
Den Jäger würden sie ermüden.
SPHINX. Dem Sturm des Winterwinds vergleichbar,
Alcides' Pfeilen kaum erreichbar;
Es sind die raschen Stymphaliden,
Und wohl gemeint ihr Krächzegruß,
Mit Geierschnabel und Gänsefuß.
Sie möchten gern in unsern Kreisen
Als Stammverwandte sich erweisen.
MEPHISTOPHELES *(wie verschüchtert).*
Noch andres Zeug zischt zwischen drein.
SPHINX. Vor diesen sei Euch ja nicht bange!
Es sind die Köpfe der lernäischen Schlange,
Vom Rumpf getrennt, und glauben was zu sein.
Doch sagt, was soll nur aus Euch werden?
Was für unruhige Gebärden?
Wo wollt Ihr hin? Begebt Euch fort! . . .
Ich sehe, jener Chorus dort
Macht Euch zum Wendehals. Bezwingt Euch nicht,
Geht hin! begrüßt manch reizendes Gesicht!
Die Lamien sind's, lustfeine Dirnen,
Mit Lächelmund und frechen Stirnen,
Wie sie dem Satyrvolk behagen;
Ein Bocksfuß darf dort alles wagen.
MEPHISTOPHELES.
Ihr bleibt doch hier? dass ich euch wieder finde.
SPHINXE. Ja! Mische dich zum luftigen Gesinde.
Wir, von Ägypten her, sind längst gewohnt,
Dass unsereins in tausend Jahre thront.
Und respektiert nur unsre Lage,
So regeln wir die Mond- und Sonnentage.
Sitzen vor den Pyramiden,
Zu der Völker Hochgericht;
Überschwemmung, Krieg und Frieden –
Und verziehen kein Gesicht.

AM UNTERN PENEIOS

Peneios umgeben von Gewässern und Nymphen.

PENEIOS. Rege dich, du Schilfgeflüster!
Hauche leise, Rohrgeschwister,

Säuselt, leichte Weidensträuche,
Lispelt, Pappelzitterzweige,
Unterbrochnen Träumen zu! …
Weckt mich doch ein grauslich Wittern,
Heimlich allbewegend Zittern
Aus dem Wallestrom und Ruh.

FAUST *(an den Fluss tretend).*
Hör ich recht, so muss ich glauben:
Hinter den verschränkten Lauben
Dieser Zweige, dieser Stauden
Tönt ein menschenähnlichs Lauten.
Scheint die Welle doch ein Schwätzen,
Lüftlein wie – ein Scherzergetzen.

NYMPHEN *(zu Faust).*
Am besten geschäh dir,
Du legtest dich nieder,
Erholtest im Kühlen
Ermüdete Glieder,
Genössest der immer
Dich meidenden Ruh;
Wir säuseln, wir rieseln,
Wir flüstern dir zu.

FAUST. Ich wache ja! O lasst sie walten,
Die unvergleichlichen Gestalten,
Wie sie dorthin mein Auge schickt.
So wunderbar bin ich durchdrungen!
Sind's Träume? Sind's Erinnerungen?
Schon einmal warst du so beglückt.
Gewässer schleichen durch die Frische
Der dichten, sanft bewegten Büsche,
Nicht rauschen sie, sie rieseln kaum;
Von allen Seiten hundert Quellen
Vereinen sich im reinlich hellen,
Zum Bade flach vertieften Raum.
Gesunde junge Frauenglieder,
Vom feuchten Spiegel doppelt wieder
Ergetztem Auge zugebracht!
Gesellig dann und fröhlich badend,
Erdreistet schwimmend, furchtsam watend;
Geschrei zuletzt und Wasserschlacht.
Begnügen sollt ich mich an diesen,
Mein Auge sollte hier genießen,
Doch immer weiter strebt mein Sinn.

Der Blick dringt scharf nach jener Hülle,
Das reiche Laub der grünen Fülle
Verbirgt die hohe Königin.
Wundersam! auch Schwäne kommen
Aus den Buchten hergeschwommen,
Majestätisch rein bewegt.
Ruhig schwebend, zart gesellig,
Aber stolz und selbstgefällig,
Wie sich Haupt und Schnabel regt . . .
Einer aber scheint vor allen
Brüstend kühn sich zu gefallen,
Segelnd rasch durch alle fort;
Sein Gefieder bläht sich schwellend,
Welle selbst, auf Wogen wellend,
Dringt er zu dem heiligen Ort . . .
Die andern schwimmen hin und wider
Mit ruhig glänzendem Gefieder,
Bald auch in regem prächtigen Streit,
Die scheuen Mädchen abzulenken,
Dass sie an ihren Dienst nicht denken,
Nur an die eigne Sicherheit.

NYMPHEN. Leget, Schwestern, euer Ohr
An des Ufers grüne Stufe;
Hör ich recht, so kommt mir's vor
Als der Schall von Pferdes Hufe.
Wüsst ich nur, wer dieser Nacht
Schnelle Botschaft zugebracht.

FAUST. Ist mir doch, als dröhnt die Erde,
Schallend unter eiligem Pferde.
Dorthin mein Blick!
Ein günstiges Geschick,
Soll es mich schon erreichen?
O Wunder ohnegleichen!
Ein Reuter kommt herangetrabt,
Er scheint von Geist und Mut begabt,
Von blendend-weißem Pferd getragen . . .
Ich irre nicht, ich kenn ihn schon,
Der Philyra berühmter Sohn! –
Halt, Chiron! halt! Ich habe dir zu sagen . . .

CHIRON. Was gibt's? Was ist's?

FAUST. Bezähme deinen Schritt!

CHIRON. Ich raste nicht.

FAUST. So bitte! nimm mich mit!

CHIRON. Sitz auf! so kann ich nach Belieben fragen:
Wohin des Wegs? Du stehst am Ufer hier,
Ich bin bereit, dich durch den Fluss zu tragen.
FAUST *(aufsitzend).*
Wohin du willst. Für ewig dank ich's dir . . .
Der große Mann, der edle Pädagog,
Der, sich zum Ruhm, ein Heldenvolk erzog,
Den schönen Kreis der edlen Argonauten
Und alle, die des Dichters Welt erbauten.
CHIRON. Das lassen wir an seinem Ort!
Selbst Pallas kommt als Mentor nicht zu Ehren;
Am Ende treiben sie's nach ihrer Weise fort,
Als wenn sie nicht erzogen wären.
FAUST. Den Arzt, der jede Pflanze nennt,
Die Wurzeln bis ins Tiefste kennt,
Dem Kranken Heil, dem Wunden Lindrung schafft,
Umarm ich hier in Geist- und Körperkraft!
CHIRON. Ward neben mir ein Held verletzt,
Da wusst' ich Hülf und Rat zu schaffen;
Doch ließ ich meine Kunst zuletzt
Den Wurzelweibern und den Pfaffen.
FAUST. Du bist der wahre große Mann,
Der Lobeswort nicht hören kann.
Er sucht bescheiden auszuweichen
Und tut, als gäb es seinesgleichen.
CHIRON. Du scheinest mir geschickt zu heucheln,
Dem Fürsten wie dem Volk zu schmeicheln.
FAUST. So wirst du mir denn doch gestehn:
Du hast die Größten deiner Zeit gesehn,
Dem Edelsten in Taten nachgestrebt,
Halbgöttlich ernst die Tage durchgelebt.
Doch unter den heroischen Gestalten
Wen hast du für den Tüchtigsten gehalten?
CHIRON. Im hehren Argonautenkreise
War jeder brav nach seiner eignen Weise,
Und nach der Kraft, die ihn beseelte,
Konnt' er genügen, wo's den andern fehlte.
Die Dioskuren haben stets gesiegt,
Wo Jugendfüll und Schönheit überwiegt.
Entschluss und schnelle Tat zu andrer Heil,
Den Boreaden ward's zum schönen Teil.
Nachsinnend, kräftig, klug, im Rat bequem,
So herrschte Jason, Frauen angenehm.

Dann Orpheus: zart und immer still bedächtig,
Schlug er die Leier allen übermächtig.
Scharfsichtig Lynceus, der bei Tag und Nacht
Das heil'ge Schiff durch Klipp und Strand gebracht . . .
Gesellig nur lässt sich Gefahr erproben:
Wenn einer wirkt, die andern alle loben.

FAUST. Von Herkules willst nichts erwähnen?

CHIRON. O weh! errege nicht mein Sehnen . . .
Ich hatte Phöbus nie gesehn,
Noch Ares, Hermes, wie sie heißen;
Da sah ich mir vor Augen stehn,
Was alle Menschen göttlich preisen.
So war er ein geborner König,
Als Jüngling herrlichst anzuschaun;
Dem ältern Bruder untertänig
Und auch den allerliebsten Fraun.
Den zweiten zeugt nicht Gäa wieder,
Nicht führt ihn Hebe himmelein;
Vergebens mühen sich die Lieder,
Vergebens quälen sie den Stein.

FAUST. So sehr auch Bildner auf ihn pochen,
So herrlich kam er nie zur Schau.
Vom schönsten Mann hast du gesprochen,
Nun sprich auch von der schönsten Frau!

CHIRON. Was! . . . Frauenschönheit will nichts heißen,
Ist gar zu oft ein starres Bild;
Nur solch ein Wesen kann ich preisen,
Das froh und lebenslustig quillt.
Die Schöne bleibt sich selber selig;
Die Anmut macht unwiderstehlich,
Wie Helena, da ich sie trug.

FAUST. Du trugst sie?

CHIRON. Ja, auf diesem Rücken.

FAUST. Bin ich nicht schon verwirrt genug?
Und solch ein Sitz muss mich beglücken!

CHIRON. Sie fasste so mich in das Haar,
Wie du es tust.

FAUST. O ganz und gar
Verlier ich mich! Erzähle, wie?
Sie ist mein einziges Begehren!
Woher, wohin, ach, trugst du sie?

CHIRON. Die Frage lässt sich leicht gewähren.
Die Dioskuren hatten, jener Zeit,

Das Schwesterchen aus Räuberfaust befreit.
Doch diese, nicht gewohnt, besiegt zu sein,
Ermannten sich und stürmten hinterdrein.
Da hielten der Geschwister eiligen Lauf
Die Sümpfe bei Eleusis auf;
Die Brüder wateten, ich patschte, schwamm hinüber;
Da sprang sie ab und streichelte
Die feuchte Mähne, schmeichelte
Und dankte lieblich-klug und selbstbewusst.
Wie war sie reizend! jung, des Alten Lust!
FAUST. Erst zehen Jahr! …
CHIRON. Ich seh, die Philologen,
Sie haben dich so wie sich selbst betrogen.
Ganz eigen ist's mit mythologischer Frau,
Der Dichter bringt sie, wie er's braucht, zur Schau:
Nie wird sie mündig, wird nicht alt,
Stets appetitlicher Gestalt,
Wird jung entführt, im Alter noch umfreit;
Gnug, den Poeten bindet keine Zeit.
FAUST. So sei auch sie durch keine Zeit gebunden!
Hat doch Achill auf Pherä sie gefunden,
Selbst außer aller Zeit. Welch seltnes Glück:
Errungen Liebe gegen das Geschick!
Und sollt ich nicht, sehnsüchtigster Gewalt,
Ins Leben ziehn die einzigste Gestalt?
Das ewige Wesen, Göttern ebenbürtig,
So groß als zart, so hehr als liebenswürdig?
Du sahst sie einst; heut hab ich sie gesehn,
So schön wie reizend, wie ersehnt so schön.
Nun ist mein Sinn, mein Wesen streng umfangen;
Ich lebe nicht, kann ich sie nicht erlangen.
CHIRON. Mein fremder Mann! als Mensch bist du entzückt;
Doch unter Geistern scheinst du wohl verrückt.
Nun trifft sich's hier zu deinem Glücke;
Denn alle Jahr, nur wenig Augenblicke,
Pfleg ich bei Manto vorzutreten,
Der Tochter Äskulaps; im stillen Beten
Fleht sie zum Vater, dass, zu seiner Ehre,
Er endlich doch der Ärzte Sinn verkläre
Und vom verwegnen Totschlag sie bekehre …
Die liebste mir aus der Sibyllengilde,
Nicht fratzenhaft bewegt, wohltätig milde;
Ihr glückt es wohl, bei einigem Verweilen,

Mit Wurzelkräften dich von Grund zu heilen.
FAUST. Geheilt will ich nicht sein, mein Sinn ist mächtig;
Da wär ich ja wie andre niederträchtig.
CHIRON. Versäume nicht das Heil der edlen Quelle!
Geschwind herab! Wir sind zur Stelle.
FAUST. Sag an! Wohin hast du, in grauser Nacht,
Durch Kiesgewässer mich ans Land gebracht?
CHIRON. Hier trotzten Rom und Griechenland im Streite,
Peneios rechts, links den Olymp zur Seite,
Das größte Reich, das sich im Sand verliert;
Der König flieht, der Bürger triumphiert.
Blick auf! hier steht, bedeutend nah,
Im Mondenschein der ewige Tempel da.
MANTO *(inwendig träumend).*
Von Pferdes Hufe
Erklingt die heilige Stufe,
Halbgötter treten heran.
CHIRON. Ganz recht!
Nur die Augen aufgetan!
MANTO *(erwachend).*
Willkommen! ich seh, du bleibst nicht aus.
CHIRON. Steht dir doch auch dein Tempelhaus!
MANTO. Streifst du noch immer unermüdet?
CHIRON. Wohnst du doch immer still umfriedet,
Indes zu kreisen mich erfreut.
MANTO. Ich harre, mich umkreist die Zeit.
Und dieser?
CHIRON. Die verrufene Nacht
Hat strudelnd ihn hierher gebracht.
Helenen, mit verrückten Sinnen,
Helenen will er sich gewinnen
Und weiß nicht, wie und wo beginnen;
Asklepischer Kur vor andern wert.
MANTO. Den lieb ich, der Unmögliches begehrt.
(Chiron ist schon weit weg.)
MANTO. Tritt ein, Verwegner, sollst dich freuen!
Der dunkle Gang führt zu Persephoneien.
In des Olympus hohlem Fuß
Lauscht sie geheim verbotnem Gruß.
Hier hab ich einst den Orpheus eingeschwärzt;
Benutz es besser! frisch! beherzt!
(Sie steigen hinab.)

AM OBERN PENEIOS

wie zuvor

SIRENEN. Stürzt euch in Peneios' Flut!
Plätschernd ziemt es da zu schwimmen,
Lied um Lieder anzustimmen,
Dem unseligen Volk zugut.
Ohne Wasser ist kein Heil!
Führen wir mit hellem Heere
Eilig zum Ägäischen Meere,
Würd uns jede Lust zuteil.
(Erdbeben.)

SIRENEN. Schäumend kehrt die Welle wieder,
Fließt nicht mehr im Bett darnieder;
Grund erbebt, das Wasser staucht,
Kies und Ufer berstend raucht.
Flüchten wir! Kommt alle, kommt!
Niemand, dem das Wunder frommt.

Fort! ihr edlen frohen Gäste,
Zu dem seeisch heitern Feste,
Blinkend, wo die Zitterwellen,
Ufernetzend, leise schwellen;
Da, wo Luna doppelt leuchtet,
Uns mit heil'gem Tau befeuchtet.
Dort ein frei bewegtes Leben,
Hier ein ängstlich Erdebeben;
Eile jeder Kluge fort!
Schauderhaft ist's um den Ort.

SEISMOS *(in der Tiefe brummend und polternd).*
Einmal noch mit Kraft geschoben,
Mit den Schultern brav gehoben!
So gelangen wir nach oben,
Wo uns alles weichen muss.

SPHINXE. Welch ein widerwärtig Zittern,
Hässlich grausenhaftes Wittern!
Welch ein Schwanken, welches Beben,
Schaukelnd Hin- und Widerstreben!
Welch unleidlicher Verdruss!
Doch wir ändern nicht die Stelle,
Bräche los die ganze Hölle.

Nun erhebt sich ein Gewölbe
Wundersam. Es ist derselbe,
Jener Alte, längst Ergraute,
Der die Insel Delos baute,
Einer Kreißenden zulieb
Aus der Wog empor sie trieb.
Er, mit Streben, Drängen, Drücken,
Arme straff, gekrümmt den Rücken,
Wie ein Atlas an Gebärde,
Hebt er Boden, Rasen, Erde,
Kies und Grieß und Sand und Letten,
Unsres Ufers stille Betten.
So zerreißt er eine Strecke
Quer des Tales ruhige Decke.
Angestrengtest, nimmer müde,
Kolossale Karyatide,
Trägt ein furchtbar Steingerüste,
Noch im Boden bis zur Büste;
Weiter aber soll's nicht kommen,
Sphinxe haben Platz genommen.

SEISMOS. Das hab ich ganz allein vermittelt,
Man wird mir's endlich zugestehn;
Und hätt ich nicht geschüttelt und gerüttelt,
Wie wäre diese Welt so schön? –
Wie ständen eure Berge droben
In prächtig-reinem Ätherblau,
Hätt ich sie nicht hervorgeschoben
Zu malerisch-entzückter Schau?
Als, angesichts der höchsten Ahnen,
Der Nacht, des Chaos, ich mich stark betrug
Und, in Gesellschaft von Titanen,
Mit Pelion und Ossa als mit Ballen schlug,
Wir tollten fort in jugendlicher Hitze,
Bis überdrüssig noch zuletzt
Wir dem Parnass, als eine Doppelmütze,
Die beiden Berge frevelnd aufgesetzt...
Apollen hält ein froh Verweilen
Dort nun mit seliger Musen Chor.
Selbst Jupitern und seinen Donnerkeilen
Hob ich den Sessel hoch empor.
Jetzt so, mit ungeheurem Streben,
Drang aus dem Abgrund ich herauf

Und fordre laut, zu neuem Leben,
Mir fröhliche Bewohner auf.
SPHINXE. Uralt, müsste man gestehen,
Sei das hier Emporgebürgte,
Hätten wir nicht selbst gesehen,
Wie sich's aus dem Boden würgte.
Bebuschter Wald verbreitet sich hinan,
Noch drängt sich Fels auf Fels bewegt heran;
Ein Sphinx wird sich daran nicht kehren:
Wir lassen uns im heiligen Sitz nicht stören.
GREIFE. Gold in Blättchen, Gold in Flittern
Durch die Ritzen seh ich zittern.
Lasst euch solchen Schatz nicht rauben,
Imsen, auf! es auszuklauben.
CHOR DER AMEISEN.
Wie ihn die Riesigen
Emporgeschoben,
Ihr Zappelfüßigen,
Geschwind nach oben!
Behändest aus und ein!
In solchen Ritzen
Ist jedes Bröselein
Wert zu besitzen.
Das Allermindeste
Müsst ihr entdecken
Auf das geschwindeste
In allen Ecken.
Allemsig müsst ihr sein,
Ihr Wimmelscharen;
Nur mit dem Gold herein!
Den Berg lasst fahren.
GREIFE. Herein! Herein! Nur Gold zu Hauf!
Wir legen unsre Klauen drauf;
Sind Riegel von der besten Art,
Der größte Schatz ist wohl verwahrt.
PYGMÄEN. Haben wirklich Platz genommen,
Wissen nicht, wie es geschah.
Fraget nicht, woher wir kommen,
Denn wir sind nun einmal da!
Zu des Lebens lustigem Sitze
Eignet sich ein jedes Land;
Zeigt sich eine Felsenritze,
Ist auch schon der Zwerg zur Hand.

Zwerg und Zwergin, rasch zum Fleiße,
Musterhaft ein jedes Paar;
Weiß nicht, ob es gleicher Weise
Schon im Paradiese war.
Doch wir finden's hier zum Besten,
Segnen dankbar unsern Stern;
Denn im Osten wie im Westen
Zeugt die Mutter Erde gern.

DAKTYLE. Hat sie in einer Nacht
Die Kleinen hervorgebracht,
Sie wird die Kleinsten erzeugen;
Finden auch ihresgleichen.

PYGMÄEN-ÄLTESTE. Eilet, bequemen
Sitz einzunehmen!
Eilig zum Werke!
Schnelle für Stärke!
Noch ist es Friede;
Baut euch die Schmiede,
Harnisch und Waffen
Dem Heer zu schaffen.
Ihr Imsen alle,
Rührig im Schwalle,
Schafft uns Metalle!
Und ihr Daktyle,
Kleinste, so viele,
Euch sei befohlen,
Hölzer zu holen!
Schichtet zusammen
Heimliche Flammen,
Schaffet uns Kohlen.

GENERALISSIMUS. Mit Pfeil und Bogen
Frisch ausgezogen!
An jenem Weiher
Schießt mir die Reiher,
Unzählig nistende,
Hochmütig brüstende,
Auf einen Ruck,
Alle wie e i n e n!
Dass wir erscheinen
Mit Helm und Schmuck.

IMSEN UND DAKTYLE. Wer wird uns retten!
Wir schaffen 's Eisen,
Sie schmieden Ketten.

Uns loszureißen,
Ist noch nicht zeitig,
Drum seid geschmeidig.

DIE KRANICHE DES IBYKUS.

Mordgeschrei und Sterbeklagen!
Ängstlich Flügelflatterschlagen!
Welch ein Ächzen, welch Gestöhn
Dringt herauf zu unsern Höhn!
Alle sind sie schon ertötet,
See von ihrem Blut gerötet.
Missgestaltete Begierde
Raubt des Reihers edle Zierde.
Weht sie doch schon auf dem Helme
Dieser Fettbauch-Krummbein-Schelme.
Ihr Genossen unsres Heeres,
Reihenwanderer des Meeres,
Euch berufen wir zur Rache
In so nah verwandter Sache.
Keiner spare Kraft und Blut,
Ewige Feindschaft dieser Brut!

(Zerstreuen sich krächzend in den Lüften.)

MEPHISTOPHELES *(in der Ebne).*

Die nordischen Hexen wusst' ich wohl zu meistern,
Mir wird's nicht just mit diesen fremden Geistern.
Der Blocksberg bleibt ein gar bequem Lokal,
Wo man auch sei, man findet sich zumal.
Frau Ilse wacht für uns auf ihrem Stein,
Auf seiner Höh wird Heinrich munter sein,
Die Schnarcher schnauzen zwar das Elend an,
Doch alles ist für tausend Jahr getan.
Wer weiß denn hier nur, wo er geht und steht,
Ob unter ihm sich nicht der Boden bläht? …
Ich wandle lustig durch ein glattes Tal,
Und hinter mir erhebt sich auf einmal
Ein Berg, zwar kaum ein Berg zu nennen,
Von meinen Sphinxen mich jedoch zu trennen
Schon hoch genug – hier zuckt noch manches Feuer
Das Tal hinab und flammt ums Abenteuer …
Noch tanzt und schwebt mir lockend, weichend vor,
Spitzbübisch gaukelnd, der galante Chor.
Nur sachte drauf! Allzu gewohnt ans Naschen,
Wo es auch sei, man sucht was zu erhaschen.

LAMIEN *(Mephistopheles nach sich ziehend).*
Geschwind, geschwinder!
Und immer weiter!
Dann wieder zaudernd,
Geschwätzig plaudernd.
Es ist so heiter,
Den alten Sünder
Uns nachzuziehen,
Zu schwerer Buße.
Mit starrem Fuße
Kommt er geholpert,
Einhergestolpert;
Er schleppt das Bein,
Wie wir ihn fliehen,
Uns hinterdrein!

MEPHISTOPHELES *(stillstehend).*
Verflucht Geschick! Betrogne Mannsen!
Von Adam her verführte Hansen!
Alt wird man wohl, wer aber klug?
Warst du nicht schon vernarrt genug!

Man weiß, das Volk taugt aus dem Grunde nichts,
Geschnürten Leibs, geschminkten Angesichts.
Nichts haben sie Gesundes zu erwidern,
Wo man sie anfasst, morsch in allen Gliedern.
Man weiß, man sieht's, man kann es greifen,
Und dennoch tanzt man, wenn die Luder pfeifen!

LAMIEN *(innehaltend).* Halt! er besinnt sich, zaudert, steht;
Entgegnet ihm, dass er euch nicht entgeht!

MEPHISTOPHELES *(fortschreitend).*
Nur zu! und lass dich ins Gewebe
Der Zweifelei nicht törig ein;
Denn wenn es keine Hexen gäbe,
Wer Teufel möchte Teufel sein!

LAMIEN *(anmutigst).* Kreisen wir um diesen Helden!
Liebe wird in seinem Herzen
Sich gewiss für eine melden.

MEPHISTOPHELES. Zwar bei ungewissem Schimmer
Scheint ihr hübsche Frauenzimmer,
Und so möcht ich euch nicht schelten.

EMPUSE *(eindringend).* Auch nicht mich! als eine solche
Lasst mich ein in eure Folge.

LAMIEN. Die ist in unserm Kreis zu viel,

Verdirbt doch immer unser Spiel.
EMPUSE *(zu Mephistopheles).* Begrüßt von Mühmichen Empuse,
Der Trauten mit dem Eselsfuße!
Du hast nur einen Pferdefuß,
Und doch, Herr Vetter, schönsten Gruß!
MEPHISTOPHELES. Hier dacht' ich lauter Unbekannte
Und finde leider nah Verwandte;
Es ist ein altes Buch zu blättern:
Vom Harz bis Hellas immer Vettern!
EMPUSE. Entschieden weiß ich gleich zu handeln,
In vieles könnt ich mich verwandeln;
Doch Euch zu Ehren hab ich jetzt
Das Eselsköpfchen aufgesetzt.
MEPHISTOPHELES. Ich merk, es hat bei diesen Leuten
Verwandtschaft Großes zu bedeuten;
Doch mag sich, was auch will, eräugnen,
Den Eselskopf möcht ich verleugnen.
LAMIEN. Lass diese Garstige, sie verscheucht,
Was irgend schön und lieblich deucht;
Was irgend schön und lieblich wär –
Sie kommt heran, es ist nicht mehr!
MEPHISTOPHELES.
Auch diese Mühmchen zart und schmächtig,
Sie sind mir allesamt verdächtig;
Und hinter solcher Wänglein Rosen
Fürcht ich doch auch Metamorphosen.
LAMIEN. Versuch es doch! sind unsrer viele.
Greif zu! Und hast du Glück im Spiele,
Erhasche dir das beste Los.
Was soll das lüsterne Geleier?
Du bist ein miserabler Freier,
Stolzierst einher und tust so groß! –
Nun mischt er sich in unsre Scharen;
Lasst nach und nach die Masken fahren
Und gebt ihm euer Wesen bloß.
MEPHISTOPHELES. Die Schönste hab ich mir erlesen ...
(Sie umfassend.) O weh mir! welch ein dürrer Besen!
(Eine andere ergreifend.)
Und diese? ... Schmähliches Gesicht!
LAMIEN. Verdienst du's besser? dünk es nicht.
MEPHISTOPHELES. Die Kleine möcht ich mir verpfänden ...
Lacerte schlüpft mir aus den Händen!
Und schlangenhaft der glatte Zopf.

Dagegen fass ich mir die Lange ...
Da pack ich eine Thyrsusstange,
Den Pinienapfel als den Kopf!
Wo will's hinaus? ... Noch eine Dicke,
An der ich mich vielleicht erquicke;
Zum letzten Mal gewagt! Es sei!
Recht quammig, quappig, das bezahlen
Mit hohem Preis Orientalen ...
Doch ach! der Bovist platzt entzwei!

LAMIEN. Fahrt auseinander, schwankt und schwebet
Blitzartig, schwarzen Flugs umgebet
Den eingedrungnen Hexensohn!
Unsichre, schauderhafte Kreise!
Schweigsamen Fittichs, Fledermäuse!
Zu wohlfeil kommt er doch davon.

MEPHISTOPHELES *(sich schüttlend).*
Viel klüger, scheint es, bin ich nicht geworden;
Absurd ist's hier, absurd im Norden,
Gespenster hier wie dort vertrackt,
Volk und Poeten abgeschmackt.
Ist eben hier eine Mummenschanz
Wie überall, ein Sinnentanz.
Ich griff nach holden Maskenzügen
Und fasste Wesen, dass mich's schauerte ...
Ich möchte gerne mich betrügen,
Wenn es nur länger dauerte.

(Sich zwischen dem Gestein verirrend.)

Wo bin ich denn? Wo will's hinaus?
Das war ein Pfad, nun ist's ein Graus.
Ich kam daher auf glatten Wegen,
Und jetzt steht mir Geröll entgegen.
Vergebens klettr' ich auf und nieder,
Wo find ich meine Sphinxe wieder?
So toll hätt ich mir's nicht gedacht,
Ein solch Gebirg in einer Nacht!
Das heiß ich frischen Hexenritt,
Die bringen ihren Blocksberg mit.

OREAS *(vom Naturfels).* Herauf hier! Mein Gebirg ist alt,
Steht in ursprünglicher Gestalt.
Verehre schroffe Felsensteige,
Des Pindus letztgedehnte Zweige!
Schon stand ich unerschüttert so,
Als über mich Pompejus floh.

Daneben das Gebild des Wahns
Verschwindet schon beim Krähn des Hahns.
Dergleichen Märchen seh ich oft entstehn
Und plötzlich wieder untergehn.
MEPHISTOPHELES. Sei Ehre dir, ehrwürdiges Haupt,
Von hoher Eichenkraft umlaubt!
Der allerklarste Mondenschein
Dringt nicht zur Finsternis herein. –
Doch neben am Gebüsche zieht
Ein Licht, das gar bescheiden glüht.
Wie sich das alles fügen muss!
Fürwahr, es ist Homunculus!
Woher des Wegs, du Kleingeselle?
HOMUNCULUS. Ich schwebe so von Stell zu Stelle
Und möchte gern im besten Sinn entstehn,
Voll Ungeduld, mein Glas entzweizuschlagen;
Allein, was ich bisher gesehn,
Hinein da möcht ich mich nicht wagen.
Nur, um dir's im Vertraun zu sagen:
Zwei Philosophen bin ich auf der Spur,
Ich horchte zu, es hieß: Natur, Natur!
Von diesen will ich mich nicht trennen,
Sie müssen doch das irdische Wesen kennen;
Und ich erfahre wohl am Ende,
Wohin ich mich am allerklügsten wende.
MEPHISTOPHELES. Das tu auf deine eigne Hand.
Denn wo Gespenster Platz genommen,
Ist auch der Philosoph willkommen.
Damit man seiner Kunst und Gunst sich freue,
Erschafft er gleich ein Dutzend neue.
Wenn du nicht irrst, kommst du nicht zu Verstand.
Willst du entstehn, entsteh auf eigne Hand!
HOMUNCULUS. Ein guter Rat ist auch nicht zu verschmähn.
MEPHISTOPHELES.
So fahre hin! Wir wollen's weiter sehn. *(Trennen sich.)*
ANAXAGORAS *(zu Thales)*.
Dein starrer Sinn will sich nicht beugen;
Bedarf es Weitres, dich zu überzeugen?
THALES. Die Welle beugt sich jedem Winde gern,
Doch hält sie sich vom schroffen Felsen fern.
ANAXAGORAS.
Durch Feuerdunst ist dieser Fels zu Handen.
THALES. Im Feuchten ist Lebendiges erstanden.

HOMUNCULUS *(zwischen beiden).*
Lasst mich an eurer Seite gehn.
Mir selbst gelüstet's, zu entstehn!
ANAXAGORAS. Hast du, o Thales, je in einer Nacht
Solch einen Berg aus Schlamm hervorgebracht?
THALES. Nie war Natur und ihr lebendiges Fließen
Auf Tag und Nacht und Stunden angewiesen.
Sie bildet regelnd jegliche Gestalt,
Und selbst im Großen ist es nicht Gewalt.
ANAXAGORAS. Hier aber war's! Plutonisch grimmig Feuer,
Äolischer Dünste Knallkraft, ungeheuer,
Durchbrach des flachen Bodens alte Kruste,
Dass neu ein Berg sogleich entstehen musste.
THALES. Was wird dadurch nun weiter fortgesetzt?
Er ist auch da, und das ist gut zuletzt.
Mit solchem Streit verliert man Zeit und Weile
Und führt doch nur geduldig Volk am Seile.
ANAXAGORAS. Schnell quillt der Berg von Myrmidonen,
Die Felsenspalten zu bewohnen;
Pygmäen, Imsen, Däumerlinge
Und andre tätig kleine Dinge.
(Zum Homunculus.)
Nie hast du Großem nachgestrebt,
Einsiedlerisch-beschränkt gelebt;
Kannst du zur Herrschaft dich gewöhnen,
So lass ich dich als König krönen.
HOMUNCULUS. Was sagt mein Thales?
THALES. Will's nicht raten;
Mit Kleinen tut man kleine Taten,
Mit Großen wird der Kleine groß.
Sieh hin! die schwarze Kranichwolke!
Sie droht dem aufgeregten Volke
Und würde so dem König drohn.
Mit scharfen Schnäbeln, krallen Beinen,
Sie stechen nieder auf die Kleinen;
Verhängnis wetterleuchtet schon.
Ein Frevel tötete die Reiher,
Umstellend ruhigen Friedensweiher.
Doch jener Mordgeschosse Regen
Schafft grausam-blut'gen Rachesegen,
Erregt der Nahverwandten Wut
Nach der Pygmäen frevlem Blut.
Was nützt nun Schild und Helm und Speer?

Was hilft der Reiherstrahl den Zwergen?
Wie sich Daktyl und Imse bergen!
Schon wankt, es flieht, es stürzt das Heer.

ANAXAGORAS *(nach einer Pause feierlich).*
Konnt' ich bisher die Unterirdischen loben,
So wend ich mich in diesem Fall nach oben . . .
Du! droben ewig Unveraltete,
Dreinamig-Dreigestaltete,
Dich ruf ich an bei meines Volkes Weh,
Diana, Luna, Hekate!
Du Brusterweiternde, im Tiefsten Sinnige,
Du Ruhigscheinende, Gewaltsam-Innige,
Eröffne deiner Schatten grausen Schlund,
Die alte Macht sei ohne Zauber kund! *(Pause.)*
Bin ich zu schnell erhört?
Hat mein Flehn
Nach jenen Höhn
Die Ordnung der Natur gestört?
Und größer, immer größer nahet schon
Der Göttin rundumschriebner Thron,
Dem Auge furchtbar, ungeheuer!
Ins Düstre rötet sich sein Feuer . . .
Nicht näher, drohend-mächtige Runde!
Du richtest uns und Land und Meer zugrunde!

So wär es wahr, dass dich thessalische Frauen
In frevlend magischem Vertrauen
Von deinem Pfad herabgesungen,
Verderblichstes dir abgerungen? . . .
Das lichte Schild hat sich umdunkelt,
Auf einmal reißt's und blitzt und funkelt!
Welch ein Geprassel! Welch ein Zischen!
Ein Donnern, Windgetüm dazwischen! –
Demütig zu des Thrones Stufen! –
Verzeiht! Ich hab es hergerufen. *(Wirft sich aufs Angesicht.)*

THALES. Was dieser Mann nicht alles hört' und sah!
Ich weiß nicht recht, wie uns geschah,
Auch hab ich's nicht mit ihm empfunden.
Gestehen wir, es sind verrückte Stunden,
Und Luna wiegt sich ganz bequem
An ihrem Platz, so wie vordem.

HOMUNCULUS. Schaut hin nach der Pygmäen Sitz!
Der Berg war rund, jetzt ist er spitz.

Ich spürt' ein ungeheures Prallen,
Der Fels war aus dem Mond gefallen;
Gleich hat er, ohne nachzufragen,
So Freund als Feind gequetscht, erschlagen.
Doch muss ich solche Künste loben,
Die schöpferisch, in einer Nacht,
Zugleich von unten und von oben,
Dies Berggebäu zustand gebracht.

THALES. Sei ruhig! Es war nur gedacht.
Sie fahre hin, die garstige Brut!
Dass du nicht König warst, ist gut.
Nun fort zum heitern Meeresfeste,
Dort hofft und ehrt man Wundergäste.
(Entfernen sich.)

MEPHISTOPHELES *(an der Gegenseite kletternd).*
Da muss ich mich durch steile Felsentreppen,
Durch alter Eichen starre Wurzeln schleppen!
Auf meinem Harz der harzige Dunst
Hat was vom Pech, und das hat meine Gunst,
Zunächst dem Schwefel … Hier, bei diesen Griechen
Ist von dergleichen kaum die Spur zu riechen;
Neugierig aber wär ich, nachzuspüren,
Womit sie Höllenqual und -flamme schüren.

DRYAS. In deinem Lande sei einheimisch klug,
Im fremden bist du nicht gewandt genug.
Du solltest nicht den Sinn zur Heimat kehren,
Der heiligen Eichen Würde hier verehren.

MEPHISTOPHELES. Man denkt an das, was man verließ;
Was man gewohnt war, bleibt ein Paradies.
Doch sagt: was in der Höhle dort,
Bei schwachem Licht, sich dreifach hingekauert?

DRYAS. Die Phorkyaden! Wage dich zum Ort
Und sprich sie an, wenn dich nicht schauert.

MEPHISTOPHELES.
Warum denn nicht! – Ich sehe was, und staune!
So stolz ich bin, muss ich mir selbst gestehn:
Dergleichen hab ich nie gesehn,
Die sind ja schlimmer als Alraune …
Wird man die urverworfnen Sünden
Im mindesten noch hässlich finden,
Wenn man dies Dreigetüm erblickt?
Wir litten sie nicht auf den Schwellen
Der grauenvollsten unsrer Höllen.

Hier wurzelt's in der Schönheit Land,
Das wird mit Ruhm antik genannt …
Sie regen sich, sie scheinen mich zu spüren,
Sie zwitschern pfeifend, Fledermaus-Vampyren.
PHORKYAS. Gebt mir das Auge, Schwestern, dass es frage,
Wer sich so nah an unsre Tempel wage.
MEPHISTOPHELES.
Verehrteste! Erlaubt mir, euch zu nahen
Und euren Segen dreifach zu empfahen.
Ich trete vor, zwar noch als Unbekannter,
Doch, irr ich nicht, weitläufiger Verwandter.
Altwürdige Götter hab ich schon erblickt,
Vor Ops und Rhea tiefstens mich gebückt;
Die Parzen selbst, des Chaos, eure Schwestern,
Ich sah sie gestern – oder ehegestern;
Doch euresgleichen hab ich nie erblickt.
Ich schweige nun und fühle mich entzückt.
PHORKYADEN. Er scheint Verstand zu haben, dieser Geist.
MEPHISTOPHELES.
Nur wundert's mich, dass euch kein Dichter preist.
Und sagt: wie kam's, wie konnte das geschehn?
Im Bilde hab ich nie euch Würdigste gesehn;
Versuch's der Meißel doch, euch zu erreichen,
Nicht Juno, Pallas, Venus und dergleichen.
PHORKYADEN. Versenkt in Einsamkeit und stillste Nacht,
Hat unser Drei noch nie daran gedacht!
MEPHISTOPHELES.
Wie sollt es auch? da ihr, der Welt entrückt,
Hier niemand seht und niemand euch erblickt.
Da müsstet ihr an solchen Orten wohnen,
Wo Pracht und Kunst auf gleichem Sitze thronen,
Wo jeden Tag, behänd, im Doppelschritt,
Ein Marmorblock als Held ins Leben tritt.
Wo –
PHORKYADEN. Schweige still und gib uns kein Gelüsten!
Was hülf es uns, und wenn wir's besser wüssten?
In Nacht geboren, Nächtlichem verwandt,
Beinah uns selbst, ganz allen unbekannt.
MEPHISTOPHELES. In solchem Fall hat es nicht viel zu sagen,
Man kann sich selbst auch andern übertragen.
Euch dreien gnügt e i n Auge, gnügt e i n Zahn;
Da ging es wohl auch mythologisch an,
In zwei die Wesenheit der drei zu fassen,

Der Dritten Bildnis mir zu überlassen,
Auf kurze Zeit.
EINE. Wie dünkt's euch? ging es an?
DIE ANDERN.
Versuchen wir's! – doch ohne Aug und Zahn.
MEPHISTOPHELES.
Nun habt ihr grad das Beste weggenommen;
Wie würde da das strengste Bild vollkommen!
EINE. Drück du ein Auge zu, 's ist leicht geschehn,
Lass alsofort den einen Raffzahn sehn,
Und im Profil wirst du sogleich erreichen,
Geschwisterlich vollkommen uns zu gleichen.
MEPHISTOPHELES. Viel Ehr! Es sei!
PHORKYADEN. Es sei!
MEPHISTOPHELES *(als Phorkyas im Profil).*
Da steh ich schon,
Des Chaos viel geliebter Sohn!
PHORKYADEN. Des Chaos Töchter sind wir unbestritten.
MEPHISTOPHELES.
Man schilt mich nun, o Schmach, Hermaphroditen.
PHORKYADEN.
Im neuen Drei der Schwestern welche Schöne!
Wir haben zwei der Augen, zwei der Zähne.
MEPHISTOPHELES.
Vor aller Augen muss ich mich verstecken,
Im Höllenpfuhl die Teufel zu erschrecken. *(Ab.)*

FELSBUCHTEN DES ÄGÄISCHEN MEERS

Mond im Zenit verharrend.

SIRENEN *(auf den Klippen umher gelagert, flötend und singend).*
Haben sonst bei nächtigem Grauen
Dich thessalische Zauberfrauen
Frevelhaft herabgezogen,
Blicke ruhig von dem Bogen
Deiner Nacht auf Zitterwogen
Mildeblitzend Glanzgewimmel
Und erleuchte das Getümmel,
Das sich aus den Wogen hebt!
Dir zu jedem Dienst erbötig,
Schöne Luna, sei uns gnädig!

NEREIDEN UND TRITONEN *(als Meerwunder).*
Tönet laut in schärfern Tönen,
Die das breite Meer durchdröhnen,
Volk der Tiefe ruft fortan!
Vor des Sturmes grausen Schlünden
Wichen wir zu stillsten Gründen,
Holder Sang zieht uns heran.
Seht, wie wir im Hochentzücken
Uns mit goldenen Ketten schmücken,
Auch zu Kron und Edelsteinen
Spang- und Gürtelschmuck vereinen!
Alles das ist eure Frucht.
Schätze, scheiternd hier verschlungen,
Habt ihr uns herangesungen,
Ihr Dämonen unsrer Bucht.
SIRENEN. Wissen's wohl, in Meeresfrische
Glatt behagen sich die Fische,
Schwanken Lebens ohne Leid;
Doch, ihr festlich regen Scharen,
Heute möchten wir erfahren,
Dass ihr mehr als Fische seid.
NEREIDEN UND TRITONEN. Ehe wir hieher gekommen,
Haben wir's zu Sinn genommen;
Schwestern, Brüder, jetzt geschwind!
Heut bedarf's der kleinsten Reise
Zum vollgültigsten Beweise,
Dass wir mehr als Fische sind. *(Entfernen sich.)*
SIRENEN. Fort sind sie im Nu!
Nach Samothrace grade zu,
Verschwunden mit günstigem Wind.
Was denken sie zu vollführen
Im Reiche der hohen Kabiren?
Sind Götter! Wundersam eigen,
Die sich immerfort selbst erzeugen
Und niemals wissen, was sie sind.
Bleibe auf deinen Höhn,
Holde Luna, gnädig stehn,
Dass es nächtig verbleibe,
Uns der Tag nicht vertreibe!
THALES *(am Ufer zu Homunculus).*
Ich führte dich zum alten Nereus gern;
Zwar sind wir nicht von seiner Höhle fern,
Doch hat er einen harten Kopf,

Der widerwärtige Sauertopf.
Das ganze menschliche Geschlecht
Macht's ihm, dem Griesgram, nimmer recht.
Doch ist die Zukunft ihm entdeckt,
Dafür hat jedermann Respekt
Und ehret ihn auf seinem Posten;
Auch hat er manchem wohl getan.
HOMUNCULUS. Probieren wir's und klopfen an!
Nicht gleich wird's Glas und Flamme kosten.
NEREUS. Sind's Menschenstimmen, die mein Ohr vernimmt?
Wie es mir gleich im tiefsten Herzen grimmt!
Gebilde, strebsam, Götter zu erreichen,
Und doch verdammt, sich immer selbst zu gleichen.
Seit alten Jahren konnt' ich göttlich ruhn,
Doch trieb mich's an, den Besten wohl zu tun;
Und schaut' ich dann zuletzt vollbrachte Taten,
So war es ganz, als hätt ich nicht geraten.
THALES. Und doch, o Greis des Meers, vertraut man dir;
Du bist der Weise, treib uns nicht von hier!
Schau diese Flamme, menschenähnlich zwar,
Sie deinem Rat ergibt sich ganz und gar.
NEREUS. Was Rat! Hat Rat bei Menschen je gegolten?
Ein kluges Wort erstarrt im harten Ohr.
So oft auch Tat sich grimmig selbst gescholten,
Bleibt doch das Volk selbstwillig wie zuvor.
Wie hab ich Paris väterlich gewarnt,
Eh sein Gelüst ein fremdes Weib umgarnt.
Am griechischen Ufer stand er kühnlich da,
Ihm kündet' ich, was ich im Geiste sah:
Die Lüfte qualmend, überströmend Rot,
Gebälke glühend, unten Mord und Tod:
Trojas Gerichtstag, rhythmisch festgebannt,
Jahrtausenden so schrecklich als gekannt.
Des Alten Wort, dem Frechen schien's ein Spiel,
Er folgte seiner Lust, und Ilios fiel –
Ein Riesenleichnam, starr nach langer Qual,
Des Pindus Adlern gar willkommnes Mahl.
Ulyssen auch! sagt' ich ihm nicht voraus
Der Circe Listen, des Zyklopen Graus?
Das Zaudern sein, der Seinen leichten Sinn,
Und was nicht alles! Bracht' ihm das Gewinn?
Bis viel geschaukelt ihn, doch spät genug,
Der Woge Gunst an gastlich Ufer trug.

THALES. Dem weisen Mann gibt solch Betragen Qual;
Der gute doch versucht es noch einmal.
Ein Quentchen Danks wird, hoch ihn zu vergnügen,
Die Zentner Undanks völlig überwiegen.
Denn nichts Geringes haben wir zu flehn:
Der Knabe da wünscht weislich zu entstehn.
NEREUS. Verderbt mir nicht den seltensten Humor!
Ganz andres steht mir heute noch bevor:
Die Töchter hab ich alle herbeschieden,
Die Grazien des Meeres, die Doriden.
Nicht der Olymp, nicht euer Boden trägt
Ein schön Gebild, das sich so zierlich regt.
Sie werfen sich, anmutigster Gebärde,
Vom Wasserdrachen auf Neptunus' Pferde,
Dem Element aufs zarteste vereint,
Dass selbst der Schaum sie noch zu heben scheint.
Im Farbenspiel von Venus' Muschelwagen
Kommt Galatee, die Schönste, nun getragen,
Die, seit sich Kypris von uns abgekehrt,
In Paphos wird als Göttin selbst verehrt.
Und so besitzt die Holde lange schon,
Als Erbin, Tempelstadt und Wagenthron.
Hinweg! Es ziemt in Vaterfreudenstunde
Nicht Hass dem Herzen, Scheltwort nicht dem Munde.
Hinweg zu Proteus! Fragt den Wundermann:
Wie man entstehn und sich verwandlen kann.
(Entfernt sich gegen das Meer.)
THALES. Wir haben nichts durch diesen Schritt gewonnen,
Trifft man auch Proteus, gleich ist er zerronnen;
Und steht er euch, so sagt er nur zuletzt,
Was staunen macht und in Verwirrung setzt.
Du bist einmal bedürftig solchen Rats,
Versuchen wir's und wandlen unsres Pfads!
(Entfernen sich.)
SIRENEN *(oben auf den Felsen).*
Was sehen wir von weiten
Das Wellenreich durchgleiten?
Als wie nach Windes Regel
Anzögen weiße Segel,
So hell sind sie zu schauen,
Verklärte Meeresfrauen.
Lasst uns herunterklimmen,
Vernehmt ihr doch die Stimmen.

NEREIDEN UND TRITONEN.
Was wir auf Händen tragen,
Soll allen euch behagen.
Chelonens Riesenschilde
Entglänzt ein streng Gebilde:
Sind Götter, die wir bringen;
Müsst hohe Lieder singen.
SIRENEN. Klein von Gestalt,
Groß von Gewalt,
Der Scheiternden Retter,
Uralt verehrte Götter.
NEREIDEN UND TRITONEN.
Wir bringen die Kabiren,
Ein friedlich Fest zu führen;
Denn wo sie heilig walten,
Neptun wird freundlich schalten.
SIRENEN. Wir stehen euch nach;
Wenn ein Schiff zerbrach,
Unwiderstehbar an Kraft
Schützt ihr die Mannschaft.
NEREIDEN UND TRITONEN.
Drei haben wir mitgenommen,
Der vierte wollte nicht kommen;
Er sagte, er sei der Rechte,
Der für sie alle dächte.
SIRENEN. Ein Gott den andern Gott
Macht wohl zu Spott.
Ehrt ihr alle Gnaden,
Fürchtet jeden Schaden.
NEREIDEN UND TRITONEN.
Sind eigentlich ihrer sieben.
SIRENEN. Wo sind die drei geblieben?
NEREIDEN UND TRITONEN.
Wir wüssten's nicht zu sagen,
Sind im Olymp zu erfragen;
Dort west auch wohl der achte,
An den noch niemand dachte!
In Gnaden uns gewärtig,
Doch alle noch nicht fertig.
Diese Unvergleichlichen
Wollen immer weiter,
Sehnsuchtsvolle Hungerleider
Nach dem Unerreichlichen.

SIRENEN. Wir sind gewohnt,
Wo es auch thront,
In Sonn und Mond
Hinzubeten; es lohnt.

NEREIDEN UND TRITONEN.
Wie unser Ruhm zum höchsten prangt,
Dieses Fest anzuführen!

SIRENEN. Die Helden des Altertums
Ermangeln des Ruhms,
Wo und wie er auch prangt,
Wenn sie das goldne Vlies erlangt,
Ihr die Kabiren.
(Wiederholt als Allgesang.)
Wenn sie das goldne Vlies erlangt,
Wir / Ihr die Kabiren.

(Nereiden und Tritonen ziehen vorüber.)

HOMUNCULUS. Die Ungestalten seh ich an
Als irden-schlechte Töpfe,
Nun stoßen sich die Weisen dran
Und brechen harte Köpfe.

THALES. Das ist es ja, was man begehrt:
Der Rost macht erst die Münze wert.

PROTEUS *(unbemerkt).* So etwas freut mich alten Fabler!
Je wunderlicher, desto respektabler.

THALES. Wo bist du, Proteus?

PROTEUS *(bauchrednerisch, bald nah, bald fern).*
Hier! und hier!

THALES. Den alten Scherz verzeih ich dir;
Doch einem Freund nicht eitle Worte!
Ich weiß, du sprichst vom falschen Orte.

PROTEUS *(als aus der Ferne).* Leb wohl!

THALES *(leise zu Homunculus).*
Er ist ganz nah. Nun leuchte frisch!
Er ist neugierig wie ein Fisch;
Und wo er auch gestaltet stockt,
Durch Flammen wird er hergelockt.

HOMUNCULUS. Ergieß ich gleich des Lichtes Menge,
Bescheiden doch, dass ich das Glas nicht sprenge.

PROTEUS *(in Gestalt einer Riesenschildkröte).*
Was leuchtet so anmutig schön?

THALES *(den Homunculus verhüllend).*
Gut! Wenn du Lust hast, kannst du's näher sehn.

Die kleine Mühe lass dich nicht verdrießen
Und zeige dich auf menschlich beiden Füßen.
Mit unsern Gunsten sei's, mit unserm Willen,
Wer schauen will, was wir verhüllen.

PROTEUS *(edel gestaltet).*
Weltweise Kniffe sind dir noch bewusst.

THALES. Gestalt zu wechseln, bleibt noch deine Lust.
(Hat den Homunculus enthüllt.)

PROTEUS *(erstaunt).*
Ein leuchtend Zwerglein! Niemals noch gesehn!

THALES. Es fragt um Rat und möchte gern entstehn.
Er ist, wie ich von ihm vernommen,
Gar wundersam nur halb zur Welt gekommen.
Ihm fehlt es nicht an geistigen Eigenschaften,
Doch gar zu sehr am greiflich Tüchtighaften.
Bis jetzt gibt ihm das Glas allein Gewicht,
Doch wär er gern zunächst verkörperlicht.

PROTEUS. Du bist ein wahrer Jungfernsohn,
Eh du sein solltest, bist du schon!

THALES *(leise).*
Auch scheint es mir von andrer Seite kritisch:
Er ist, mich dünkt, hermaphroditisch.

PROTEUS. Da muss es desto eher glücken;
So wie er anlangt, wird sich's schicken.
Doch gilt es hier nicht viel Besinnen:
Im weiten Meere musst du anbeginnen!
Da fängt man erst im Kleinen an
Und freut sich, Kleinste zu verschlingen,
Man wächst so nach und nach heran
Und bildet sich zu höherem Vollbringen.

HOMUNCULUS. Hier weht gar eine weiche Luft,
Es grunelt so, und mir behagt der Duft!

PROTEUS. Das glaub ich, allerliebster Junge!
Und weiter hin wird's viel behäglicher,
Auf dieser schmalen Strandeszunge
Der Dunstkreis noch unsäglicher;
Da vorne sehen wir den Zug,
Der eben herschwebt, nah genug.
Kommt mit dahin!

THALES. Ich gehe mit.

HOMUNCULUS. Dreifach merkwürd'ger Geisterschritt!

Telchinen von Rhodus auf Hippokampen und Meerdrachen, Neptunens Dreizack handhabend.

CHOR. Wir haben den Dreizack Neptunen geschmiedet,
Womit er die regesten Wellen begütet.
Entfaltet der Donnrer die Wolken, die vollen,
Entgegnet Neptunus dem gräulichen Rollen;
Und wie auch von oben es zackig erblitzt,
Wird Woge nach Woge von unten gespritzt;
Und was auch dazwischen in Ängsten gerungen,
Wird, lange geschleudert, vom Tiefsten verschlungen;
Weshalb er uns heute den Zepter gereicht –
Nun schweben wir festlich, beruhigt und leicht.

SIRENEN. Euch, dem Helios Geweihten,
Heitern Tags Gebenedeiten,
Gruß zur Stunde, die bewegt
Lunas Hochverehrung regt!

TELCHINEN. Alllieblichste Göttin am Bogen da droben!
Du hörst mit Entzücken den Bruder beloben.
Der seligen Rhodus verleihst du ein Ohr,
Dort steigt ihm ein ewiger Päan hervor.
Beginnt er den Tagslauf und ist es getan,
Er blickt uns mit feurigem Strahlenblick an.
Die Berge, die Städte, die Ufer, die Welle
Gefallen dem Gotte, sind lieblich und helle.
Kein Nebel umschwebt uns, und schleicht er sich ein,
Ein Strahl und ein Lüftchen, die Insel ist rein!
Da schaut sich der Hohe in hundert Gebilden,
Als Jüngling, als Riesen, den großen, den milden.
Wir ersten, wir waren's, die Göttergewalt
Aufstellten in würdiger Menschengestalt.

PROTEUS. Lass du sie singen, lass sie prahlen!
Der Sonne heiligen Lebestrahlen
Sind tote Werke nur ein Spaß.
Das bildet, schmelzend, unverdrossen;
Und haben sie's in Erz gegossen,
Dann denken sie, es wäre was.
Was ist's zuletzt mit diesen Stolzen?
Die Götterbilder standen groß –
Zerstörte sie ein Erdestoß;
Längst sind sie wieder eingeschmolzen.
Das Erdetreiben, wie's auch sei,
Ist immer doch nur Plackerei;
Dem Leben frommt die Welle besser;
Dich trägt ins ewige Gewässer
Proteus-Delphin. *(Er verwandelt sich.)*

Schon ist's getan!
Da soll es dir zum schönsten glücken:
Ich nehme dich auf meinen Rücken,
Vermähle dich dem Ozean.

THALES. Gib nach dem löblichen Verlangen,
Von vorn die Schöpfung anzufangen!
Zu raschem Wirken sei bereit!
Da regst du dich nach ewigen Normen,
Durch tausend, abertausend Formen,
Und bis zum Menschen hast du Zeit.

(Homunculus besteigt den Proteus-Delphin.)

PROTEUS. Komm geistig mit in feuchte Weite,
Da lebst du gleich in Läng und Breite,
Beliebig regest du dich hier;
Nur strebe nicht nach höheren Orden:
Denn bist du erst ein Mensch geworden,
Dann ist es völlig aus mit dir.

THALES. Nachdem es kommt; 's ist auch wohl fein,
Ein wackrer Mann zu seiner Zeit zu sein.

PROTEUS *(zu Thales).* So einer wohl von deinem Schlag!
Das hält noch eine Weile nach;
Denn unter bleichen Geisterscharen
Seh ich dich schon seit vielen hundert Jahren.

SIRENEN *(auf den Felsen).*
Welch ein Ring von Wölkchen ründet
Um den Mond so reichen Kreis?
Tauben sind es, liebentzündet,
Fittiche, wie Licht so weiß.
Paphos hat sie hergesendet,
Ihre brünstige Vogelschar;
Unser Fest, es ist vollendet,
Heitre Wonne voll und klar!

NEREUS *(zu Thales tretend).*
Nennte wohl ein nächtiger Wanderer
Diesen Mondhof Lufterscheinung;
Doch wir Geister sind ganz anderer
Und der einzig richtigen Meinung:
Tauben sind es, die begleiten
Meiner Tochter Muschelfahrt,
Wunderflugs besondrer Art,
Angelernt vor alten Zeiten.

THALES. Auch ich halte das fürs Beste,
Was dem wackern Mann gefällt,

Wenn im stillen, warmen Neste
Sich ein Heiliges lebend hält.

PSYLLEN UND MARSEN *(auf Meerstieren, Meerkälbern und -widdern).*
In Cyperns rauen Höhlegrüften,
Vom Meergott nicht verschüttet,
Vom Seismos nicht zerrüttet,
Umweht von ewigen Lüften,
Und, wie in den ältesten Tagen,
In stillbewusstem Behagen
Bewahren wir Cypriens Wagen
Und führen, beim Säuseln der Nächte,
Durch liebliches Wellengeflechte,
Unsichtbar dem neuen Geschlechte,
Die lieblichste Tochter heran.
Wir leise Geschäftigen scheuen
Weder Adler noch geflügelten Leuen,
Weder Kreuz noch Mond,
Wie es oben wohnt und thront,
Sich wechselnd wegt und regt,
Sich vertreibt und totschlägt,
Saaten und Städte niederlegt.
Wir, so fortan,
Bringen die lieblichste Herrin heran.

SIRENEN. Leicht bewegt, in mäßiger Eile,
Um den Wagen, Kreis um Kreis,
Bald verschlungen Zeil an Zeile,
Schlangenartig reihenweis,
Naht euch, rüstige Nereiden,
Derbe Fraun, gefällig wild,
Bringet, zärtliche Doriden,
Galateen, der Mutter Bild:
Ernst, den Göttern gleich zu schauen,
Würdiger Unsterblichkeit,
Doch wie holde Menschenfrauen
Lockender Anmutigkeit.

DORIDEN *(im Chor an Nereus vorbeiziehend, sämtlich auf Delphinen).*
Leih uns, Luna, Licht und Schatten,
Klarheit diesem Jugendflor!
Denn wir zeigen liebe Gatten
Unserm Vater bittend vor. *(Zu Nereus.)*
Knaben sind's, die wir gerettet

Aus der Brandung grimmem Zahn,
Sie, auf Schilf und Moos gebettet,
Aufgewärmt zum Licht heran,
Die es nun mit heißen Küssen
Treulich uns verdanken müssen;
Schau die Holden günstig an!

NEREUS. Hoch ist der Doppelgewinn zu schätzen:
Barmherzig sein, und sich zugleich ergetzen.

DORIDEN. Lobst du, Vater, unser Walten,
Gönnst uns wohlerworbene Lust,
Lass uns fest, unsterblich halten
Sie an ewiger Jugendbrust.

NEREUS. Mögt euch des schönen Fanges freuen,
Den Jüngling bildet euch als Mann;
Allein ich könnte nicht verleihen,
Was Zeus allein gewähren kann.
Die Welle, die euch wogt und schaukelt,
Lässt auch der Liebe nicht Bestand,
Und hat die Neigung ausgegaukelt,
So setzt gemächlich sie ans Land.

DORIDEN. Ihr, holde Knaben, seid uns wert,
Doch müssen wir traurig scheiden;
Wir haben ewige Treue begehrt,
Die Götter wollen's nicht leiden.

DIE JÜNGLINGE. Wenn ihr uns nur so ferner labt,
Uns wackre Schifferknaben;
Wir haben's nie so gut gehabt
Und wollen's nicht besser haben.

Galatee auf dem Muschelwagen nähert sich.

NEREUS. Du bist es, mein Liebchen!

GALATEE. O Vater! das Glück!
Delphine, verweilet! mich fesselt der Blick.

NEREUS. Vorüber schon, sie ziehen vorüber
In kreisenden Schwunges Bewegung;
Was kümmert sie die innre herzliche Regung!
Ach, nähmen sie mich mit hinüber!
Doch ein einziger Blick ergetzt,
Dass er das ganze Jahr ersetzt.

THALES. Heil! Heil! aufs Neue!
Wie ich mich blühend freue,
Vom Schönen, Wahren durchdrungen . . .
Alles ist aus dem Wasser entsprungen!!
Alles wird durch das Wasser erhalten!

Ozean, gönn uns dein ewiges Walten.
Wenn du nicht Wolken sendetest,
Nicht reiche Bäche spendetest,
Hin und her nicht Flüsse wendetest,
Die Ströme nicht vollendetest,
Was wären Gebirge, was Ebnen und Welt?
Du bist's, der das frischeste Leben erhält.
ECHO *(Chorus der sämtlichen Kreise).*
Du bist's, dem das frischeste Leben entquellt.
NEREUS. Sie kehren schwankend fern zurück,
Bringen nicht mehr Blick zu Blick;
In gedehnten Kettenkreisen,
Sich festgemäß zu erweisen,
Windet sich die unzählige Schar.
Aber Galateas Muschelthron
Seh ich schon und aber schon.
Er glänzt wie ein Stern
Durch die Menge.
Geliebtes leuchtet durchs Gedränge!
Auch noch so fern
Schimmert's hell und klar,
Immer nah und wahr.
HOMUNCULUS. In dieser holden Feuchte
Was ich auch hier beleuchte,
Ist alles reizend schön.
PROTEUS. In dieser Lebensfeuchte
Erglänzt erst deine Leuchte
Mit herrlichem Getön.
NEREUS. Welch neues Geheimnis in Mitte der Scharen
Will unseren Augen sich offengebaren?
Was flammt um die Muschel, um Galatees Füße?
Bald lodert es mächtig, bald lieblich, bald süße,
Als wär es von Pulsen der Liebe gerührt.
THALES. Homunculus ist es, von Proteus verführt . . .
Es sind die Symptome des herrischen Sehnens,
Mir ahnet das Ächzen beängsteten Dröhnens;
Er wird sich zerschellen am glänzenden Thron;
Jetzt flammt es, nun blitzt es, ergießet sich schon.
SIRENEN.
Welch feuriges Wunder verklärt uns die Wellen,
Die gegeneinander sich funkelnd zerschellen?
So leuchtet's und schwanket und hellet hinan:
Die Körper, sie glühen auf nächtlicher Bahn,

Und ringsum ist alles vom Feuer umronnen;
So herrsche denn Eros, der alles begonnen!
Heil dem Meere! Heil den Wogen,
Von dem heiligen Feuer umzogen!
Heil dem Wasser! Heil dem Feuer!
Heil dem seltnen Abenteuer!

ALL-ALLE! Heil den mild gewogenen Lüften!
Heil geheimnisreichen Grüften!
Hoch gefeiert seid allhier,
Element' ihr alle vier!

DRITTER AKT

VOR DEM PALASTE DES MENELAS ZU SPARTA

Helena tritt auf und Chor gefangener Trojanerinnen. Panthalis, Chorführerin.

HELENA. Bewundert viel und viel gescholten, Helena,
Vom Strande komm ich, wo wir erst gelandet sind,
Noch immer trunken von des Gewoges regsamem
Geschaukel, das vom phrygischen Blachgefild uns her
Auf sträubig-hohem Rücken, durch Poseidons Gunst
Und Euros' Kraft, in vaterländische Buchten trug.
Dort unten freuet nun der König Menelas
Der Rückkehr samt den tapfersten seiner Krieger sich.
Du aber heiße mich willkommen, hohes Haus,
Das Tyndareos, mein Vater, nah dem Hange sich
Von Pallas' Hügel wiederkehrend aufgebaut
Und, als ich hier mit Klytämnestren schwesterlich,
Mit Kastor auch und Pollux fröhlich spielend wuchs,
Vor allen Häusern Spartas herrlich ausgeschmückt.
Gegrüßet seid mir, der ehrnen Pforte Flügel ihr!
Durch euer gastlich ladendes Weit-Eröffnen einst
Geschah's, dass mir, erwählt aus vielen, Menelas
In Bräutigamsgestalt entgegenleuchtete.
Eröffnet mir sie wieder, dass ich ein Eilgebot
Des Königs treu erfülle, wie der Gattin ziemt.
Lasst mich hinein! und alles bleibe hinter mir,
Was mich umstürmte bis hieher, verhängnisvoll.
Denn seit ich diese Schwelle sorgenlos verließ,
Cytherens Tempel besuchend, heiliger Pflicht gemäß,
Mich aber dort ein Räuber griff, der phrygische,
Ist viel geschehen, was die Menschen weit und breit
So gern erzählen, aber der nicht gerne hört,
Von dem die Sage wachsend sich zum Märchen spann.

CHOR. Verschmähe nicht, o herrliche Frau,
Des höchsten Gutes Ehrenbesitz!
Denn das größte Glück ist dir einzig beschert,
Der Schönheit Ruhm, der vor allen sich hebt.
Dem Helden tönt sein Name voran,
Drum schreitet er stolz;
Doch beugt sogleich hartnäckigster Mann
Vor der allbezwingenden Schöne den Sinn.

HELENA. Genug! mit meinem Gatten bin ich hergeschifft
Und nun von ihm zu seiner Stadt vorausgesandt;
Doch welchen Sinn er hegen mag, errat ich nicht.
Komm ich als Gattin? komm ich eine Königin?
Komm ich ein Opfer für des Fürsten bittern Schmerz
Und für der Griechen lang erduldetes Missgeschick?
Erobert bin ich; ob gefangen, weiß ich nicht!
Denn Ruf und Schicksal bestimmten fürwahr die Unsterblichen
Zweideutig mir, der Schöngestalt bedenkliche
Begleiter, die an dieser Schwelle mir sogar
Mit düster drohender Gegenwart zur Seite stehn.
Denn schon im hohlen Schiffe blickte mich der Gemahl
Nur selten an, auch sprach er kein erquicklich Wort.
Als wenn er Unheil sänne, saß er gegen mir.
Nun aber, als des Eurotas tiefem Buchtgestad
Hinangefahren der vordern Schiffe Schnäbel kaum
Das Land begrüßten, sprach er, wie vom Gott bewegt:
„Hier steigen meine Krieger nach der Ordnung aus,
Ich mustere sie, am Strand des Meeres hingereiht;
Du aber ziehe weiter, ziehe des heiligen
Eurotas fruchtbegabtem Ufer immer auf,
Die Rosse lenkend auf der feuchten Wiese Schmuck,
Bis dass zur schönen Ebene du gelangen magst,
Wo Lakedämon, einst ein fruchtbar weites Feld,
Von ernsten Bergen nah umgeben, angebaut.
Betrete dann das hoch getürmte Fürstenhaus
Und mustere mir die Mägde, die ich dort zurück
Gelassen, samt der klugen alten Schaffnerin.
Die zeige dir der Schätze reiche Sammlung vor,
Wie sie dein Vater hinterließ und die ich selbst
In Krieg und Frieden, stets vermehrend, aufgehäuft.
Du findest alles nach der Ordnung stehen; denn
Das ist des Fürsten Vorrecht, dass er alles treu
In seinem Hause, wiederkehrend, finde, noch
An seinem Platze jedes, wie er's dort verließ.
Denn nichts zu ändern hat für sich der Knecht Gewalt."

CHOR. Erquicke nun am herrlichen Schatz,
Dem stets vermehrten, Augen und Brust!
Denn der Kette Zier, der Krone Geschmuck,
Da ruhn sie stolz, und sie dünken sich was;
Doch tritt nur ein und fordre sie auf,
Sie rüsten sich schnell.

Mich freuet, zu sehn Schönheit in dem Kampf
Gegen Gold und Perlen und Edelgestein.
HELENA. Sodann erfolgte des Herren ferneres Herrscherwort:
„Wenn du nun alles nach der Ordnung durchgesehn,
Dann nimm so manchen Dreifuß, als du nötig glaubst,
Und mancherlei Gefäße, die der Opfrer sich
Zur Hand verlangt, vollziehend heiligen Festgebrauch.
Die Kessel, auch die Schalen, wie das flache Rund;
Das reinste Wasser aus der heiligen Quelle sei
In hohen Krügen; ferner auch das trockne Holz,
Der Flammen schnell empfänglich, halte da bereit;
Ein wohl geschliffnes Messer fehle nicht zuletzt;
Doch alles andre geb ich deiner Sorge hin."
So sprach er, mich zum Scheiden drängend; aber nichts
Lebendigen Atems zeichnet mir der Ordnende,
Das er, die Olympier zu verehren, schlachten will.
Bedenklich ist es; doch ich sorge weiter nicht,
Und alles bleibe hohen Göttern heimgestellt,
Die das vollenden, was in ihrem Sinn sie deucht,
Es möge gut von Menschen oder möge bös
Geachtet sein; die Sterblichen, wir ertragen das.
Schon manchmal hob das schwere Beil der Opfernde
Zu des erdgebeugten Tieres Nacken weihend auf
Und konnt' es nicht vollbringen, denn ihn hinderte
Des nahen Feindes oder Gottes Zwischenkunft.
CHOR. Was geschehen werde, sinnst du nicht aus;
Königin, schreite dahin
Guten Muts!
Gutes und Böses kommt
Unerwartet dem Menschen;
Auch verkündet, glauben wir's nicht.
Brannte doch Troja, sahen wir doch
Tod vor Augen, schmählichen Tod;
Und sind wir nicht hier
Dir gesellt, dienstbar freudig,
Schauen des Himmels blendende Sonne
Und das Schönste der Erde
Huldvoll, dich, uns Glücklichen?
HELENA. Sei's, wie es sei! Was auch bevorsteht, mir geziemt,
Hinaufzusteigen ungesäumt in das Königshaus,
Das, lang entbehrt und viel ersehnt und fast verscherzt,
Mir abermals vor Augen steht, ich weiß nicht wie.
Die Füße tragen mich so mutig nicht empor

Die hohen Stufen, die ich kindisch übersprang. *(Ab.)*

CHOR. Werfet, o Schwestern, ihr
Traurig gefangenen,
Alle Schmerzen ins Weite;
Teilet der Herrin Glück,
Teilet Helenens Glück,
Welche zu Vaterhauses Herd,
Zwar mit spät zurückkehrendem,
Aber mit desto festerem
Fuße freudig herannaht.
Preiset die heiligen,
Glücklich herstellenden
Und heimführenden Götter!
Schwebt der Entbundene
Doch wie auf Fittichen
Über das Rauste, wenn umsonst
Der Gefangene sehnsuchtsvoll
Über die Zinne des Kerkers hin
Armausbreitend sich abhärmt.
Aber sie ergriff ein Gott,
Die Entfernte;
Und aus Ilios' Schutt
Trug er hierher sie zurück
In das alte, das neu geschmückte
Vaterhaus,
Nach unsäglichen
Freuden und Qualen,
Früher Jugendzeit
Angefrischt zu gedenken.

PANTHALIS *(als Chorführerin).*
Verlasset nun des Gesanges freudumgebnen Pfad
Und wendet nach der Türe Flügeln euren Blick!
Was seh ich, Schwestern? Kehret nicht die Königin
Mit heftigen Schrittes Regung wieder zu uns her?
Was ist es, große Königin, was konnte dir
In deines Hauses Hallen, statt der Deinen Gruß,
Erschütterndes begegnen? Du verbirgst es nicht;
Denn Widerwillen seh ich an der Stirne dir,
Ein edles Zürnen, das mit Überraschung kämpft.

HELENA *(welche die Türflügel offen gelassen hat, bewegt).*
Der Tochter Zeus' geziemet nicht gemeine Furcht,
Und flüchtig-leise Schreckenshand berührt sie nicht;
Doch das Entsetzen, das, dem Schoß der alten Nacht

Von Urbeginn entsteigend, vielgestaltet noch
Wie glühende Wolken aus des Berges Feuerschlund
Herauf sich wälzt, erschüttert auch des Helden Brust.
So haben heute grauenvoll die Stygischen
Ins Haus den Eintritt mir bezeichnet, dass ich gern
Von oft betretner, lang ersehnter Schwelle mich,
Entlassnem Gaste gleich, entfernend scheiden mag.
Doch nein! gewichen bin ich her ans Licht, und sollt
Ihr weiter nicht mich treiben, Mächte, wer ihr seid.
Auf Weihe will ich sinnen, dann gereinigt mag
Des Herdes Glut die Frau begrüßen wie den Herrn.
CHORFÜHRERIN. Entdecke deinen Dienerinnen, edle Frau,
Die dir verehrend beistehn, was begegnet ist.
HELENA. Was ich gesehen, sollt ihr selbst mit Augen sehn,
Wenn ihr Gebilde nicht die alte Nacht sogleich
Zurückgeschlungen in ihrer Tiefe Wunderschoß.
Doch dass ihr's wisset, sag ich's euch mit Worten an:
Als ich des Königshauses ernsten Binnenraum,
Der nächsten Pflicht gedenkend, feierlich betrat,
Erstaunt' ich ob der öden Gänge Schweigsamkeit.
Nicht Schall der emsig Wandelnden begegnete
Dem Ohr, nicht raschgeschäftiges Eiligtun dem Blick,
Und keine Magd erschien mir, keine Schaffnerin,
Die jeden Fremden freundlich sonst begrüßenden.
Als aber ich dem Schoße des Herdes mich genaht,
Da sah ich, bei verglommner Asche lauem Rest,
Am Boden sitzen welch verhülltes großes Weib,
Der Schlafenden nicht vergleichbar, wohl der Sinnenden.
Mit Herrscherworten ruf ich sie zur Arbeit auf,
Die Schaffnerin mir vermutend, die indes vielleicht
Des Gatten Vorsicht hinterlassend angestellt;
Doch eingefaltet sitzt die Unbewegliche;
Nur endlich rührt sie auf mein Dräun den rechten Arm,
Als wiese sie von Herd und Halle mich hinweg.
Ich wende zürnend mich ab von ihr und eile gleich
Den Stufen zu, worauf empor der Thalamos
Geschmückt sich hebt und nah daran das Schatzgemach;
Allein das Wunder reißt sich schnell vom Boden auf,
Gebietrisch mir den Weg vertretend, zeigt es sich
In hagrer Größe, hohlen, blutig-trüben Blicks,
Seltsamer Bildung, wie sie Aug und Geist verwirrt.
Doch red ich in die Lüfte; denn das Wort bemüht
Sich nur umsonst, Gestalten schöpferisch aufzubaun.

Da seht sie selbst! sie wagt sogar sich ans Licht hervor!
Hier sind wir Meister, bis der Herr und König kommt.
Die grausen Nachtgeburten drängt der Schönheitsfreund
Phöbus hinweg in Höhlen, oder bändigt sie.

Phorkyas auf der Schwelle zwischen den Türpfosten auftretend.

CHOR. Vieles erlebt' ich, obgleich die Locke
Jugendlich wallet mir um die Schläfe!
Schreckliches hab ich vieles gesehen,
Kriegrischen Jammer, Ilios' Nacht,
Als es fiel.

Durch das umwölkte, staubende Tosen
Drängender Krieger hört' ich die Götter
Fürchterlich rufen, hört' ich der Zwietracht
Eherne Stimme schallen durchs Feld,
Mauerwärts.

Ach! sie standen noch, Ilios'
Mauern, aber die Flammenglut
Zog vom Nachbar zum Nachbar schon,
Sich verbreitend von hier und dort
Mit des eignen Sturmes Wehn
Über die nächtliche Stadt hin.

Flüchtend sah ich durch Rauch und Glut
Und der züngelnden Flamme Loh'n
Grässlich zürnender Götter Nahn,
Schreitend Wundergestalten
Riesengroß, durch düsteren
Feuerumleuchteten Qualm hin.

Sah ich's, oder bildete
Mir der angstumschlungene Geist
Solches Verworrene? sagen kann
Nimmer ich's, doch dass ich dies
Grässliche hier mit Augen schau,
Solches gewiss ja weiß ich;
Könnt es mit Händen fassen gar,
Hielte von dem Gefährlichen
Nicht zurücke die Furcht mich.

Welche von Phorkys'
Töchtern nur bist du?
Denn ich vergleiche dich
Diesem Geschlechte.
Bist du vielleicht der grau gebornen,
Eines Auges und eines Zahns
Wechselsweis teilhaftigen
Graien eine gekommen?

Wagest du Scheusal
Neben der Schönheit
Dich vor dem Kennerblick
Phöbus' zu zeigen?
Tritt du dennoch hervor nur immer;
Denn das Hässliche schaut *er* nicht,
Wie sein heilig Auge noch
Nie erblickte den Schatten.

Doch uns Sterbliche nötigt, ach,
Leider trauriges Missgeschick
Zu dem unsäglichen Augenschmerz,
Den das Verwerfliche, Ewig-Unselige
Schönheitliebenden rege macht.

Ja, so höre denn, wenn du frech
Uns entgegenest, höre Fluch,
Höre jeglicher Schelte Drohn
Aus dem verwünschenden Munde der Glücklichen,
Die von Göttern gebildet sind.

PHORKYAS.

Alt ist das Wort, doch bleibet hoch und wahr der Sinn,
Dass Scham und Schönheit nie zusammen, Hand in Hand,
Den Weg verfolgen über der Erde grünen Pfad.
Tief eingewurzelt wohnt in beiden alter Hass,
Dass, wo sie immer irgend auch des Weges sich
Begegnen, jede der Gegnerin den Rücken kehrt.
Dann eilet jede wieder heftiger, weiter fort,
Die Scham betrübt, die Schönheit aber frech gesinnt,
Bis sie zuletzt des Orkus hohle Nacht umfängt,
Wenn nicht das Alter sie vorher gebändigt hat.
Euch find ich nun, ihr Frechen, aus der Fremde her
Mit Übermut ergossen, gleich der Kraniche

Laut-heiser klingendem Zug, der über unser Haupt,
In langer Wolke, krächzend sein Getön herab
Schickt, das den stillen Wandrer über sich hinauf
Zu blicken lockt; doch ziehn sie ihren Weg dahin,
Er geht den seinen; also wird's mit uns geschehn.
Wer seid denn ihr, dass ihr des Königes Hochpalast
Mänadisch wild, Betrunknen gleich, umtoben dürft?
Wer seid ihr denn, dass ihr des Hauses Schaffnerin
Entgegenheulet, wie dem Mond der Hunde Schar?
Wähnt ihr, verborgen sei mir, welch Geschlecht ihr seid,
Du kriegerzeugte, schlachterzogne junge Brut?
Mannlustige du, so wie verführt verführende,
Entnervend beide, Kriegers auch und Bürgers Kraft!
Zu Hauf euch sehend, scheint mir ein Zikadenschwarm
Herabzustürzen, deckend grüne Feldersaat.
Verzehrerinnen fremden Fleißes! Naschende
Vernichterinnen aufgekeimten Wohlstands ihr!
Erobert-marktverkauft-vertauschte Ware du!

HELENA. Wer gegenwarts der Frau die Dienerinnen schilt,
Der Gebietrin Hausrecht tastet er vermessen an;
Denn ihr gebührt allein, das Lobenswürdige
Zu rühmen, wie zu strafen, was verwerflich ist.
Auch bin des Dienstes ich wohl zufrieden, den sie mir
Geleistet, als die hohe Kraft von Ilios
Umlagert stand und fiel und lag; nicht weniger,
Als wir der Irrfahrt kummervolle Wechselnot
Ertrugen, wo sonst jeder sich der Nächste bleibt.
Auch hier erwart ich Gleiches von der muntern Schar;
Nicht, was der Knecht sei, fragt der Herr, nur, wie er dient.
Drum schweige du und grinse sie nicht länger an.
Hast du das Haus des Königs wohl verwahrt bisher
Anstatt der Hausfrau, solches dient zum Ruhme dir;
Doch jetzo kommt sie selber, tritt nun du zurück,
Damit nicht Strafe werde statt verdienten Lohns.

PHORKYAS.
Den Hausgenossen drohen bleibt ein großes Recht,
Das gottbeglückten Herrschers hohe Gattin sich
Durch langer Jahre weise Leitung wohl verdient.
Da du, nun Anerkannte, neu den alten Platz
Der Königin und Hausfrau wiederum betrittst,
So fasse längst erschlaffte Zügel, herrsche nun,
Nimm in Besitz den Schatz und sämtlich uns dazu.
Vor allem aber schütze mich, die Ältere,

Vor dieser Schar, die neben deiner Schönheit Schwan
Nur schlecht befittícht', schnatterhafte Gänse sind.

CHORFÜHRERIN.
Wie hässlich neben Schönheit zeigt sich Hässlichkeit.

PHORKYAS. Wie unverständig neben Klugheit Unverstand.

(Von hier an erwidern die Choretiden, einzeln aus dem Chor heraustretend.)

CHORETIDE 1.
Von Vater Erebus melde, melde von Mutter Nacht.

PHORKYAS.
So sprich von Scylla, leiblich dir Geschwisterkind.

CHORETIDE 2.
An deinem Stammbaum steigt manch Ungeheur empor.

PHORKYAS. Zum Orkus hin! da suche deine Sippschaft auf.

CHORETIDE 3.
Die dorten wohnen, sind dir alle viel zu jung.

PHORKYAS. Tiresias, den Alten, gehe buhlend an.

CHORETIDE 4. Orions Amme war dir Ur-Urenkelin.

PHORKYAS.
Harpyen, wähn ich, fütterten dich im Unflat auf.

CHORETIDE 5.
Mit was ernährst du so gepflegte Magerkeit?

PHORKYAS. Mit Blute nicht, wonach du allzu lüstern bist.

CHORETIDE 6. Begierig du auf Leichen, ekle Leiche selbst!

PHORKYAS. Vampyren-Zähne glänzen dir im frechen Maul.

CHORFÜHRERIN.
Das deine stopf ich, wenn ich sage, wer du seist.

PHORKYAS. So nenne dich zuerst; das Rätsel hebt sich auf.

HELENA.
Nicht zürnend, aber traurend schreit ich zwischen euch,
Verbietend solchen Wechselstreites Ungestüm!
Denn Schädlicheres begegnet nichts dem Herrscherherrn
Als treuer Diener heimlich unterschworner Zwist.
Das Echo seiner Befehle kehrt alsdann nicht mehr
In schnell vollbrachter Tat wohlstimmig ihm zurück,
Nein, eigenwillig brausend tost es um ihn her,
Den selbstverirrten, ins Vergebne scheltenden.
Dies nicht allein. Ihr habt in sittelosem Zorn
Unsel'ger Bilder Schreckgestalten hergebannt,
Die mich umdrängen, dass ich selbst zum Orkus mich
Gerissen fühle, vaterländ'scher Flur zum Trutz.
Ist's wohl Gedächtnis? war es Wahn, der mich ergreift?
War ich das alles? Bin ich's? Werd ich's künftig sein,

Das Traum- und Schreckbild jener Städteverwüstenden?
Die Mädchen schaudern, aber du, die Älteste,
Du stehst gelassen; rede mir verständig Wort.
PHORKYAS. Wer langer Jahre mannigfaltigen Glücks gedenkt,
Ihm scheint zuletzt die höchste Göttergunst ein Traum.
Du aber, hochbegünstigt sonder Maß und Ziel,
In Lebensreihe sahst nur Liebesbrünstige,
Entzündet rasch zum kühnsten Wagstück jeder Art.
Schon Theseus haschte früh dich, gierig aufgeregt,
Wie Herakles stark, ein herrlich schön geformter Mann.
HELENA. Entführte mich, ein zehenjährig schlankes Reh,
Und mich umschloss Aphidnus' Burg in Attika.
PHORKYAS.
Durch Kastor und durch Pollux aber bald befreit,
Umworben standst du ausgesuchter Heldenschar.
HELENA. Doch stille Gunst vor allen, wie ich gern gesteh,
Gewann Patroklus, er, des Peliden Ebenbild.
PHORKYAS. Doch Vaterwille traute dich an Menelas,
Den kühnen Seedurchstreicher, Hausbewahrer auch.
HELENA. Die Tochter gab er, gab des Reichs Bestellung ihm.
Aus ehlichem Beisein sprosste dann Hermione.
PHORKYAS. Doch als er fern sich Kretas Erbe kühn erstritt,
Dir Einsamen da erschien ein allzu schöner Gast.
HELENA. Warum gedenkst du jener halben Witwenschaft,
Und welch Verderben grässlich mir daraus erwuchs?
PHORKYAS. Auch jene Fahrt, mir frei gebornen Kreterin
Gefangenschaft erschuf sie, lange Sklaverei.
HELENA. Als Schaffnerin bestellt' er dich sogleich hieher,
Vertrauend vieles, Burg und kühn erworbnen Schatz.
PHORKYAS. Die du verließest, Ilios' umtürmter Stadt
Und unerschöpften Liebesfreuden zugewandt.
HELENA. Gedenke nicht der Freuden! allzuherben Leids
Unendlichkeit ergoss sich über Brust und Haupt.
PHORKYAS.
Doch sagt man, du erschienst ein doppelhaft Gebild,
In Ilios gesehen und in Ägypten auch.
HELENA. Verwirre wüsten Sinnes Aberwitz nicht gar.
Selbst jetzo, welche denn ich sei, ich weiß es nicht.
PHORKYAS.
Dann sagen sie: aus hohlem Schattenreich herauf
Gesellte sich inbrünstig noch Achill zu dir!
Dich früher liebend gegen allen Geschicks Beschluss.
HELENA. Ich als Idol, ihm dem Idol verband ich mich.

Es war ein Traum, so sagen ja die Worte selbst.
Ich schwinde hin und werde selbst mir ein Idol.
(Sinkt dem Halbchor in die Arme.)

CHOR. Schweige, schweige!
Missblickende, Missredende du!
Aus so grässlichen einzahnigen
Lippen, was enthaucht wohl
Solchem furchtbaren Gräuelschlund!

Denn der Bösartige, wohltätig erscheinend,
Wolfesgrimm unter schafwolligem Vlies,
Mir ist er weit schrecklicher als des drei-
köpfigen Hundes Rachen.
Ängstlich lauschend stehn wir da:
Wann? wie? wo nur bricht's hervor,
Solcher Tücke
Tief auflauerndes Ungetüm?

Nun denn, statt freundlich mit Trost reich begabten,
Lethe schenkenden, holdmildesten Worts
Regest du auf aller Vergangenheit
Bösestes mehr denn Gutes
Und verdüsterst allzu gleich
Mit dem Glanz der Gegenwart
Auch der Zukunft
Mild aufschimmerndes Hoffnungslicht.

Schweige, schweige!
Dass der Königin Seele,
Schon zu entfliehen bereit,
Sich noch halte, festhalte
Die Gestalt aller Gestalten,
Welche die Sonne jemals beschien.
(Helena hat sich erholt und steht wieder in der Mitte.)

PHORKYAS.
Tritt hervor aus flüchtigen Wolken, hohe Sonne dieses Tags,
Die verschleiert schon entzückte, blendend nun im Glanze herrscht.
Wie die Welt sich dir entfaltet, schaust du selbst mit holdem Blick.
Schelten sie mich auch für hässlich, kenn ich doch das Schöne wohl.

HELENA.
Tret ich schwankend aus der Öde, die im Schwindel mich umgab,
Pflegt' ich gern der Ruhe wieder, denn so müd ist mein Gebein:
Doch es ziemet Königinnen, allen Menschen ziemt es wohl,
Sich zu fassen, zu ermannen, was auch drohend überrascht.

PHORKYAS.
Stehst du nun in deiner Großheit, deiner Schöne vor uns da,
Sagt dein Blick, dass du befiehlest; was befiehlst du? sprich es aus.

HELENA.
Eures Haders frech Versäumnis auszugleichen, seid bereit;
Eilt, ein Opfer zu bestellen, wie der König mir gebot.

PHORKYAS.
Alles ist bereit im Hause, Schale, Dreifuß, scharfes Beil,
Zum Besprengen, zum Beräuchern; das zu Opfernde zeig an!

HELENA. Nicht bezeichnet' es der König.
PHORKYAS. Sprach's nicht aus? O Jammerwort!
HELENA. Welch ein Jammer überfällt dich?
PHORKYAS. Königin, du bist gemeint!
HELENA. Ich?
PHORKYAS. Und diese.
CHOR. Weh und Jammer!
PHORKYAS. Fallen wirst du durch das Beil.
HELENA. Grässlich! doch geahnt; ich Arme!
PHORKYAS. Unvermeidlich scheint es mir.
CHOR. Ach! Und uns? was wird begegnen?
PHORKYAS. Sie stirbt einen edlen Tod;
Doch am hohen Balken drinnen, der des Daches Giebel trägt,
Wie im Vogelfang die Drosseln, zappelt ihr der Reihe nach.

(Helena und Chor stehen erstaunt und erschreckt, in bedeutender, wohl vorbereiteter Gruppe.)

PHORKYAS.
Gespenster! – Gleich erstarrten Bildern steht ihr da,
Geschreckt, vom Tag zu scheiden, der euch nicht gehört.
Die Menschen, die Gespenster sämtlich gleich wie ihr,
Entsagen auch nicht willig hehrem Sonnenschein;
Doch bittet oder rettet niemand sie vom Schluss;
Sie wissen's alle, wenigen doch gefällt es nur.
Genug, ihr seid verloren! Also frisch ans Werk.

(Klatscht in die Hände; darauf erscheinen an der Pforte vermummte Zwerggestalten, welche die ausgesprochenen Befehle alsobald mit Behändigkeit ausführen.)

Herbei, du düstres, kugelrundes Ungetüm!
Wälzt euch hieher, zu schaden gibt es hier nach Lust.
Dem Tragaltar, dem gold gehörnten, gebet Platz,
Das Beil, es liege blinkend über dem Silberrand,
Die Wasserkrüge füllet, abzuwaschen gibt's
Des schwarzen Blutes gräuelvolle Besudelung.
Den Teppich breitet köstlich hier am Staube hin,
Damit das Opfer niederkniee königlich
Und eingewickelt, zwar getrennten Haupts, sogleich
Anständig würdig aber doch bestattet sei.

CHORFÜHRERIN.
Die Königin stehet sinnend an der Seite hier,
Die Mädchen welken gleich gemähtem Wiesengras;
Mir aber deucht, der Ältesten, heiliger Pflicht gemäß,
Mit dir das Wort zu wechseln, Ur-Urälteste.
Du bist erfahren, weise, scheinst uns gut gesinnt,
Obschon verkennend hirnlos diese Schar dich traf.
Drum sage, was du möglich noch von Rettung weißt.

PHORKYAS.
Ist leicht gesagt: von der Königin hängt allein es ab,
Sich selbst zu erhalten, euch Zugaben auch mit ihr.
Entschlossenheit ist nötig und die behändeste.

CHOR. Ehrenwürdigste der Parzen, weiseste Sibylle du,
Halte gesperrt die goldene Schere, dann verkünd uns Tag und Heil;
Denn wir fühlen schon im Schweben, Schwanken, Bammeln unergetzlich
Unsere Gliederchen, die lieber erst im Tanze sich ergetzten,
Ruhten drauf an Liebchens Brust.

HELENA.
Lass diese bangen! Schmerz empfind ich, keine Furcht;
Doch kennst du Rettung, dankbar sei sie anerkannt.
Dem Klugen, Weitumsichtigen zeigt fürwahr sich oft
Unmögliches noch als möglich. Sprich und sag es an.

CHOR.
Sprich und sage, sag uns eilig: wie entrinnen wir den grausen,
Garstigen Schlingen, die bedrohlich, als die schlechtesten Geschmeide,
Sich um unsre Hälse ziehen? Vorempfinden wir's, die Armen,
Zum Entatmen, zum Ersticken, wenn du, Rhea, aller Götter
Hohe Mutter, dich nicht erbarmst.

PHORKYAS.
Habt ihr Geduld, des Vortrags lang gedehnten Zug

Still anzuhören? Mancherlei Geschichten sind's.
CHOR. Geduld genug! Zuhörend leben wir indes.
PHORKYAS.
Dem, der zu Hause verharrend edlen Schatz bewahrt
Und hoher Wohnung Mauern auszukitten weiß,
Wie auch das Dach zu sichern vor des Regens Drang,
Dem wird es wohl gehn lange Lebenstage durch;
Wer aber seiner Schwelle heilige Richte leicht
Mit flüchtigen Sohlen überschreitet freventlich,
Der findet wiederkehrend wohl den alten Platz,
Doch umgeändert alles, wo nicht gar zerstört.
HELENA. Wozu dergleichen wohl bekannte Sprüche hier?
Du willst erzählen; rege nicht an Verdrießliches.
PHORKYAS.
Geschichtlich ist es, ist ein Vorwurf keineswegs.
Raubschiffend ruderte Menelas von Bucht zu Bucht,
Gestad und Inseln, alles streift' er feindlich an,
Mit Beute wiederkehrend, wie sie drinnen starrt.
Vor Ilios verbracht' er langer Jahre zehn;
Zur Heimfahrt aber weiß ich nicht wie viel es war.
Allein wie steht es hier am Platz um Tyndareos'
Erhabnes Haus? wie stehet es mit dem Reich umher?
HELENA. Ist dir denn so das Schelten gänzlich einverleibt,
Dass ohne Tadeln du keine Lippe regen kannst?
PHORKYAS. So viele Jahre stand verlassen das Talgebirg,
Das hinter Sparta nordwärts in die Höhe steigt,
Taygetos im Rücken, wo als muntrer Bach
Herab Eurotas rollt und dann, durch unser Tal
An Rohren breit hinfließend, eure Schwäne nährt.
Dort hinten still im Gebirgtal hat ein kühn Geschlecht
Sich angesiedelt, dringend aus cimmerischer Nacht,
Und unersteiglich feste Burg sich aufgetürmt,
Von da sie Land und Leute placken, wie's behagt.
HELENA.
Das konnten sie vollführen? Ganz unmöglich scheint's.
PHORKYAS.
Sie hatten Zeit, vielleicht an zwanzig Jahre sind's.
HELENA.
Ist *einer* Herr? sind's Räuber viel, verbündete?
PHORKYAS. Nicht Räuber sind es, *einer* aber ist der Herr.
Ich schelt ihn nicht, und wenn er schon mich heimgesucht.
Wohl konnt' er alles nehmen, doch begnügt' er sich
Mit wenigen Freigeschenken, nannt' er's, nicht Tribut.

HELENA. Wie sieht er aus?
PHORKYAS. Nicht übel! mir gefällt er schon.
Es ist ein munterer, kecker, wohl gebildeter,
Wie unter Griechen wenig, ein verständ'ger Mann.
Man schilt das Volk Barbaren, doch ich dächte nicht,
Dass grausam einer wäre, wie vor Ilios
Gar mancher Held sich menschenfresserisch erwies.
Ich acht' auf seine Großheit, ihm vertraut' ich mich.
Und seine Burg! die solltet ihr mit Augen sehn!
Das ist was anderes gegen plumpes Mauerwerk,
Das eure Väter, mir nichts dir nichts, aufgewälzt,
Zyklopisch wie Zyklopen, rohen Stein sogleich
Auf rohe Steine stürzend; dort hingegen, dort
Ist alles senk- und waagerecht und regelhaft.
Von außen schaut sie! himmelan sie strebt empor,
So starr, so wohl in Fugen, spiegelglatt wie Stahl.
Zu klettern hier – ja selbst der Gedanke gleitet ab.
Und innen großer Höfe Raumgelasse, rings
Mit Baulichkeit umgeben, aller Art und Zweck.
Da seht ihr Säulen, Säulchen, Bogen, Bögelchen,
Altane, Galerien, zu schauen aus und ein,
Und Wappen.
CHOR. Was sind Wappen?
PHORKYAS. Ajax führte ja
Geschlungene Schlang im Schilde, wie ihr selbst gesehn.
Die Sieben dort vor Theben trugen Bildnerein
Ein jeder auf seinem Schilde, reich bedeutungsvoll.
Da sah man Mond und Stern am nächtigen Himmelsraum,
Auch Göttin, Held und Leiter, Schwerter, Fackeln auch,
Und was Bedrängliches guten Städten grimmig droht.
Ein solch Gebilde führt auch unsre Heldenschar
Von seinen Ur-Urahnen her in Farbenglanz.
Da seht ihr Löwen, Adler, Klau und Schnabel auch,
Dann Büffelhörner, Flügel, Rosen, Pfauenschweif,
Auch Streifen, gold und schwarz und silbern, blau und rot.
Dergleichen hängt in Sälen Reih an Reihe fort,
In Sälen, grenzenlosen, wie die Welt so weit;
Da könnt ihr tanzen!
CHOR. Sage, gibt's auch Tänzer da?
PHORKYAS. Die besten! gold gelockte, frische Bubenschar.
Die duften Jugend! Paris duftete einzig so,
Als er der Königin zu nahe kam.
HELENA. Du fällst

Ganz aus der Rolle; sage mir das letzte Wort!
PHORKYAS.
Du sprichst das Letzte, sagst mit Ernst vernehmlich Ja!
Sogleich umgeb ich dich mit jener Burg.
CHOR. O sprich
Das kurze Wort und rette dich und uns zugleich!
HELENA. Wie? sollt ich fürchten, dass der König Menelas
So grausam sich verginge, mich zu schädigen?
PHORKYAS. Hast du vergessen, wie er deinen Deiphobus,
Des totgekämpften Paris Bruder, unerhört
Verstümmelte, der starrsinnig Witwe dich erstritt
Und glücklich kebste? Nas und Ohren schnitt er ab
Und stümmelte mehr so: Gräuel war es anzuschaun.
HELENA. Das tat er jenem, meinetwegen tat er das.
PHORKYAS. Um jenes willen wird er dir das Gleiche tun.
Unteilbar ist die Schönheit; der sie ganz besaß,
Zerstört sie lieber, fluchend jedem Teilbesitz.
(Trompeten in der Ferne; der Chor fährt zusammen.)
Wie scharf der Trompete Schmettern Ohr und Eingeweid
Zerreißend anfasst, also krallt sich Eifersucht
Im Busen fest des Mannes, der das nie vergisst,
Was einst er besaß und nun verlor, nicht mehr besitzt.
CHOR. Hörst du nicht die Hörner schallen? siehst der Waffen Blitze nicht?
PHORKYAS. Sei willkommen, Herr und König, gerne geb ich Rechenschaft.
CHOR. Aber wir?
PHORKYAS. Ihr wisst es deutlich, seht vor Augen ihren Tod,
Merkt den Eurigen da drinne; nein, zu helfen ist euch nicht.
(Pause.)
HELENA. Ich sann mir aus das Nächste, was ich wagen darf.
Ein Widerdämon bist du, das empfind ich wohl
Und fürchte, Gutes wendest du zum Bösen um.
Vor allem aber folgen will ich dir zur Burg;
Das andre weiß ich; was die Königin dabei
Im tiefen Busen geheimnisvoll verbergen mag,
Sei jedem unzugänglich. Alte, geh voran!
CHOR. O wie gern gehen wir hin,
Eilenden Fußes;
Hinter uns Tod,
Vor uns abermals
Ragender Feste
Unzugängliche Mauer.

Schütze sie ebenso gut,
Eben wie Ilios' Burg,
Die doch endlich nur
Niederträchtiger List erlag.

(Nebel verbreiten sich, umhüllen den Hintergrund, auch die Nähe, nach Belieben.)

Wie? aber wie?
Schwestern, schaut euch um!
War es nicht heiterer Tag?
Nebel schwanken streifig empor
Aus Eurotas' heil'ger Flut;
Schon entschwand das liebliche
Schilfumkränzte Gestade dem Blick;
Auch die frei, zierlich-stolz
Sanfthingleitenden Schwäne
In gesell'ger Schwimmlust
Seh ich, ach, nicht mehr!

Doch, aber doch
Tönen hör ich sie,
Tönen fern heiseren Ton!
Tod verkündenden, sagen sie.
Ach dass uns er nur nicht auch,
Statt verheißener Rettung Heil,
Untergang verkünde zuletzt;
Uns, den Schwangleichen, Lang-
Schön-Weißhalsigen, und ach!
Unsrer Schwanerzeugten.
Weh uns, weh, weh!

Alles deckte sich schon
Rings mit Nebel umher.
Sehen wir doch einander nicht!
Was geschieht? gehen wir?
Schweben wir nur
Trippelnden Schrittes am Boden hin?
Siehst du nichts? Schwebt nicht etwa gar
Hermes voran? Blinkt nicht der goldne Stab
Heischend, gebietend uns wieder zurück
Zu dem unerfreulichen, grau tagenden,
Ungreifbarer Gebilde vollen,
Überfüllten, ewig leeren Hades?

Ja auf einmal wird es düster, ohne Glanz entschwebt der Nebel
Dunkelgräulich, mauerbräunlich. Mauern stellen sich dem Blicke,
Freiem Blicke starr entgegen. Ist's ein Hof? ist's tiefe Grube?
Schauerlich in jedem Falle! Schwestern, ach! wir sind gefangen,
So gefangen wie nur je.

INNERER BURGHOF

umgeben von reichen phantastischen Gebäuden des Mittelalters.

CHORFÜHRERIN.
Vorschnell und töricht, echt wahrhaftes Weibsgebild!
Vom Augenblick abhängig, Spiel der Witterung,
Des Glücks und Unglücks! Keins von beiden wisst ihr je
Zu bestehn mit Gleichmut. Eine widerspricht ja stets
Der andern heftig, überquer die andern ihr;
In Freud und Schmerz nur heult und lacht ihr gleichen Tons.
Nun schweigt! und wartet horchend, was die Herrscherin
Hochsinnig hier beschließen mag für sich und uns.
HELENA. Wo bist du, Pythonissa? heiße, wie du magst;
Aus diesen Gewölben tritt hervor der düstern Burg.
Gingst etwa du, dem wunderbaren Heldenherrn
Mich anzukündigen, Wohlempfang bereitend mir,
So habe Dank und führe schnell mich ein zu ihm;
Beschluss der Irrfahrt wünsch ich. Ruhe wünsch ich nur.
CHORFÜHRERIN.
Vergebens blickst du, Königin, allseits um dich her;
Verschwunden ist das leidige Bild, verblieb vielleicht
Im Nebel dort, aus dessen Busen wir hieher,
Ich weiß nicht wie, gekommen, schnell und sonder Schritt.
Vielleicht auch irrt sie zweifelhaft im Labyrinth
Der wundersam aus vielen eins gewordnen Burg,
Den Herrn erfragend fürstlicher Hochbegrüßung halb'.
Doch sieh, dort oben regt in Menge sich allbereits,
In Galerien, am Fenster, in Portalen rasch
Sich hin und her bewegend, viele Dienerschaft;
Vornehm-willkommnen Gastempfang verkündet es.
CHOR. Aufgeht mir das Herz! oh, seht nur dahin,
Wie so sittig herab mit verweilendem Tritt
Jungholdeste Schar anständig bewegt
Den geregelten Zug. Wie? auf wessen Befehl

Nur erscheinen, gereiht und gebildet so früh,
Von Jünglingsknaben das herrliche Volk?
Was bewundr' ich zumeist? Ist es zierlicher Gang,
Etwa des Haupts Lockhaar um die blendende Stirn,
Etwa der Wänglein Paar, wie die Pfirsiche rot
Und eben auch so weichwollig beflaumt?
Gern biss ich hinein, doch ich schaudre davor;
Denn in ähnlichem Fall, da erfüllte der Mund
Sich, grässlich zu sagen! mit Asche.

Aber die schönsten,
Sie kommen daher;
Was tragen sie nur?
Stufen zum Thron,
Teppich und Sitz,
Umhang und zelt-
artigen Schmuck;
Über überwallt er,
Wolkenkränze bildend,
Unsrer Königin Haupt;
Denn schon bestieg sie
Eingeladen herrlichen Pfühl.
Tretet heran,
Stufe für Stufe
Reihet euch ernst.
Würdig, o würdig, dreifach würdig
Sei gesegnet ein solcher Empfang!
(Alles vom Chor Ausgesprochene geschieht nach und nach.)

Faust. Nachdem Knaben und Knappen in langem Zug herabgestiegen, erscheint er oben an der Treppe in ritterlicher Hofkleidung des Mittelalters und kommt langsam würdig herunter.

CHORFÜHRERIN *(ihn aufmerksam beschauend).*
Wenn diesem nicht die Götter, wie sie öfter tun,
Für wenige Zeit nur wundernswürdige Gestalt,
Erhabnen Anstand, liebenswerte Gegenwart
Vorübergänglich liehen, wird ihm jedes Mal,
Was er beginnt, gelingen, sei's in Männerschlacht,
So auch im kleinen Kriege mit den schönsten Fraun.
Er ist fürwahr gar vielen andern vorzuziehn,
Die ich doch auch als hoch geschätzt mit Augen sah.
Mit langsam-ernstem, ehrfurchtsvoll gehaltnem Schritt
Seh ich den Fürsten; wende dich, o Königin!

FAUST *(herantretend, einen Gefesselten zur Seite).*
Statt feierlichsten Grußes, wie sich ziemte,
Statt ehrfurchtsvollem Willkomm bring ich dir
In Ketten hart geschlossen solchen Knecht,
Der, Pflicht verfehlend, mir die Pflicht entwand.
Hier kniee nieder, dieser höchsten Frau
Bekenntnis abzulegen deiner Schuld.
Dies ist, erhabne Herrscherin, der Mann,
Mit seltnem Augenblitz vom hohen Turm
Umherzuschaun bestellt, dort Himmelsraum
Und Erdenbreite scharf zu überspähn,
Was etwa da und dort sich melden mag,
Vom Hügelkreis ins Tal zur festen Burg
Sich regen mag, der Herden Woge sei's,
Ein Heereszug vielleicht; wir schützen jene,
Begegnen diesem. Heute, welch Versäumnis!
Du kommst heran, er meldet's nicht; verfehlt
Ist ehrenvoller, schuldigster Empfang
So hohen Gastes. Freventlich verwirkt
Das Leben hat er, läge schon im Blut
Verdienten Todes; doch nur du allein
Bestrafst, begnadigst, wie dir's wohl gefällt.

HELENA.
So hohe Würde, wie du sie vergönnst,
Als Richterin, als Herrscherin, und wär's
Versuchend nur, wie ich vermuten darf –
So üb ich nun des Richters erste Pflicht,
Beschuldigte zu hören. Rede denn.

TURMWÄCHTER LYNKEUS.
Lass mich knieen, lass mich schauen,
Lass mich sterben, lass mich leben,
Denn schon bin ich hingegeben
Dieser gottgegebnen Frauen.

Harrend auf des Morgens Wonne,
Östlich spähend ihren Lauf,
Ging auf einmal mir die Sonne
Wunderbar im Süden auf.

Zog den Blick nach jener Seite,
Statt der Schluchten, statt der Höhn,
Statt der Erd- und Himmelsweite
Sie, die Einzige, zu spähn.

Augenstrahl ist mir verliehen
Wie dem Luchs auf höchstem Baum;
Doch nun musst' ich mich bemühen
Wie aus tiefem, düsterm Traum.

Wüsst ich irgend mich zu finden?
Zinne? Turm? geschlossnes Tor?
Nebel schwanken, Nebel schwinden,
Solche Göttin tritt hervor!

Aug und Brust ihr zugewendet,
Sog ich an den milden Glanz;
Diese Schönheit, wie sie blendet,
Blendete mich Armen ganz.

Ich vergaß des Wächters Pflichten,
Völlig das beschworne Horn;
Drohe nur, mich zu vernichten –
Schönheit bändigt allen Zorn.

HELENA. Das Übel, das ich brachte, darf ich nicht
Bestrafen. Wehe mir! Welch streng Geschick
Verfolgt mich, überall der Männer Busen
So zu betören, dass sie weder sich
Noch sonst ein Würdiges verschonten. Raubend jetzt,
Verführend, fechtend, hin und her entrückend,
Halbgötter, Helden, Götter, ja Dämonen,
Sie führten mich im Irren her und hin.
Einfach die Welt verwirrt' ich, doppelt mehr;
Nun dreifach, vierfach bring ich Not auf Not.
Entferne diesen Guten, lass ihn frei;
Den Gottbetörten treffe keine Schmach.
FAUST. Erstaunt, o Königin, seh ich zugleich
Die sicher Treffende, hier den Getroffnen;
Ich seh den Bogen, der den Pfeil entsandt,
Verwundet jenen. Pfeile folgen Pfeilen,
Mich treffend. Allwärts ahn ich überquer
Gefiedert schwirrend sie in Burg und Raum.
Was bin ich nun? Auf einmal machst du mir
Rebellisch die Getreusten, meine Mauern
Unsicher. Also fürcht ich schon, mein Heer
Gehorcht der siegend unbesiegten Frau.
Was bleibt mir übrig, als mich selbst und alles,

Im Wahn das Meine, dir anheim zu geben?
Zu deinen Füßen lass mich, frei und treu,
Dich Herrin anerkennen, die sogleich
Auftretend sich Besitz und Thron erwarb.

LYNKEUS *(mit einer Kiste, und Männer, die ihm andere nachtragen).*

Du siehst mich, Königin, zurück!
Der Reiche bettelt einen Blick,
Er sieht dich an und fühlt sogleich
Sich bettelarm und fürstenreich.

Was war ich erst? was bin ich nun?
Was ist zu wollen? was zu tun?
Was hilft der Augen schärfster Blitz!
Er prallt zurück an deinem Sitz.

Von Osten kamen wir heran,
Und um den Westen war's getan;
Ein lang und breites Volksgewicht,
Der Erste wusste vom Letzten nicht.

Der Erste fiel, der Zweite stand,
Des Dritten Lanze war zur Hand;
Ein jeder hundertfach gestärkt,
Erschlagne Tausend unbemerkt.

Wir drängten fort, wir stürmten fort,
Wir waren Herrn von Ort zu Ort;
Und wo ich herrisch heut befahl,
Ein andrer morgen raubt' und stahl.

Wir schauten – eilig war die Schau;
Der griff die allerschönste Frau,
Der griff den Stier von festem Tritt,
Die Pferde mussten alle mit.

Ich aber liebte, zu erspähn
Das Seltenste, was man gesehn;
Und was ein andrer auch besaß,
Das war für mich gedörrtes Gras.

Den Schätzen war ich auf der Spur,
Den scharfen Blicken folgt' ich nur,
In alle Taschen blickt' ich ein,
Durchsichtig war mir jeder Schrein.

Und Haufen Goldes waren mein,
Am herrlichsten der Edelstein:
Nun der Smaragd allein verdient,
Dass er an deinem Herzen grünt.

Nun schwanke zwischen Ohr und Mund
Das Tropfenei aus Meeresgrund;
Rubinen werden gar verscheucht,
Das Wangenrot sie niederbleicht.

Und so den allergrößten Schatz
Versetz ich hier auf deinen Platz;
Zu deinen Füßen sei gebracht
Die Ernte mancher blut'gen Schlacht.

So viele Kisten schlepp ich her,
Der Eisenkisten hab ich mehr;
Erlaube mich auf deiner Bahn,
Und Schatzgewölbe füll ich an.

Denn du bestiegest kaum den Thron,
So neigen schon, so beugen schon
Verstand und Reichtum und Gewalt
Sich vor der einzigen Gestalt.

Das alles hielt ich fest und mein,
Nun aber, lose, wird es dein.
Ich glaubt' es würdig, hoch und bar,
Nun seh ich, dass es nichtig war.

Verschwunden ist, was ich besaß,
Ein abgemähtes, welkes Gras.
O gib mit einem heitern Blick
Ihm seinen ganzen Wert zurück!

FAUST. Entferne schnell die kühn erworbne Last,
Zwar nicht getadelt, aber unbelohnt.
Schon ist Ihr alles eigen, was die Burg

Im Schoß verbirgt; Besondres Ihr zu bieten,
Ist unnütz. Geh und häufe Schatz auf Schatz
Geordnet an. Der ungesehnen Pracht
Erhabnes Bild stell auf! Lass die Gewölbe
Wie frische Himmel blinken, Paradiese
Von lebelosem Leben richte zu.
Voreilend ihren Tritten lass beblümt
An Teppich Teppiche sich wälzen; ihrem Tritt
Begegne sanfter Boden; ihrem Blick,
Nur Göttliche nicht blendend, höchster Glanz.

LYNKEUS. Schwach ist, was der Herr befiehlt,
Tut's der Diener, es ist gespielt:
Herrscht doch über Gut und Blut
Dieser Schönheit Übermut.
Schon das ganze Heer ist zahm,
Alle Schwerter stumpf und lahm,
Vor der herrlichen Gestalt
Selbst die Sonne matt und kalt,
Vor dem Reichtum des Gesichts
Alles leer und alles nichts. *(Ab.)*

HELENA *(zu Faust).* Ich wünsche dich zu sprechen, doch herauf
An meine Seite komm! Der leere Platz
Beruft den Herrn und sichert mir den meinen.

FAUST. Erst knieend lass die treue Widmung dir
Gefallen, hohe Frau; die Hand, die mich
An deine Seite hebt, lass mich sie küssen.
Bestärke mich als Mitregenten deines
Grenzunbewussten Reichs, gewinne dir
Verehrer, Diener, Wächter all in einem!

HELENA. Vielfache Wunder seh ich, hör ich an,
Erstaunen trifft mich, fragen möcht ich viel.
Doch wünscht ich Unterricht, warum die Rede
Des Manns mir seltsam klang, seltsam und freundlich.
Ein Ton scheint sich dem andern zu bequemen,
Und hat ein Wort zum Ohre sich gesellt,
Ein andres kommt, dem ersten liebzukosen.

FAUST. Gefällt dir schon die Sprechart unsrer Völker,
O so gewiss entzückt auch der Gesang,
Befriedigt Ohr und Sinn im tiefsten Grunde.
Doch ist am sichersten, wir üben's gleich;
Die Wechselrede lockt es, ruft's hervor.

HELENA. So sage denn, wie sprech ich auch so schön?

FAUST. Das ist gar leicht, es muss von Herzen gehn.

Und wenn die Brust von Sehnsucht überfließt,
Man sieht sich um und fragt –
HELENA. wer mitgenießt.
FAUST. Nun schaut der Geist nicht vorwärts, nicht zurück,
Die Gegenwart allein –
HELENA. ist unser Glück.
FAUST. Schatz ist sie, Hochgewinn, Besitz und Pfand;
Bestätigung, wer gibt sie?
HELENA. Meine Hand.
CHOR. Wer verdächt es unsrer Fürstin,
Gönnet sie dem Herrn der Burg
Freundliches Erzeigen?
Denn gesteht, sämtliche sind wir
Ja Gefangene, wie schon öfter
Seit dem schmählichen Untergang
Ilios' und der ängstlich-
labyrinthischen Kummerfahrt.

Fraun, gewöhnt an Männerliebe,
Wählerinnen sind sie nicht,
Aber Kennerinnen.
Und wie goldlockigen Hirten
Vielleicht schwarzborstigen Faunen,
Wie es bringt die Gelegenheit,
Über die schwellenden Glieder
Vollerteilen sie gleiches Recht.

Nah und näher sitzen sie schon
Aneinander gelehnet,
Schulter an Schulter, Knie an Knie,
Hand in Hand wiegen sie sich
Über des Throns
Aufgepolsterter Herrlichkeit.
Nicht versagt sich die Majestät
Heimlicher Freuden
Vor den Augen des Volkes
Übermütiges Offenbarsein.
HELENA. Ich fühle mich so fern und doch so nah,
Und sage nur zu gern: Da bin ich! da!
FAUST. Ich atme kaum, mir zittert, stockt das Wort;
Es ist ein Traum, verschwunden Tag und Ort.
HELENA. Ich scheine mir verlebt und doch so neu,
In dich verwebt, dem Unbekannten treu.

FAUST. Durchgrüble nicht das einzigste Geschick!
Dasein ist Pflicht, und wär's ein Augenblick.
PHORKYAS *(heftig eintretend).*
Buchstabiert in Liebesfibeln,
Tändelnd grübelt nur am Liebeln,
Müßig liebelt fort im Grübeln,
Doch dazu ist keine Zeit.
Fühlt ihr nicht ein dumpfes Wettern?
Hört nur die Trompete schmettern,
Das Verderben ist nicht weit.
Menelas mit Volkeswogen
Kommt auf euch herangezogen;
Rüstet euch zu herbem Streit!
Von der Siegerschar umwimmelt,
Wie Deiphobus verstümmelt,
Büßest du das Fraungeleit.
Bammelt erst die leichte Ware,
Dieser gleich ist am Altare
Neu geschliffnes Beil bereit.
FAUST. Verwegne Störung! widerwärtig dringt sie ein;
Auch nicht in Gefahren mag ich sinnlos Ungestüm.
Den schönsten Boten, Unglücksbotschaft hässlicht ihn;
Du Hässlichste gar, nur schlimme Botschaft bringst du gern.
Doch diesmal soll dir's nicht geraten; leeren Hauchs
Erschüttere du die Lüfte. Hier ist nicht Gefahr,
Und selbst Gefahr erschiene nur als eitles Dräun.
(Signale, Explosionen von den Türmen, Trompeten und Zinken, kriegerische Musik, Durchmarsch gewaltiger Heereskraft.)
FAUST. Nein, gleich sollst du versammelt schauen
Der Helden ungetrennten Kreis:
Nur der verdient die Gunst der Frauen,
Der kräftigst sie zu schützen weiß.
(Zu den Heerführern, die sich von den Kolonnen absondern und herantreten).
Mit angehaltnem stillen Wüten,
Das euch gewiss den Sieg verschafft,
Ihr, Nordens jugendliche Blüten,
Ihr, Ostens blumenreiche Kraft.

In Stahl gehüllt, vom Strahl umwittert,
Die Schar, die Reich um Reich zerbrach,
Sie treten auf, die Erde schüttert,
Sie schreiten fort, es donnert nach.

An Pylos traten wir zu Lande,
Der alte Nestor ist nicht mehr,
Und alle kleinen Königsbande
Zersprengt das ungebundne Heer.

Drängt ungesäumt von diesen Mauern
Jetzt Menelas dem Meer zurück;
Dort irren mag er, rauben, lauern,
Ihm war es Neigung und Geschick.

Herzoge soll ich euch begrüßen,
Gebietet Spartas Königin;
Nun legt ihr Berg und Tal zu Füßen,
Und euer sei des Reichs Gewinn.

Germane du! Korinthus' Buchten
Verteidige mit Wall und Schutz!
Achaia dann mit hundert Schluchten
Empfehl ich, Gote, deinem Trutz.

Nach Elis ziehn der Franken Heere,
Messene sei der Sachsen Los,
Normanne reinige die Meere
Und Argolis erschaff er groß.

Dann wird ein jeder häuslich wohnen,
Nach außen richten Kraft und Blitz;
Doch Sparta soll euch überthronen,
Der Königin verjährter Sitz.

All-einzeln sieht sie euch genießen
Des Landes, dem kein Wohl gebricht;
Ihr sucht getrost zu ihren Füßen
Bestätigung und Recht und Licht.

(Faust steigt herab, die Fürsten schließen einen Kreis um ihn, Befehl und Anordnung näher zu vernehmen.)

CHOR. Wer die Schönste für sich begehrt,
Tüchtig vor allen Dingen
Seh er nach Waffen weise sich um;
Schmeichelnd wohl gewann er sich,
Was auf Erden das Höchste;
Aber ruhig besitzt er's nicht:

Schleicher listig entschmeicheln sie ihm,
Räuber kühnlich entreißen sie ihm;
Dieses zu hinderen, sei er bedacht.

Unsern Fürsten lob ich drum,
Schätz ihn höher vor andern,
Wie er so tapfer klug sich verband,
Dass die Starken gehorchend stehn,
Jedes Winkes gewärtig.
Seinen Befehl vollziehn sie treu,
Jeder sich selbst zu eignem Nutz
Wie dem Herrscher zu lohnendem Dank,
Beiden zu höchlichem Ruhmesgewinn.

Denn wer entreißet sie jetzt
Dem gewalt'gen Besitzer?
Ihm gehört sie, ihm sei sie gegönnt,
Doppelt von uns gegönnt, die er
Samt ihr zugleich innen mit sicherster Mauer,
Außen mit mächtigstem Heer umgab.

FAUST. Die Gaben, diesen hier verliehen –
An jeglichen ein reiches Land –,
Sind groß und herrlich; lass sie ziehen!
Wir halten in der Mitte stand.

Und sie beschützen um die Wette,
Ringsum von Wellen angehüpft,
Nichtinsel dich, mit leichter Hügelkette
Europens letztem Bergast angeknüpft.

Das Land, vor aller Länder Sonnen,
Sei ewig jedem Stamm beglückt,
Nun meiner Königin gewonnen,
Das früh an ihr hinaufgeblickt,

Als mit Eurotas' Schilfgeflüster
Sie leuchtend aus der Schale brach,
Der hohen Mutter, dem Geschwister
Das Licht der Augen überstach.

Dies Land, allein zu dir gekehret,
Entbietet seinen höchsten Flor;

Dem Erdkreis, der dir angehöret,
Dein Vaterland, o zieh es vor!

Und duldet auch auf seiner Berge Rücken
Das Zackenhaupt der Sonne kalten Pfeil,
Lässt nun der Fels sich angegrünt erblicken,
Die Ziege nimmt genäschig kargen Teil.

Die Quelle springt, vereinigt stürzen Bäche,
Und schon sind Schluchten, Hänge, Matten grün.
Auf hundert Hügeln unterbrochner Fläche
Siehst Wollenherden ausgebreitet ziehn.

Verteilt, vorsichtig abgemessen schreitet
Gehörntes Rind hinan zum jähen Rand;
Doch Obdach ist den sämtlichen bereitet,
Zu hundert Höhlen wölbt sich Felsenwand.

Pan schützt sie dort, und Lebensnymphen wohnen
In buschiger Klüfte feucht erfrischtem Raum,
Und sehnsuchtsvoll nach höhern Regionen
Erhebt sich zweighaft Baum gedrängt an Baum.

Alt-Wälder sind's! Die Eiche starret mächtig,
Und eigensinnig zackt sich Ast an Ast;
Der Ahorn mild, von süßem Safte trächtig,
Steigt rein empor und spielt mit seiner Last.

Und mütterlich im stillen Schattenkreise
Quillt laue Milch bereit für Kind und Lamm;
Obst ist nicht weit, der Ebnen reife Speise,
Und Honig trieft vom ausgehöhlten Stamm.

Hier ist das Wohlbehagen erblich,
Die Wange heitert wie der Mund,
Ein jeder ist an seinem Platz unsterblich:
Sie sind zufrieden und gesund.

Und so entwickelt sich am reinen Tage
Zu Vaterkraft das holde Kind.
Wir staunen drob; noch immer bleibt die Frage:
Ob's Götter, ob es Menschen sind?

So war Apoll den Hirten zugestaltet,
Dass ihm der schönsten einer glich;
Denn wo Natur im reinen Kreise waltet,
Ergreifen alle Welten sich.
(Neben ihr sitzend.)
So ist es mir, so ist es dir gelungen;
Vergangenheit sei hinter uns getan!
O fühle dich vom höchsten Gott entsprungen,
Der ersten Welt gehörst du einzig an.

Nicht feste Burg soll dich umschreiben!
Noch zirkt in ewiger Jugendkraft
Für uns, zu wonnevollem Bleiben,
Arkadien in Spartas Nachbarschaft.

Gelockt, auf sel'gem Grund zu wohnen,
Du flüchtetest ins heiterste Geschick!
Zur Laube wandeln sich die Thronen,
Arkadisch frei sei unser Glück!
(Der Schauplatz verwandelt sich durchaus.
An eine Reihe von Felsenhöhlen lehnen sich geschlossne Lauben.

SCHATTIGER HAIN

bis an die rings umgebende Felsensteile hinan. Faust und Helena werden nicht gesehen. Der Chor liegt schlafend verteilt umher.)

PHORKYAS.
Wie lange Zeit die Mädchen schlafen, weiß ich nicht;
Ob sie sich träumen ließen, was ich hell und klar
Vor Augen sah, ist ebenfalls mir unbekannt.
Drum weck ich sie. Erstaunen soll das junge Volk;
Ihr Bärtigen auch, die ihr da drunten sitzend harrt,
Glaubhafter Wunder Lösung endlich anzuschaun.
Hervor! hervor! Und schüttelt eure Locken rasch!
Schlaf aus den Augen! Blinzt nicht so und hört mich an!

CHOR.
Rede nur, erzähl, erzähle, was sich Wunderlichs begeben!
Hören möchten wir am liebsten, was wir gar nicht glauben können;
Denn wir haben Langeweile, diese Felsen anzusehn.

PHORKYAS. Kaum die Augen ausgerieben, Kinder, langeweilt ihr schon?
So vernehmt: in diesen Höhlen, diesen Grotten, diesen Lauben
Schutz und Schirmung war verliehen, wie idyllischem Liebespaare,

Unserm Herrn und unsrer Frauen.
CHOR. Wie, da drinnen?
PHORKYAS. Abgesondert
Von der Welt, nur mich, die eine, riefen sie zu stillem Dienste.
Hoch geehrt stand ich zur Seite, doch, wie es Vertrauten ziemet,
Schaut' ich um nach etwas andrem. Wendete mich hier- und dorthin,
Suchte Wurzeln, Moos und Rinden, kundig aller Wirksamkeiten,
Und so blieben sie allein.
CHOR.
Tust du doch, als ob da drinnen ganze Weltenräume wären,
Wald und Wiese, Bäche, Seen; welche Märchen spinnst du ab!
PHORKYAS.
Allerdings, ihr Unerfahrnen! das sind unerforschte Tiefen:
Saal an Sälen, Hof an Höfen, diese spürt' ich sinnend aus.
Doch auf einmal ein Gelächter echot in den Höhlenräumen;
Schau ich hin, da springt ein Knabe von der Frauen Schoß zum Manne,
Von dem Vater zu der Mutter; das Gekose, das Getändel,
Töriger Liebe Neckereien, Scherzgeschrei und Lustgejauchze
Wechselnd übertäuben mich.
Nackt, ein Genius ohne Flügel, faunenartig ohne Tierheit,
Springt er auf den festen Boden; doch der Boden gegenwirkend
Schnellt ihn zu der luft'gen Höhe, und im zweiten, dritten Sprunge
Rührt er an das Hochgewölb.
Ängstlich ruft die Mutter: Springe wiederholt und nach Belieben,
Aber hüte dich, zu fliegen, freier Flug ist dir versagt.
Und so mahnt der treue Vater: In der Erde liegt die Schnellkraft,
Die dich aufwärts treibt; berühre mit der Zehe nur den Boden,
Wie der Erdensohn Antäus bist du alsobald gestärkt.
Und so hüpft er auf die Masse dieses Felsens, von der Kante
Zu dem andern und umher, so wie ein Ball geschlagen springt.
Doch auf einmal in der Spalte rauer Schlucht ist er verschwunden,
Und nun scheint er uns verloren. Mutter jammert, Vater tröstet,
Achselzuckend steh ich ängstlich. Doch nun wieder welch Erscheinen!
Liegen Schätze dort verborgen? Blumenstreifige Gewande
Hat er würdig angetan.
Quasten schwanken von den Armen, Binden flattern um den Busen,
In der Hand die goldne Leier, völlig wie ein kleiner Phöbus,

Tritt er wohlgemut zur Kante, zu dem Überhang; wir staunen.
Und die Eltern vor Entzücken werfen wechselnd sich ans Herz.
Denn wie leuchtet's ihm zu Haupten? Was erglänzt, ist schwer zu sagen,
Ist es Goldschmuck, ist es Flamme übermächtiger Geisteskraft?
Und so regt er sich gebärdend, sich als Knabe schon verkündend
Künftigen Meister alles Schönen, dem die ewigen Melodien
Durch die Glieder sich bewegen; und so werdet ihr ihn hören,
Und so werdet ihr ihn sehn zu einzigster Bewunderung.

CHOR. Nennst du ein Wunder dies,
Kretas Erzeugte?
Dichtend belehrendem Wort
Hast du gelauscht wohl nimmer?
Niemals noch gehört Ioniens,
Nie vernommen auch Hellas',
Urväterlicher Sagen
Göttlich-heldenhaften Reichtum?

Alles, was je geschieht
Heutigen Tages,
Trauriger Nachklang ist's
Herrlicher Ahnherrntage;
Nicht vergleicht sich dein Erzählen
Dem, was liebliche Lüge,
Glaubhaftiger als Wahrheit,
Von dem Sohne sang der Maja.

Diesen zierlich und kräftig doch
Kaum geborenen Säugling
Faltet in reinster Windeln Flaum,
Strenget in köstlicher Wickeln Schmuck
Klatschender Wärterinnen Schar
Unvernünftigen Wähnens.
Kräftig und zierlich aber zieht
Schon der Schalk die geschmeidigen
Doch elastischen Glieder
Listig heraus, die purpurne,
Ängstlich drückende Schale
Lassend ruhig an seiner statt;
Gleich dem fertigen Schmetterling,
Der aus starrem Puppenzwang
Flügel entfaltend behändig schlüpft,

Sonnedurchstrahlten Äther kühn
Und mutwillig durchflatternd.

So auch er, der Behändeste,
Dass er Dieben und Schälken,
Vorteilsuchenden allen auch
Ewig günstiger Dämon sei,
Dies betätigt er alsobald
Durch gewandteste Künste.
Schnell des Meeres Beherrscher stiehlt
Er den Trident, ja dem Ares selbst
Schlau das Schwert aus der Scheide;
Bogen und Pfeil dem Phöbus auch,
Wie dem Hephästos die Zange;
Selber Zeus', des Vaters, Blitz
Nähm er, schreckt ihn das Feuer nicht;
Doch dem Eros siegt er ob
In beinstellendem Ringerspiel;
Raubt auch Cyprien, wie sie ihm kost,
Noch vom Busen den Gürtel.

(Ein reizendes, rein melodisches Saitenspiel erklingt aus der Höhle. Alle merken auf und scheinen bald innig gerührt. Von hier an bis zur bemerkten Pause durchaus mit vollstimmiger Musik).

PHORKYAS. Höret allerliebste Klänge,
Macht euch schnell von Fabeln frei!
Eurer Götter alt Gemenge,
Lasst es hin, es ist vorbei.

Niemand will euch mehr verstehen,
Fordern wir doch höhern Zoll:
Denn es muss von Herzen gehen,
Was auf Herzen wirken soll.

(Sie zieht sich nach den Felsen zurück.)

CHOR. Bist du, fürchterliches Wesen,
Diesem Schmeichelton geneigt,
Fühlen wir, als frisch genesen,
Uns zur Tränenlust erweicht.

Lass der Sonne Glanz verschwinden,
Wenn es in der Seele tagt,
Wir im eignen Herzen finden,
Was die ganze Welt versagt.

Helena, Faust, Euphorion in dem oben beschriebenen Kostüm.

EUPHORION. Hört ihr Kindeslieder singen,
Gleich ist's euer eigner Scherz;
Seht ihr mich im Takte springen,
Hüpft euch elterlich das Herz.
HELENA. Liebe, menschlich zu beglücken,
Nähert sie ein edles Zwei,
Doch zu göttlichem Entzücken
Bildet sie ein köstlich Drei.
FAUST. Alles ist sodann gefunden:
Ich bin dein, und du bist mein;
Und so stehen wir verbunden,
Dürft es doch nicht anders sein!
CHOR. Wohlgefallen vieler Jahre
In des Knaben mildem Schein
Sammelt sich auf diesem Paare.
Oh, wie rührt mich der Verein!
EUPHORION. Nun lasst mich hüpfen,
Nun lasst mich springen!
Zu allen Lüften
Hinaufzudringen,
Ist mir Begierde,
Sie fasst mich schon.
FAUST. Nur mäßig! mäßig!
Nicht ins Verwegne,
Dass Sturz und Unfall
Dir nicht begegne,
Zugrund uns richte
Der teure Sohn!
EUPHORION. Ich will nicht länger
Am Boden stocken;
Lasst meine Hände,
Lasst meine Locken,
Lasst meine Kleider!
Sie sind ja mein.
HELENA. O denk! o denke,
Wem du gehörest!
Wie es uns kränke,
Wie du zerstörest
Das schön errungene
Mein, Dein und Sein.
CHOR. Bald löst, ich fürchte,
Sich der Verein!
HELENA UND FAUST. Bändige! bändige

Eltern zuliebe
Überlebendige,
Heftige Triebe!
Ländlich im Stillen
Ziere den Plan.

EUPHORION. Nur euch zu Willen
Halt ich mich an.

(Durch den Chor sich schlingend und ihn zum Tanze fortziehend.)

Leichter umschweb ich hie
Muntres Geschlecht.
Ist nun die Melodie,
Ist die Bewegung recht?

HELENA. Ja, das ist wohl getan;
Führe die Schönen an
Künstlichem Reihn.

FAUST. Wäre das doch vorbei!
Mich kann die Gaukelei
Gar nicht erfreun.

(Euphorion und Chor tanzend und singend bewegen sich in verschlungenem Reihen.)

CHOR. Wenn du der Arme Paar
Lieblich bewegest,
Im Glanz dein lockig Haar
Schüttelnd erregest,
Wenn dir der Fuß so leicht
Über die Erde schleicht,
Dort und da wieder hin
Glieder um Glied sich ziehn,
Hast du dein Ziel erreicht,
Liebliches Kind;
All unsre Herzen sind
All dir geneigt.

(Pause.)

EUPHORION. Ihr seid so viele
Leichtfüßige Rehe;
Zu neuem Spiele
Frisch aus der Nähe!
Ich bin der Jäger,
Ihr seid das Wild.

CHOR. Willst du uns fangen,
Sei nicht behände,
Denn wir verlangen
Doch nur am Ende,

Dich zu umarmen,
Du schönes Bild!

EUPHORION. Nur durch die Haine!
Zu Stock und Steine!
Das leicht Errungene,
Das widert mir,
Nur das Erzwungene
Ergetzt mich schier.

HELENA UND FAUST.
Welch ein Mutwill! welch ein Rasen!
Keine Mäßigung ist zu hoffen.
Klingt es doch wie Hörnerblasen
Über Tal und Wälder dröhnend;
Welch ein Unfug! welch Geschrei!

CHOR *(einzeln schnell eintretend).*
Uns ist er vorbeigelaufen;
Mit Verachtung uns verhöhnend,
Schleppt er von dem ganzen Haufen
Nun die Wildeste herbei.

EUPHORION *(ein junges Mädchen hereintragend).*
Schlepp ich her die derbe Kleine
Zu erzwungenem Genusse;
Mir zur Wonne, mir zur Lust
Drück ich widerspenstige Brust,
Küss ich widerwärtigen Mund,
Tue Kraft und Willen kund.

MÄDCHEN. Lass mich los! In dieser Hülle
Ist auch Geistes Mut und Kraft;
Deinem gleich ist unser Wille
Nicht so leicht hinweggerafft.
Glaubst du wohl mich im Gedränge?
Deinem Arm vertraust du viel!
Halte fest, und ich versenge
Dich, den Toren, mir zum Spiel.
(Sie flammt auf und lodert in die Höhe.)
Folge mir in leichte Lüfte,
Folge mir in starre Grüfte,
Hasche das verschwundne Ziel!

EUPHORION *(die letzten Flammen abschüttelnd).*
Felsengedränge hier
Zwischen dem Waldgebüsch,
Was soll die Enge mir,
Bin ich doch jung und frisch.

Winde, sie sausen ja,
Wellen, sie brausen da;
Hör ich doch beides fern,
Nah wär ich gern.
(Er springt immer höher felsauf.)

HELENA, FAUST UND CHOR.
Wolltest du den Gämsen gleichen?
Vor dem Falle muss uns graun.

EUPHORION. Immer höher muss ich steigen,
Immer weiter muss ich schaun.
Weiß ich nun, wo ich bin!
Mitten der Insel drin,
Mitten in Pelops' Land,
Erde- wie seeverwandt.

CHOR. Magst nicht in Berg und Wald
Friedlich verweilen?
Suchen wir alsobald
Reben in Zeilen,
Reben am Hügelrand,
Feigen und Apfelgold.
Ach in dem holden Land
Bleibe du hold!

EUPHORION. Träumt ihr den Friedenstag?
Träume, wer träumen mag.
Krieg! ist das Losungswort.
Sieg! und so klingt es fort.

CHOR. Wer im Frieden
Wünschet sich Krieg zurück,
Der ist geschieden
Vom Hoffnungsglück.

EUPHORION. Welche dies Land gebar
Aus Gefahr in Gefahr,
Frei, unbegrenzten Muts,
Verschwendrisch eignen Bluts,
Den nicht zu dämpfenden
Heiligen Sinn,
Alle den Kämpfenden
Bring es Gewinn!

CHOR. Seht hinauf, wie hoch gestiegen!
Und er scheint uns doch nicht klein:
Wie im Harnisch, wie zum Siegen,
Wie von Erz und Stahl der Schein.

EUPHORION. Keine Wälle, keine Mauern,

Jeder nur sich selbst bewusst;
Feste Burg, um auszudauern,
Ist des Mannes ehrne Brust.
Wollt ihr unerobert wohnen,
Leicht bewaffnet rasch ins Feld;
Frauen werden Amazonen
Und ein jedes Kind ein Held.

CHOR. Heilige Poesie,
Himmelan steige sie!
Glänze, der schönste Stern,
Fern und so weiter fern!
Und sie erreicht uns doch
Immer, man hört sie noch,
Vernimmt sie gern.

EUPHORION. Nein, nicht ein Kind bin ich erschienen,
In Waffen kommt der Jüngling an;
Gesellt zu Starken, Freien, Kühnen,
Hat er im Geiste schon getan.
Nun fort!
Nun dort
Eröffnet sich zum Ruhm die Bahn.

HELENA UND FAUST.
Kaum ins Leben eingerufen,
Heitrem Tag gegeben kaum,
Sehnest du von Schwindelstufen
Dich zu schmerzenvollem Raum.
Sind denn wir
Gar nichts dir?
Ist der holde Bund ein Traum?

EUPHORION. Und hört ihr donnern auf dem Meere?
Dort widerdonnern Tal um Tal,
In Staub und Wellen, Heer dem Heere,
In Drang um Drang, zu Schmerz und Qual.
Und der Tod
Ist Gebot,
Das versteht sich nun einmal.

HELENA, FAUST UND CHOR.
Welch Entsetzen! welches Grauen!
Ist der Tod denn dir Gebot?

EUPHORION. Sollt ich aus der Ferne schauen?
Nein! ich teile Sorg und Not.

DIE VORIGEN. Übermut und Gefahr,
Tödliches Los!

EUPHORION. Doch! – und ein Flügelpaar
Faltet sich los!
Dorthin! Ich muss! ich muss!
Gönnt mir den Flug!

(Er wirft sich in die Lüfte, die Gewande tragen ihn einen Augenblick, sein Haupt strahlt, ein Lichtschweif zieht nach.)

CHOR. Ikarus! Ikarus!
Jammer genug.

(Ein schöner Jüngling stürzt zu der Eltern Füßen, man glaubt in dem Toten eine bekannte Gestalt zu erblicken; doch das Körperliche verschwindet sogleich, die Aureole steigt wie ein Komet zum Himmel auf, Kleid, Mantel und Lyra bleiben liegen.)

HELENA UND FAUST. Der Freude folgt sogleich
Grimmige Pein.

EUPHORIONS STIMME *(aus der Tiefe).*
Lass mich im düstern Reich,
Mutter, mich nicht allein! *(Pause.)*

CHOR *(Trauergesang).*
Nicht allein! – wo du auch weilest,
Denn wir glauben dich zu kennen;
Ach! wenn du dem Tag enteilest,
Wird kein Herz von dir sich trennen.
Wüssten wir doch kaum zu klagen,
Neidend singen wir dein Los:
Dir in klar- und trüben Tagen
Lied und Mut war schön und groß.

Ach! zum Erdenglück geboren,
Hoher Ahnen, großer Kraft,
Leider früh dir selbst verloren,
Jugendblüte weggerafft!
Scharfer Blick, die Welt zu schauen,
Mitsinn jedem Herzensdrang,
Liebesglut der besten Frauen
Und ein eigenster Gesang.

Doch du ranntest unaufhaltsam
Frei ins willenlose Netz,
So entzweitest du gewaltsam
Dich mit Sitte, mit Gesetz;
Doch zuletzt das höchste Sinnen
Gab dem reinen Mut Gewicht,

Wolltest Herrliches gewinnen,
Aber es gelang dir nicht.

Wem gelingt es? – Trübe Frage,
Der das Schicksal sich vermummt,
Wenn am unglückseligsten Tage
Blutend alles Volk verstummt.
Doch erfrischet neue Lieder,
Steht nicht länger tief gebeugt:
Denn der Boden zeugt sie wieder,
Wie von je er sie gezeugt.
(Völlige Pause. Die Musik hört auf.)

HELENA *(zu Faust).*
Ein altes Wort bewährt sich leider auch an mir:
Dass Glück und Schönheit dauerhaft sich nicht vereint.
Zerrissen ist des Lebens wie der Liebe Band;
Bejammernd beide, sag ich schmerzlich Lebewohl
Und werfe mich noch einmal in die Arme dir.
Persephoneia, nimm den Knaben auf und mich!
(Sie umarmt Faust, das Körperliche verschwindet, Kleid und Schleier bleiben ihm in den Armen.)

PHORKYAS *(zu Faust).*
Halte fest, was dir von allem übrig blieb.
Das Kleid, lass es nicht los. Da zupfen schon
Dämonen an den Zipfeln, möchten gern
Zur Unterwelt es reißen. Halte fest!
Die Göttin ist's nicht mehr, die du verlorst,
Doch göttlich ist's. Bediene dich der hohen,
Unschätzbaren Gunst und hebe dich empor:
Es trägt dich über alles Gemeine rasch
Am Äther hin, so lange du dauern kannst.
Wir sehn uns wieder, weit, gar weit von hier.
(Helenens Gewande lösen sich in Wolken auf, umgeben Faust, heben ihn in die Höhe und ziehen mit ihm vorüber.)

PHORKYAS *(nimmt Euphorions Kleid, Mantel und Lyra von der Erde, tritt ins Proszenium, hebt die Exuvien in die Höhe und spricht):*
Noch immer glücklich aufgefunden!
Die Flamme freilich ist verschwunden,
Doch ist mir um die Welt nicht leid.
Hier bleibt genug, Poeten einzuweihen,
Zu stiften Gild- und Handwerksneid;
Und kann ich die Talente nicht verleihen,

Verborg ich wenigstens das Kleid.
(Sie setzt sich im Proszenium an eine Säule nieder.)

PANTHALIS.
Nun eilig, Mädchen! Sind wir doch den Zauber los,
Der alt-thessalischen Vettel wüsten Geisteszwang,
So des Geklimpers viel verworrner Töne Rausch,
Das Ohr verwirrend, schlimmer noch den innern Sinn.
Hinab zum Hades! Eilte doch die Königin
Mit ernstem Gang hinunter. Ihrer Sohle sei
Unmittelbar getreuer Mägde Schritt gefügt.
Wir finden sie am Throne der Unerforschlichen.

CHOR. Königinnen freilich, überall sind sie gern;
Auch im Hades stehen sie obenan,
Stolz zu ihresgleichen gesellt,
Mit Persephonen innigst vertraut;
Aber wir im Hintergrunde
Tiefer Asphodelos-Wiesen,
Lang gestreckten Pappeln,
Unfruchtbaren Weiden zugesellt,
Welchen Zeitvertreib haben wir?
Fledermausgleich zu piepsen,
Geflüster, unerfreulich, gespenstig.

PANTHALIS. Wer keinen Namen sich erwarb noch Edles will,
Gehört den Elementen an; so fahret hin!
Mit meiner Königin zu sein, verlangt mich heiß;
Nicht nur Verdienst, auch Treue wahrt uns die Person. *(Ab.)*

ALLE. Zurückgegeben sind wir dem Tageslicht,
Zwar Personen nicht mehr,
Das fühlen, das wissen wir,
Aber zum Hades kehren wir nimmer.
Ewig lebendige Natur
Macht auf uns Geister,
Wir auf sie vollgültigen Anspruch.

EIN TEIL DES CHORS.
Wir in dieser tausend Äste Flüsterzittern, Säuselschweben
Reizen tändlend, locken leise wurzelauf des Lebens Quellen
Nach den Zweigen; bald mit Blättern, bald mit Blüten überschwänglich
Zieren wir die Flatterhaare frei zu luftigem Gedeihn.
Fällt die Frucht, sogleich versammeln lebenslustig Volk und Herden
Sich zum Greifen, sich zum Naschen, eilig kommend, emsig drängend;

Und wie vor den ersten Göttern bückt sich alles um uns her.
EIN ANDRER TEIL.
Wir, an dieser Felsenwände weithinleuchtend glattem Spiegel
Schmiegen wir, in sanften Wellen uns bewegend, schmeichelnd an;
Horchen, lauschen jedem Laute, Vogelsängen, Röhrigflöten,
Sei es Pans furchtbarer Stimme, Antwort ist sogleich bereit;
Säuselt's, säuseln wir erwidernd, donnert's, rollen unsre Donner
In erschütterndem Verdoppeln, dreifach, zehnfach hintennach.
EIN DRITTER TEIL.
Schwestern! Wir, bewegtern Sinnes, eilen mit den Bächen weiter;
Denn es reizen jener Ferne reich geschmückte Hügelzüge.
Immer abwärts, immer tiefer wässern wir, mäandrisch wallend,
Jetzt die Wiese, dann die Matten, gleich den Garten um das Haus.
Dort bezeichnen's der Zypressen schlanke Wipfel, über Landschaft,
Uferzug und Wellenspiegel nach dem Äther steigende.
EIN VIERTER TEIL.
Wallt ihr andern, wo's beliebet; wir umzingeln, wir umrauschen
Den durchaus bepflanzten Hügel, wo am Stab die Rebe grünt;
Dort zu aller Tage Stunden lässt die Leidenschaft des Winzers
Uns des liebevollsten Fleißes zweifelhaft Gelingen sehn.
Bald mit Hacke, bald mit Spaten, bald mit Häufeln, Schneiden, Binden
Betet er zu allen Göttern, fördersamst zum Sonnengott.
Bacchus kümmert sich, der Weichling, wenig um den treuen Diener,
Ruht in Lauben, lehnt in Höhlen, faselnd mit dem jüngsten Faun.
Was zu seiner Träumereien halbem Rausch er je bedurfte,
Immer bleibt es ihm in Schläuchen, ihm in Krügen und Gefäßen,
Rechts und links der kühlen Grüfte, ewige Zeiten aufbewahrt.
Haben aber alle Götter, hat nun Helios vor allen,
Lüftend, feuchtend, wärmend, glutend, Beeren-Füllhorn aufgehäuft,
Wo der stille Winzer wirkte, dort auf einmal wird's lebendig,
Und es rauscht in jedem Laube, raschelt um von Stock zu Stock.
Körbe knarren, Eimer klappern, Tragebutten ächzen hin,

Alles nach der großen Kufe zu der Keltrer kräft'gem Tanz;
Und so wird die heilige Fülle rein geborner saftiger Beeren
Frech zertreten, schäumend, sprühend mischt sich's, widerlich zerquetscht.
Und nun gellt ins Ohr der Zimbeln mit der Becken Erzgetöne,
Denn es hat sich Dionysos aus Mysterien enthüllt;
Kommt hervor mit Ziegenfüßlern, schwenkend Ziegenfüßlerinnen,
Und dazwischen schreit unbändig grell Silenus' öhrig Tier.
Nichts geschont! Gespaltne Klauen treten alle Sitte nieder,
Alle Sinne wirbeln taumlich, grässlich übertäubt das Ohr.
Nach der Schale tappen Trunkne, überfüllt sind Kopf und Wänste,
Sorglich ist noch ein und andrer, doch vermehrt er die Tumulte,
Denn um neuen Most zu bergen, leert man rasch den alten Schlauch!

(Der Vorhang fällt. Phorkyas im Proszenium richtet sich riesenhaft auf, tritt aber von den Kothurnen herunter, lehnt Maske und Schleier zurück und zeigt sich als Mephistopheles, um, insofern es nötig wäre, im Epilog das Stück zu kommentieren.)

VIERTER AKT

HOCHGEBIRG

starke zackige Felsengipfel

Eine Wolke zieht herbei, lehnt sich an, senkt sich auf eine vorstehende Platte herab. Sie teilt sich.

FAUST *(tritt hervor).*
Der Einsamkeiten tiefste schauend unter meinem Fuß,
Betret ich wohlbedächtig dieser Gipfel Saum,
Entlassend meiner Wolke Tragewerk, die mich sanft
An klaren Tagen über Land und Meer geführt.
Sie löst sich langsam, nicht zerstiebend, von mir ab.
Nach Osten strebt die Masse mit geballtem Zug,
Ihr strebt das Auge staunend in Bewundrung nach.
Sie teilt sich wandelnd, wogenhaft, veränderlich.
Doch will sich's modeln. – Ja! das Auge trügt mich nicht! –
Auf sonnbeglänzten Pfühlen herrlich hingestreckt,
Zwar riesenhaft, ein göttergleiches Fraungebild,
Ich seh's! Junonen ähnlich, Leda'n, Helenen,
Wie majestätisch lieblich mir's im Auge schwankt.
Ach! schon verrückt sich's! Formlos breit und aufgetürmt
Ruht es in Osten, fernen Eisgebirgen gleich,
Und spiegelt blendend flücht'ger Tage großen Sinn.

Doch mir umschwebt ein zarter lichter Nebelstreif
Noch Brust und Stirn, erheiternd, kühl und schmeichelhaft.
Nun steigt es leicht und zaudernd hoch und höher auf,
Fügt sich zusammen. – Täuscht mich ein entzückend Bild,
Als jugenderstes, längstentbehrtes höchstes Gut?
Des tiefsten Herzens frühste Schätze quellen auf:
Aurorens Liebe, leichten Schwungs bezeichnet's mir,
Den schnell empfundnen, ersten, kaum verstandnen Blick,
Der, festgehalten, überglänzte jeden Schatz.
Wie Seelenschönheit steigert sich die holde Form,
Löst sich nicht auf, erhebt sich in den Äther hin
Und zieht das Beste meines Innern mit sich fort.
(Ein Siebenmeilenstiefel tappt auf. Ein anderer folgt alsbald. Mephistopheles steigt ab. Die Stiefel schreiten eilig weiter.)

MEPHISTOPHELES. Das heiß ich endlich vorgeschritten!
Nun aber sag, was fällt dir ein?

Steigst ab in solcher Gräuel Mitten,
Im grässlich gähnenden Gestein?
Ich kenn es wohl, doch nicht an dieser Stelle,
Denn eigentlich war das der Grund der Hölle.

FAUST. Es fehlt dir nie an närrischen Legenden;
Fängst wieder an, dergleichen auszuspenden.

MEPHISTOPHELES *(ernsthaft).*
Als Gott der Herr – ich weiß auch wohl, warum –
Uns aus der Luft in tiefste Tiefen bannte,
Da, wo zentralisch glühend, um und um,
Ein ewig Feuer flammend sich durchbrannte,
Wir fanden uns bei allzu großer Hellung
In sehr gedrängter, unbequemer Stellung.
Die Teufel fingen sämtlich an zu husten,
Von oben und von unten aus zu pusten;
Die Hölle schwoll von Schwefelstank und -säure,
Das gab ein Gas! Das ging ins Ungeheure,
Sodass gar bald der Länder flache Kruste,
So dick sie war, zerkrachend bersten musste.
Nun haben wir's an einem andern Zipfel,
Was ehmals Grund war, ist nun Gipfel.
Sie gründen auch hierauf die rechten Lehren,
Das Unterste ins Oberste zu kehren.
Denn wir entrannen knechtisch-heißer Gruft
Ins Übermaß der Herrschaft freier Luft.
Ein offenbar Geheimnis, wohl verwahrt,
Und wird nur spät den Völkern offenbart. *(Ephes. 6, 12.)*

FAUST. Gebirgesmasse bleibt mir edel-stumm,
Ich frage nicht woher und nicht warum.
Als die Natur sich in sich selbst gegründet,
Da hat sie rein den Erdball abgeründet,
Der Gipfel sich, der Schluchten sich erfreut
Und Fels an Fels und Berg an Berg gereiht,
Die Hügel dann bequem hinabgebildet,
Mit sanftem Zug sie in das Tal gemildet.
Da grünt's und wächst's, und um sich zu erfreuen,
Bedarf sie nicht der tollen Strudeleien.

MEPHISTOPHELES.
Das sprecht Ihr so! Das scheint Euch sonnenklar;
Doch weiß es anders, der zugegen war.
Ich war dabei, als noch da drunten siedend
Der Abgrund schwoll und strömend Flammen trug;
Als Molochs Hammer, Fels an Felsen schmiedend,

Gebirgestrümmer in die Ferne schlug.
Noch starrt das Land von fremden Zentnermassen;
Wer gibt Erklärung solcher Schleudermacht?
Der Philosoph, er weiß es nicht zu fassen,
Da liegt der Fels, man muss ihn liegen lassen,
Zuschanden haben wir uns schon gedacht. –
Das treu-gemeine Volk allein begreift
Und lässt sich im Begriff nicht stören;
Ihm ist die Weisheit längst gereift:
Ein Wunder ist's, der Satan kommt zu Ehren.
Mein Wandrer hinkt an seiner Glaubenskrücke
Zum Teufelsstein, zur Teufelsbrücke.

FAUST. Es ist doch auch bemerkenswert zu achten,
Zu sehn, wie Teufel die Natur betrachten.

MEPHISTOPHELES. Was geht mich's an! Natur sei, wie sie sei!
's ist Ehrenpunkt: der Teufel war dabei!
Wir sind die Leute, Großes zu erreichen;
Tumult, Gewalt und Unsinn! sieh das Zeichen! –
Doch, dass ich endlich ganz verständlich spreche,
Gefiel dir nichts an unsrer Oberfläche?
Du übersahst, in ungemessnen Weiten,
Die Reiche der Welt und ihre Herrlichkeiten. *(Matth. 4.)*
Doch, ungenügsam, wie du bist,
Empfandest du wohl kein Gelüst?

FAUST. Und doch! ein Großes zog mich an.
Errate!

MEPHISTOPHELES. Das ist bald getan.
Ich suchte mir so eine Hauptstadt aus,
Im Kerne Bürger-Nahrungs-Graus,
Krummenge Gässchen, spitze Giebeln,
Beschränkten Markt, Kohl, Rüben, Zwiebeln;
Fleischbänke, wo die Schmeißen hausen,
Die fetten Braten anzuschmausen;
Da findest du zu jeder Zeit
Gewiss Gestank und Tätigkeit.
Dann weite Plätze, breite Straßen,
Vornehmen Schein sich anzumaßen;
Und endlich, wo kein Tor beschränkt,
Vorstädte grenzenlos verlängt.
Da freut' ich mich an Rollekutschen,
Am lärmigen Hin- und Widerrutschen,
Am ewigen Hin- und Widerlaufen
Zerstreuter Ameis-Wimmelhaufen.

Und wenn ich führe, wenn ich ritte,
Erschien, ich immer ihre Mitte,
Von Hunderttausenden verehrt.
FAUST. Das kann mich nicht zufrieden stellen.
Man freut sich, dass das Volk sich mehrt,
Nach seiner Art behäglich nährt,
Sogar sich bildet, sich belehrt –
Und man erzieht sich nur Rebellen.
MEPHISTOPHELES.
Dann baut' ich, grandios, mir selbst bewusst,
Am lustigen Ort ein Schloss zur Lust.
Wald, Hügel, Flächen, Wiesen, Feld
Zum Garten prächtig umbestellt.
Vor grünen Wänden Sammetmatten,
Schnurwege, kunstgerechte Schatten,
Kaskadensturz, durch Fels zu Fels gepaart,
Und Wasserstrahlen aller Art;
Ehrwürdig steigt es dort, doch an den Seiten
Da zischt's und pisst's in tausend Kleinigkeiten.
Dann aber ließ ich allerschönsten Frauen
Vertraut-bequeme Häuslein bauen;
Verbrächte da grenzenlose Zeit
In allerliebst-geselliger Einsamkeit.
Ich sage Fraun; denn ein für alle Mal
Denk ich die Schönen im Plural.
FAUST. Schlecht und modern! Sardanapal!
MEPHISTOPHELES. Errät man wohl, wornach du strebtest?
Es war gewiss erhaben kühn.
Der du dem Mond um so viel näher schwebtest,
Dich zog wohl deine Sucht dahin?
FAUST. Mitnichten! dieser Erdenkreis
Gewährt noch Raum zu großen Taten.
Erstaunenswürdiges soll geraten,
Ich fühle Kraft zu kühnem Fleiß.
MEPHISTOPHELES. Und also willst du Ruhm verdienen?
Man merkt's, du kommst von Heroinen.
FAUST. Herrschaft gewinn ich, Eigentum!
Die Tat ist alles, nichts der Ruhm.
MEPHISTOPHELES. Doch werden sich Poeten finden,
Der Nachwelt deinen Glanz zu künden,
Durch Torheit Torheit zu entzünden.
FAUST. Von allem ist dir nichts gewährt.
Was weißt du, was der Mensch begehrt?

Dein widrig Wesen, bitter, scharf,
Was weiß es, was der Mensch bedarf?

MEPHISTOPHELES. Geschehe denn nach deinem Willen!
Vertraue mir den Umfang deiner Grillen.

FAUST. Mein Auge war aufs hohe Meer gezogen;
Es schwoll empor, sich in sich selbst zu türmen,
Dann ließ es nach und schüttete die Wogen,
Des flachen Ufers Breite zu bestürmen.
Und das verdross mich; wie der Übermut
Den freien Geist, der alle Rechte schätzt,
Durch leidenschaftlich aufgeregtes Blut
Ins Missbehagen des Gefühls versetzt.
Ich hielt's für Zufall, schärfte meinen Blick:
Die Woge stand und rollte dann zurück,
Entfernte sich vom stolz erreichten Ziel;
Die Stunde kommt, sie wiederholt das Spiel.

MEPHISTOPHELES *(ad spectatores).*
Da ist für mich nichts Neues zu erfahren,
Das kenn ich schon seit hunderttausend Jahren.

FAUST *(leidenschaftlich fortfahrend).*
Sie schleicht heran, an abertausend Enden,
Unfruchtbar selbst, Unfruchtbarkeit zu spenden;
Nun schwillt's und wächst und rollt und überzieht
Der wüsten Strecke widerlich Gebiet.
Da herrschet Well auf Welle kraftbegeistet,
Zieht sich zurück, und es ist nichts geleistet,
Was zur Verzweiflung mich beängstigen könnte!
Zwecklose Kraft unbändiger Elemente!
Da wagt mein Geist, sich selbst zu überfliegen;
Hier möcht ich kämpfen, dies möcht ich besiegen.

Und es ist möglich! – Flutend wie sie sei,
An jedem Hügel schmiegt sie sich vorbei;
Sie mag sich noch so übermütig regen,
Geringe Höhe ragt ihr stolz entgegen,
Geringe Tiefe zieht sie mächtig an.
Da fasst' ich schnell im Geiste Plan auf Plan:
Erlange dir das köstliche Genießen,
Das herrische Meer vom Ufer auszuschließen,
Der feuchten Breite Grenzen zu verengen
Und, weit hinein, sie in sich selbst zu drängen.
Von Schritt zu Schritt wusst' ich mir's zu erörtern;
Das ist mein Wunsch, den wage zu befördern!

(Trommeln und kriegerische Musik im Rücken der Zuschauer, aus der Ferne, von der rechten Seite her.)

MEPHISTOPHELES.
Wie leicht ist das! Hörst du die Trommeln fern?
FAUST.
Schon wieder Krieg! der Kluge hört's nicht gern.
MEPHISTOPHELES.
Krieg oder Frieden. Klug ist das Bemühen,
Zu seinem Vorteil etwas auszuziehen.
Man passt, man merkt auf jedes günstige Nu.
Gelegenheit ist da, nun, Fauste, greife zu!
FAUST. Mit solchem Rätselkram verschone mich!
Und kurz und gut, was soll's? Erkläre dich.
MEPHISTOPHELES.
Auf meinem Zuge blieb mir nicht verborgen:
Der gute Kaiser schwebt in großen Sorgen.
Du kennst ihn ja. Als wir ihn unterhielten,
Ihm falschen Reichtum in die Hände spielten,
Da war die ganze Welt ihm feil.
Denn jung ward ihm der Thron zuteil,
Und ihm beliebt' es, falsch zu schließen,
Es könne wohl zusammengehn
Und sei recht wünschenswert und schön:
Regieren und zugleich genießen.
FAUST. Ein großer Irrtum. Wer befehlen soll,
Muss im Befehlen Seligkeit empfinden.
Ihm ist die Brust von hohem Willen voll,
Doch was er will, es darf's kein Mensch ergründen.
Was er den Treusten in das Ohr geraunt,
Es ist getan, und alle Welt erstaunt.
So wird er stets der Allerhöchste sein,
Der Würdigste –; Genießen macht gemein.
MEPHISTOPHELES. So ist er nicht. Er selbst genoss, und wie!
Indes zerfiel das Reich in Anarchie,
Wo Groß und Klein sich kreuz und quer befehdeten
Und Brüder sich vertrieben, töteten,
Burg gegen Burg, Stadt gegen Stadt,
Zunft gegen Adel Fehde hat,
Der Bischof mit Kapitel und Gemeinde;
Was sich nur ansah, waren Feinde.
In Kirchen Mord und Totschlag, vor den Toren
Ist jeder Kauf- und Wandersmann verloren.
Und allen wuchs die Kühnheit nicht gering;

Denn leben hieß sich wehren. – Nun, das ging.
FAUST. Es ging – es hinkte, fiel, stand wieder auf,
Dann überschlug sich's, rollte plump zuhauf.
MEPHISTOPHELES.
Und solchen Zustand durfte niemand schelten,
Ein jeder konnte, jeder wollte gelten.
Der Kleinste selbst, er galt für voll.
Doch war's zuletzt den Besten allzu toll.
Die Tüchtigen, sie standen auf mit Kraft
Und sagten: Herr ist, der uns Ruhe schafft.
Der Kaiser kann's nicht, will's nicht – lasst uns wählen,
Den neuen Kaiser neu das Reich beseelen,
Indem er jeden sicher stellt,
In einer frisch geschaffnen Welt
Fried und Gerechtigkeit vermählen.
FAUST. Das klingt sehr pfäffisch.
MEPHISTOPHELES. Pfaffen waren's auch,
Sie sicherten den wohlgenährten Bauch.
Sie waren mehr als andere beteiligt.
Der Aufruhr schwoll, der Aufruhr ward geheiligt;
Und unser Kaiser, den wir froh gemacht.
Zieht sich hieher, vielleicht zur letzten Schlacht.
FAUST. Er jammert mich; er war so gut und offen.
MEPHISTOPHELES.
Komm, sehn wir zu! der Lebende soll hoffen.
Befrein wir ihn aus diesem engen Tale!
Einmal gerettet, ist's für tausend Male.
Wer weiß, wie noch die Würfel fallen?
Und hat er Glück, so hat er auch Vasallen.

(Sie steigen über das Mittelgebirg herüber und beschauen die Anordnung des Heeres im Tal. Trommeln und Kriegsmusik schallt von unten auf.)

MEPHISTOPHELES.
Die Stellung, seh ich, gut ist sie genommen;
Wir treten zu, dann ist der Sieg vollkommen.
FAUST. Was kann da zu erwarten sein?
Trug! Zauberblendwerk! Hohler Schein.
MEPHISTOPHELES. Kriegslist, um Schlachten zu gewinnen!
Befestige dich bei großen Sinnen,
Indem du deinen Zweck bedenkst.
Erhalten wir dem Kaiser Thron und Lande,
So kniest du nieder und empfängst
Die Lehn von grenzenlosem Strande.

FAUST. Schon manches hast du durchgemacht,
Nun, so gewinn auch eine Schlacht!
MEPHISTOPHELES. Nein, du gewinnst sie! Dieses Mal
Bist du der Obergeneral.
FAUST. Das wäre mir die rechte Höhe,
Da zu befehlen, wo ich nichts verstehe!
MEPHISTOPHELES. Lass du den Generalstab sorgen,
Und der Feldmarschall ist geborgen.
Kriegsunrat hab ich längst verspürt,
Den Kriegsrat gleich voraus formiert
Aus Urgebirgs Urmenschenkraft;
Wohl dem, der sie zusammenrafft.
FAUST. Was seh ich dort, was Waffen trägt?
Hast du das Bergvolk aufgeregt?
MEPHISTOPHELES. Nein! aber, gleich Herrn Peter Squenz,
Vom ganzen Prass die Quintessenz.
Die drei Gewaltigen treten auf. (Sam. II, 23, 8.)
MEPHISTOPHELES. Da kommen meine Bursche ja!
Du siehst, von sehr verschiednen Jahren,
Verschiednem Kleid und Rüstung sind sie da;
Du wirst nicht schlecht mit ihnen fahren.
(Ad spectatores.) Es liebt sich jetzt ein jedes Kind
Den Harnisch und den Ritterkragen;
Und, allegorisch wie die Lumpe sind,
Sie werden nur um desto mehr behagen.
RAUFEBOLD *(jung, leicht bewaffnet, bunt gekleidet).*
Wenn einer mir ins Auge sieht,
Werd ich ihm mit der Faust gleich in die Fresse fahren,
Und eine Memme, wenn sie flieht,
Fass ich bei ihren letzten Haaren.
HABEBALD *(männlich, wohl bewaffnet, reich gekleidet).*
So leere Händel, das sind Possen,
Damit verdirbt man seinen Tag;
Im Nehmen sei nur unverdrossen,
Nach allem andern frag hernach.
HALTEFEST *(bejahrt, stark bewaffnet, ohne Gewand).*
Damit ist auch nicht viel gewonnen!
Bald ist ein großes Gut zerronnen,
Es rauscht im Lebensstrom hinab.
Zwar nehmen ist recht gut, doch besser ist's, behalten;
Lass du den grauen Kerl nur walten,
Und niemand nimmt dir etwas ab.
(Sie steigen allzusammen tiefer.)

AUF DEM VORGEBIRG

Trommeln und kriegerische Musik von unten.
Des Kaisers Zelt wird aufgeschlagen.

Kaiser. Obergeneral. Trabanten.

OBERGENERAL.
Noch immer scheint der Vorsatz wohlerwogen,
Dass wir in dies gelegene Tal
Das ganze Heer gedrängt zurückgezogen;
Ich hoffe fest, uns glückt die Wahl.
KAISER. Wie es nun geht, es muss sich zeigen;
Doch mich verdrießt die halbe Flucht, das Weichen.
OBERGENERAL.
Schau hier, mein Fürst, auf unsre rechte Flanke!
Solch ein Terrain wünscht sich der Kriegsgedanke:
Nicht steil die Hügel, doch nicht allzu gänglich,
Den Unsern vorteilhaft, dem Feind verfänglich;
Wir, halb versteckt, auf wellenförmigem Plan;
Die Reiterei, sie wagt sich nicht heran.
KAISER. Mir bleibt nichts übrig, als zu loben;
Hier kann sich Arm und Brust erproben.
OBERGENERAL.
Hier, auf der Mittelwiese flachen Räumlichkeiten,
Siehst du den Phalanx, wohlgemut zu streiten.
Die Piken blinken flimmernd in der Luft,
Im Sonnenglanz, durch Morgennebelduft.
Wie dunkel wogt das mächtige Quadrat!
Zu Tausenden glüht's hier auf große Tat.
Du kannst daran der Masse Kraft erkennen,
Ich trau ihr zu, der Feinde Kraft zu trennen.
KAISER. Den schönen Blick hab ich zum ersten Mal.
Ein solches Heer gilt für die Doppelzahl.
OBERGENERAL.
Von unsrer Linken hab ich nichts zu melden,
Den starren Fels besetzen wackere Helden,
Das Steingeklipp, das jetzt von Waffen blitzt,
Den wichtigen Pass der engen Klause schützt.
Ich ahne schon, hier scheitern Feindeskräfte
Unvorgesehn im blutigen Geschäfte.
KAISER. Dort ziehn sie her, die falschen Anverwandten,
Wie sie mich Oheim, Vetter, Bruder nannten,

Sich immer mehr und wieder mehr erlaubten,
Dem Zepter Kraft, dem Thron Verehrung raubten,
Dann, unter sich entzweit, das Reich verheerten
Und nun gesamt sich gegen mich empörten.
Die Menge schwankt im ungewissen Geist,
Dann strömt sie nach, wohin der Strom sie reißt.

OBERGENERAL.
Ein treuer Mann, auf Kundschaft ausgeschickt,
Kommt eilig felsenab; sei's ihm geglückt!

ERSTER KUNDSCHAFTER.
Glücklich ist sie uns gelungen,
Listig, mutig, unsre Kunst,
Dass wir hin und her gedrungen;
Doch wir bringen wenig Gunst.
Viele schwören reine Huldigung
Dir, wie manche treue Schar;
Doch Untätigkeits-Entschuldigung:
Innere Gärung, Volksgefahr.

KAISER. Sich selbst erhalten bleibt der Selbstsucht Lehre,
Nicht Dankbarkeit und Neigung, Pflicht und Ehre.
Bedenkt ihr nicht, wenn eure Rechnung voll,
Dass Nachbars Hausbrand euch verzehren soll?

OBERGENERAL.
Der zweite kommt, nur langsam steigt er nieder,
Dem müden Manne zittern alle Glieder.

ZWEITER KUNDSCHAFTER.
Erst gewahrten wir vergnüglich
Wilden Wesens irren Lauf;
Unerwartet, unverzüglich
Trat ein neuer Kaiser auf.
Und auf vorgeschriebnen Bahnen
Zieht die Menge durch die Flur;
Den entrollten Lügenfahnen
Folgen alle. – Schafsnatur!

KAISER. Ein Gegenkaiser kommt mir zum Gewinn:
Nun fühl ich erst, dass ich der Kaiser bin.
Nur als Soldat legt' ich den Harnisch an,
Zu höherm Zweck ist er nun umgetan.
Bei jedem Fest, wenn's noch so glänzend war,
Nichts ward vermisst, mir fehlte die Gefahr.
Wie ihr auch seid, zum Ringspiel rietet ihr,
Mir schlug das Herz, ich atmete Turnier;
Und hättet ihr mir nicht vom Kriegen abgeraten,

Jetzt glänzt' ich schon in lichten Heldentaten.
Selbständig fühlt' ich meine Brust besiegelt,
Als ich mich dort im Feuerreich bespiegelt;
Das Element drang grässlich auf mich los,
Es war nur Schein, allein der Schein war groß.
Von Sieg und Ruhm hab ich verwirrt geträumt;
Ich bringe nach, was frevelhaft versäumt.

(Die Herolde werden abgefertigt zu Herausforderung des Gegenkaisers.
Faust geharnischt, mit halbgeschlossnem Helme.
Die drei Gewaltigen gerüstet und gekleidet wie oben.)

FAUST. Wir treten auf und hoffen, ungescholten;
Auch ohne Not hat Vorsicht wohl gegolten.
Du weißt, das Bergvolk denkt und simuliert,
Ist in Natur- und Felsenschrift studiert.
Die Geister, längst dem flachen Land entzogen,
Sind mehr als sonst dem Felsgebirg gewogen.
Sie wirken still durch labyrinthische Klüfte
Im edlen Gas metallisch reicher Düfte;
In stetem Sondern, Prüfen und Verbinden
Ihr einziger Trieb ist, Neues zu erfinden.
Mit leisem Finger geistiger Gewalten
Erbauen sie durchsichtige Gestalten;
Dann im Kristall und seiner ewigen Schweignis
Erblicken sie der Oberwelt Ereignis.

KAISER. Vernommen hab ich's, und ich glaube dir;
Doch, wackrer Mann, sag an: was soll das hier?

FAUST. Der Nekromant von Norcia, der Sabiner,
Ist dein getreuer, ehrenhafter Diener.
Welch gräulich Schicksal droht' ihm ungeheuer!
Das Reisig prasselte, schon züngelte das Feuer;
Die trocknen Scheite, ringsumher verschränkt,
Mit Pech und Schwefelruten untermengt;
Nicht Mensch, noch Gott, noch Teufel konnte retten,
Die Majestät zersprengte glühende Ketten.
Dort war's in Rom. Er bleibt dir hoch verpflichtet,
Auf deinen Gang in Sorge stets gerichtet.
Von jener Stund an ganz vergaß er sich,
Er fragt den Stern, die Tiefe nur für dich.
Er trug uns auf, als eiligstes Geschäfte,
Bei dir zu stehn. Groß sind des Berges Kräfte;
Da wirkt Natur so übermächtig frei,
Der Pfaffen Stumpfsinn schilt es Zauberei.

KAISER. Am Freudentag, wenn wir die Gäste grüßen,
Die heiter kommen, heiter zu genießen,
Da freut uns jeder, wie er schiebt und drängt
Und, Mann für Mann, der Säle Raum verengt.
Doch höchst willkommen muss der Biedre sein,
Tritt er als Beistand kräftig zu uns ein
Zur Morgenstunde, die bedenklich waltet,
Weil über ihr des Schicksals Waage schaltet.
Doch lenket hier im hohen Augenblick
Die starke Hand vom willigen Schwert zurück,
Ehrt den Moment, wo manche Tausend schreiten,
Für oder wider mich zu streiten.
Selbst ist der Mann! Wer Thron und Kron begehrt,
Persönlich sei er solcher Ehren wert.
Sei das Gespenst, das, gegen uns erstanden,
Sich Kaiser nennt und Herr von unsern Landen,
Des Heeres Herzog, Lehnherr unsrer Großen,
Mit eigner Faust ins Totenreich gestoßen!
FAUST. Wie es auch sei, das Große zu vollenden,
Du tust nicht wohl, dein Haupt so zu verpfänden.
Ist nicht der Helm mit Kamm und Busch geschmückt?
Er schützt das Haupt, das unsern Mut entzückt.
Was, ohne Haupt, was förderten die Glieder?
Denn schläfert jenes, alle sinken nieder;
Wird es verletzt, gleich alle sind verwundet,
Erstehen frisch, wenn jenes rasch gesundet.
Schnell weiß der Arm sein starkes Recht zu nützen;
Er hebt den Schild, den Schädel zu beschützen;
Das Schwert gewahret seiner Pflicht sogleich,
Lenkt kräftig ab und wiederholt den Streich;
Der tüchtige Fuß nimmt teil an ihrem Glück,
Setzt dem Erschlagnen frisch sich ins Genick.
KAISER. Das ist mein Zorn, so möcht ich ihn behandeln,
Das stolze Haupt in Schemeltritt verwandeln!
HEROLDE *(kommen zurück)*.
Wenig Ehre, wenig Geltung
Haben wir daselbst genossen,
Unsrer kräftig edlen Meldung
Lachten sie als schaler Possen:
„Euer Kaiser ist verschollen,
Echo dort im engen Tal;
Wenn wir sein gedenken sollen,
Märchen sagt: – Es war einmal."

FAUST. Dem Wunsch gemäß der Besten ist's geschehn,
Die fest und treu an deiner Seite stehn.
Dort naht der Feind, die Deinen harren brünstig;
Befiehl den Angriff, der Moment ist günstig.
KAISER. Auf das Kommando leist ich hier Verzicht.
(Zum Oberfeldherrn.)
In deinen Händen, Fürst, sei deine Pflicht.
OBERGENERAL. So trete denn der rechte Flügel an!
Des Feindes Linke, eben jetzt im Steigen,
Soll, eh sie noch den letzten Schritt getan,
Der Jugendkraft geprüfter Treue weichen.
FAUST. Erlaube denn, dass dieser muntre Held
Sich ungesäumt in deine Reihen stellt,
Sich deinen Reihen innigst einverleibt
Und, so gesellt, sein kräftig Wesen treibt.
(Er deutet zur Rechten.)
RAUFEBOLD *(tritt vor).*
Wer das Gesicht mir zeigt, der kehrt's nicht ab
Als mit zerschlagnen Unter- und Oberbacken;
Wer mir den Rücken kehrt, gleich liegt ihm schlapp
Hals, Kopf und Schopf hinschlotternd grass im Nacken.
Und schlagen deine Männer dann
Mit Schwert und Kolben, wie ich wüte,
So stürzt der Feind, Mann über Mann,
Ersäuft im eigenen Geblüte. *(Ab.)*
OBERGENERAL. Der Phalanx unsrer Mitte folge sacht,
Dem Feind begegn' er, klug mit aller Macht;
Ein wenig rechts, dort hat bereits, erbittert,
Der Unsern Streitkraft ihren Plan erschüttert.
FAUST *(auf den Mittelsten deutend).*
So folge denn auch dieser deinem Wort!
Er ist behänd, reißt alles mit sich fort.
HABEBALD *(tritt hervor).*
Dem Heldenmut der Kaiserscharen
Soll sich der Durst nach Beute paaren;
Und allen sei das Ziel gestellt:
Des Gegenkaisers reiches Zelt.
Er prahlt nicht lang auf seinem Sitze,
Ich ordne mich dem Phalanx an die Spitze.
EILEBEUTE *(Marketenderin, sich an ihn anschmiegend).*
Bin ich auch ihm nicht angeweibt,
Er mir der liebste Buhle bleibt.
Für uns ist solch ein Herbst gereift!

Die Frau ist grimmig, wenn sie greift,
Ist ohne Schonung, wenn sie raubt;
Im Sieg voran! und alles ist erlaubt. *(Beide ab.)*

OBERGENERAL. Auf unsre Linke, wie vorauszusehn,
Stürzt ihre Rechte, kräftig. Widerstehn
Wird Mann für Mann dem wütenden Beginnen,
Den engen Pass des Felswegs zu gewinnen.

FAUST *(winkt nach der Linken).*
So bitte, Herr, auch diesen zu bemerken;
Es schadet nichts, wenn Starke sich verstärken.

HALTEFEST *(tritt vor).*
Dem linken Flügel keine Sorgen!
Da, wo ich bin, ist der Besitz geborgen;
In ihm bewähret sich der Alte,
Kein Strahlblitz spaltet, was ich halte. *(Ab.)*

MEPHISTOPHELES *(von oben herunterkommend).*
Nun schauet, wie im Hintergrunde
Aus jedem zackigen Felsenschlunde
Bewaffnete hervor sich drängen,
Die schmalen Pfade zu verengen,
Mit Helm und Harnisch, Schwertern, Schilden
In unserm Rücken eine Mauer bilden,
Den Wink erwartend, zuzuschlagen.
(Leise zu den Wissenden.)
Woher das kommt, müsst ihr nicht fragen.
Ich habe freilich nicht gesäumt,
Die Waffensäle ringsum ausgeräumt;
Da standen sie zu Fuß, zu Pferde,
Als wären sie noch Herrn der Erde;
Sonst waren's Ritter, König, Kaiser,
Jetzt sind es nichts als leere Schneckenhäuser;
Gar manch Gespenst hat sich darein geputzt,
Das Mittelalter lebhaft aufgestutzt.
Welch Teufelchen auch drinne steckt,
Für diesmal macht es doch Effekt.
(Laut.) Hört, wie sie sich voraus erbosen,
Blechklappernd aneinander stoßen!
Auch flattern Fahnenfetzen bei Standarten,
Die frischer Lüftchen ungeduldig harrten.
Bedenkt, hier ist ein altes Volk bereit
Und mischte gern sich auch zum neuen Streit.
(Furchtbarer Posaunenschall von oben, im feindlichen Heere merkliche Schwankung.)

FAUST. Der Horizont hat sich verdunkelt,
Nur hie und da bedeutend funkelt
Ein roter ahnungsvoller Schein;
Schon blutig blinken die Gewehre;
Der Fels, der Wald, die Atmosphäre,
Der ganze Himmel mischt sich ein.
MEPHISTOPHELES. Die rechte Flanke hält sich kräftig;
Doch seh ich ragend unter diesen
Hans Raufbold, den behänden Riesen,
Auf seine Weise rasch geschäftig.
KAISER. Erst sah ich einen Arm erhoben,
Jetzt seh ich schon ein Dutzend toben;
Naturgemäß geschieht es nicht.
FAUST. Vernahmst du nichts von Nebelstreifen,
Die auf Siziliens Küsten schweifen?
Dort, schwankend klar, im Tageslicht,
Erhoben zu den Mittellüften,
Gespiegelt in besondern Düften,
Erscheint ein seltsames Gesicht:
Da schwanken Städte hin und wider,
Da steigen Gärten auf und nieder,
Wie Bild um Bild den Äther bricht.
KAISER. Doch wie bedenklich! Alle Spitzen
Der hohen Speere seh ich blitzen;
Auf unsres Phalanx blanken Lanzen
Seh ich behände Flämmchen tanzen.
Das scheint mir gar zu geisterhaft.
FAUST. Verzeih, o Herr, das sind die Spuren
Verschollner geistiger Naturen,
Ein Widerschein der Dioskuren,
Bei denen alle Schiffer schwuren;
Sie sammeln hier die letzte Kraft.
KAISER. Doch sage: wem sind wir verpflichtet,
Dass die Natur, auf uns gerichtet,
Das Seltenste zusammenrafft?
MEPHISTOPHELES. Wem als dem Meister, jenem hohen,
Der dein Geschick im Busen trägt?
Durch deiner Feinde starkes Drohen
Ist er im Tiefsten aufgeregt.
Sein Dank will dich gerettet sehen,
Und sollt er selbst daran vergehen.
KAISER. Sie jubelten, mich pomphaft umzuführen;
Ich war nun was, das wollt' ich auch probieren

Und fand's gelegen, ohne viel zu denken,
Dem weißen Barte kühle Luft zu schenken.
Dem Klerus hab ich eine Lust verdorben,
Und ihre Gunst mir freilich nicht erworben.
Nun sollt' ich, seit so manchen Jahren,
Die Wirkung frohen Tuns erfahren?
FAUST. Freiherzige Wohltat wuchert reich;
Lass deinen Blick sich aufwärts wenden!
Mich deucht, er will ein Zeichen senden,
Gib Acht, es deutet sich sogleich.
KAISER. Ein Adler schwebt im Himmelhohen,
Ein Greif ihm nach mit wildem Drohen.
FAUST. Gib Acht: gar günstig scheint es mir.
Greif ist ein fabelhaftes Tier;
Wie kann er sich so weit vergessen,
Mit echtem Adler sich zu messen?
KAISER. Nunmehr, in weit gedehnten Kreisen,
Umziehn sie sich; – in gleichem Nu
Sie fahren aufeinander zu,
Sich Brust und Hälse zu zerreißen.
FAUST. Nun merke, wie der leidige Greif,
Zerzerrt, zerzaust, nur Schaden findet
Und mit gesenktem Löwenschweif,
Zum Gipfelwald gestürzt, verschwindet.
KAISER. Sei's, wie gedeutet, so getan!
Ich nehm es mit Verwundrung an.
MEPHISTOPHELES *(gegen die Rechte).*
Dringend wiederholten Streichen
Müssen unsre Feinde weichen,
Und mit ungewissem Fechten
Drängen sie nach ihrer Rechten
Und verwirren so im Streite
Ihrer Hauptmacht linke Seite.
Unsers Phalanx feste Spitze
Zieht sich rechts, und gleich dem Blitze
Fährt sie in die schwache Stelle. –
Nun, wie sturmerregte Welle
Sprühend, wüten gleiche Mächte
Wild in doppeltem Gefechte;
Herrlichers ist nichts ersonnen,
Uns ist diese Schlacht gewonnen!
KAISER *(an der linken Seite zu Faust).*
Schau! Mir scheint es dort bedenklich,

Unser Posten steht verfänglich.
Keine Steine seh ich fliegen,
Niedre Felsen sind erstiegen,
Obre stehen schon verlassen.
Jetzt! – Der Feind, zu ganzen Massen
Immer näher angedrungen,
Hat vielleicht den Pass errungen,
Schlusserfolg unheiligen Strebens!
Eure Künste sind vergebens. *(Pause.)*
MEPHISTOPHELES. Da kommen meine beiden Raben,
Was mögen die für Botschaft haben?
Ich fürchte gar, es geht uns schlecht.
KAISER. Was sollen diese leidigen Vögel?
Sie richten ihre schwarzen Segel
Hierher vom heißen Felsgefecht.
MEPHISTOPHELES *(zu den Raben).*
Setzt euch ganz nah zu meinen Ohren.
Wen ihr beschützt, ist nicht verloren,
Denn euer Rat ist folgerecht.
FAUST *(zum Kaiser).* Von Tauben hast du ja vernommen,
Die aus den fernsten Landen kommen
Zu ihres Nestes Brut und Kost.
Hier ist's mit wichtigen Unterschieden:
Die Taubenpost bedient den Frieden,
Der Krieg befiehlt die Rabenpost.
MEPHISTOPHELES. Es meldet sich ein schwer Verhängnis:
Seht hin! gewahret die Bedrängnis
Um unsrer Helden Felsenrand!
Die nächsten Höhen sind erstiegen.
Und würden sie den Pass besiegen,
Wir hätten einen schweren Stand.
KAISER. So bin ich endlich doch betrogen!
Ihr habt mich in das Netz gezogen;
Mir graut, seitdem es mich umstrickt.
MEPHISTOPHELES. Nur Mut! Noch ist es nicht missglückt.
Geduld und Pfiff zum letzten Knoten!
Gewöhnlich geht's am Ende scharf.
Ich habe meine sichern Boten;
Befehlt, dass ich befehlen darf!
OBERGENERAL *(der indessen herangekommen).*
Mit diesen hast du dich vereinigt,
Mich hat's die ganze Zeit gepeinigt,
Das Gaukeln schafft kein festes Glück.

Ich weiß nichts an der Schlacht zu wenden;
Begannen sie's, sie mögen's enden,
Ich gebe meinen Stab zurück.
KAISER. Behalt ihn bis zu bessern Stunden,
Die uns vielleicht das Glück verleiht.
Mir schaudert vor dem garstigen Kunden
Und seiner Rabentraulichkeit.
(Zu Meph.) Den Stab kann ich dir nicht verleihen,
Du scheinst mir nicht der rechte Mann;
Befiehl und such uns zu befreien!
Geschehe, was geschehen kann.
(Ab ins Zelt mit dem Obergeneral.)
MEPHISTOPHELES. Mag ihn der stumpfe Stab beschützen!
Uns andern könnt er wenig nützen,
Es war so was vom Kreuz daran.
FAUST. Was ist zu tun?
MEPHISTOPHELES. Es ist getan! –
Nun, schwarze Vettern, rasch im Dienen,
Zum großen Bergsee! grüßt mir die Undinen
Und bittet sie um ihrer Fluten Schein.
Durch Weiberkünste, schwer zu kennen,
Verstehen sie vom Sein den Schein zu trennen,
Und jeder schwört, das sei das Sein. *(Pause.)*
FAUST. Den Wasserfräulein müssen unsre Raben
Recht aus dem Grund geschmeichelt haben;
Dort fängt es schon zu rieseln an.
An mancher trocknen, kahlen Felsenstelle
Entwickelt sich die volle, rasche Quelle;
Um jener Sieg ist es getan.
MEPHISTOPHELES. Das ist ein wunderbarer Gruß,
Die kühnsten Klettrer sind konfus.
FAUST. Schon rauscht ein Bach zu Bächen mächtig nieder,
Aus Schluchten kehren sie gedoppelt wieder,
Ein Strom nun wirft den Bogenstrahl;
Auf einmal legt er sich in flache Felsenbreite
Und rauscht und schäumt nach der und jener Seite,
Und stufenweise wirft er sich ins Tal.
Was hilft ein tapfres, heldenmäßiges Stemmen?
Die mächtige Woge strömt, sie wegzuschwemmen.
Mir schaudert selbst vor solchem wilden Schwall.
MEPHISTOPHELES. Ich sehe nichts von diesen Wasserlügen,
Nur Menschenaugen lassen sich betrügen,
Und mich ergetzt der wunderliche Fall.

Sie stürzen fort zu ganzen hellen Haufen,
Die Narren wähnen zu ersaufen,
Indem sie frei auf festem Lande schnaufen
Und lächerlich mit Schwimmgebärden laufen.
Nun ist Verwirrung überall.

(Die Raben sind wiedergekommen.)

Ich werd euch bei dem hohen Meister loben;
Wollt ihr euch nun als Meister selbst erproben,
So eilet zu der glühnden Schmiede,
Wo das Gezwergvolk, nimmer müde,
Metall und Stein zu Funken schlägt.
Verlangt, weitläufig sie beschwatzend,
Ein Feuer, leuchtend, blinkend, platzend,
Wie man's im hohen Sinne hegt.
Zwar Wetterleuchten in der weiten Ferne,
Blickschnelles Fallen allerhöchster Sterne
Mag jede Sommernacht geschehn;
Doch Wetterleuchten in verworrnen Büschen
Und Sterne, die am feuchten Boden zischen,
Das hat man nicht so leicht gesehn.
So müsst ihr, ohn euch viel zu quälen,
Zuvörderst bitten, dann befehlen.

(Raben ab. Es geschieht, wie vorgeschrieben.)

MEPHISTOPHELES. Den Feinden dichte Finsternisse!
Und Tritt und Schritt ins Ungewisse!
Irrfunkenblick an allen Enden,
Ein Leuchten, plötzlich zu verblenden!
Das alles wäre wunderschön,
Nun aber braucht's noch Schreckgetön.

FAUST. Die hohlen Waffen aus der Säle Grüften
Empfinden sich erstarkt in freien Lüften;
Da droben klappert's, rasselt's lange schon,
Ein wunderbarer falscher Ton.

MEPHISTOPHELES.
Ganz recht! Sie sind nicht mehr zu zügeln;
Schon schallt's von ritterlichen Prügeln,
Wie in der holden alten Zeit.
Armschienen wie der Beine Schienen,
Als Guelfen und als Ghibellinen,
Erneuen rasch den ewigen Streit.
Fest, im ererbten Sinne wöhnlich,
Erweisen sie sich unversöhnlich;
Schon klingt das Tosen weit und breit.

Zuletzt, bei allen Teufelsfesten,
Wirkt der Parteihass doch zum Besten,
Bis in den allerletzten Graus;
Schallt wider-widerwärtig panisch,
Mitunter grell und scharf satanisch,
Erschreckend in das Tal hinaus.
(Kriegstumult im Orchester, zuletzt übergehend in militärisch heitre Weisen.)

DES GEGENKAISERS ZELT

Thron, reiche Umgebung.
Habebald. Eilebeute.

EILEBEUTE. So sind wir doch die Ersten hier!
HABEBALD. Kein Rabe fliegt so schnell als wir.
EILEBEUTE. Oh! welch ein Schatz liegt hier zuhauf!
Wo fang ich an? Wo hör ich auf?
HABEBALD. Steht doch der ganze Raum so voll!
Weiß nicht, wozu ich greifen soll.
EILEBEUTE. Der Teppich wär mir eben recht,
Mein Lager ist oft gar zu schlecht.
HABEBALD. Hier hängt von Stahl ein Morgenstern,
Dergleichen hätt ich lange gern.
EILEBEUTE. Den roten Mantel goldgesäumt,
So etwas hatt' ich mir geträumt.
HABEBALD *(die Waffe nehmend).*
Damit ist es gar bald getan,
Man schlägt ihn tot und geht voran.
Du hast so viel schon aufgepackt
Und doch nichts Rechtes eingesackt.
Den Plunder lass an seinem Ort,
Nehm eines dieser Kistchen fort!
Dies ist des Heers beschiedner Sold,
In seinem Bauche lauter Gold.
EILEBEUTE. Das hat ein mörderisch Gewicht!
Ich heb es nicht, ich trag es nicht.
HABEBALD. Geschwinde duck dich! Musst dich bücken!
Ich hucke dir's auf den starken Rücken.
EILEBEUTE. O weh! O weh, nun ist's vorbei!
Die Last bricht mir das Kreuz entzwei.
(Das Kistchen stürzt und springt auf.)

HABEBALD. Da liegt das rote Gold zuhauf –
Geschwinde zu und raff es auf!
EILEBEUTE *(kauert nieder).*
Geschwinde nur zum Schoß hinein!
Noch immer wird's zur Gnüge sein.
HABEBALD. Und so genug! und eile doch!
(Sie steht auf.)
O weh, die Schürze hat ein Loch!
Wohin du gehst und wo du stehst,
Verschwenderisch die Schätze säst.
TRABANTEN *(unsres Kaisers).*
Was schafft ihr hier am heiligen Platz?
Was kramt ihr in dem Kaiserschatz?
HABEBALD. Wir trugen unsre Glieder feil
Und holen unser Beuteteil.
In Feindeszelten ist's der Brauch,
Und wir, Soldaten sind wir auch.
TRABANTEN. Das passet nicht in unsern Kreis:
Zugleich Soldat und Diebsgeschmeiß;
Und wer sich unserm Kaiser naht,
Der sei ein redlicher Soldat.
HABEBALD. Die Redlichkeit, die kennt man schon,
Sie heißet: Kontribution.
Ihr alle seid auf gleichem Fuß:
Gib her! das ist der Handwerksgruß.
(Zu Eilebeute.) Mach fort und schleppe, was du hast,
Hier sind wir nicht willkommner Gast. *(Ab.)*
ERSTER TRABANT. Sag, warum gabst du nicht sogleich
Dem frechen Kerl einen Backenstreich?
ZWEITER. Ich weiß nicht, mir verging die Kraft,
Sie waren so gespensterhaft.
DRITTER. Mir ward es vor den Augen schlecht,
Da flimmert' es, ich sah nicht recht.
VIERTER. Wie ich es nicht zu sagen weiß:
Es war den ganzen Tag so heiß,
So bänglich, so beklommen schwül,
Der eine stand, der andre fiel,
Man tappte hin und schlug zugleich,
Der Gegner fiel vor jedem Streich,
Vor Augen schwebt' es wie ein Flor,
Dann summt's und saust's und zischt' im Ohr;
Das ging so fort, nun sind wir da
Und wissen selbst nicht, wie's geschah.

Kaiser mit vier Fürsten treten auf.
Die Trabanten entfernen sich.

KAISER.
Es sei nun, wie ihm sei! uns ist die Schlacht gewonnen,
Des Feinds zerstreute Flucht im flachen Feld zerronnen.
Hier steht der leere Thron, verräterischer Schatz,
Von Teppichen umhüllt, verengt umher den Platz.
Wir, ehrenvoll geschützt von eigenen Trabanten,
Erwarten kaiserlich der Völker Abgesandten;
Von allen Seiten her kommt frohe Botschaft an:
Beruhigt sei das Reich, uns freudig zugetan.
Hat sich in unsern Kampf auch Gaukelei geflochten,
Am Ende haben wir uns nur allein gefochten.
Zufälle kommen ja dem Streitenden zugut:
Vom Himmel fällt ein Stein, dem Feinde regnet's Blut,
Aus Felsenhöhlen tönt's von mächtigen Wunderklängen,
Die unsre Brust erhöhn, des Feindes Brust verengen.
Der Überwundne fiel, zu stets erneutem Spott,
Der Sieger, wie er prangt, preist den gewognen Gott.
Und alles stimmt mit ein, er braucht nicht zu befehlen,
Herr Gott, dich loben wir! aus Millionen Kehlen.
Jedoch zum höchsten Preis wend ich den frommen Blick,
Das selten sonst geschah, zur eignen Brust zurück.
Ein junger, muntrer Fürst mag seinen Tag vergeuden,
Die Jahre lehren ihn des Augenblicks Bedeuten.
Deshalb denn ungesäumt verbind ich mich sogleich
Mit euch vier Würdigen, für Haus und Hof und Reich.
(Zum Ersten.)
Dein war, o Fürst! des Heers geordnet kluge Schichtung,
Sodann im Hauptmoment heroisch kühne Richtung;
Im Frieden wirke nun, wie es die Zeit begehrt,
Erzmarschall nenn ich dich, verleihe dir das Schwert.

ERZMARSCHALL.
Dein treues Heer, bis jetzt im Inneren beschäftigt,
Wenn's an der Grenze dich und deinen Thron bekräftigt,
Dann sei es uns vergönnt, bei Festesdrang im Saal
Geräumiger Väterburg zu rüsten dir das Mahl.
Blank trag ich's dir dann vor, blank halt ich dir's zur Seite,
Der höchsten Majestät zu ewigem Geleite.

DER KAISER *(zum Zweiten).*
Der sich als tapfrer Mann auch zart gefällig zeigt,
Du! sei Erzkämmerer; der Auftrag ist nicht leicht.
Du bist der Oberste von allem Hausgesinde,

Bei deren innerm Streit ich schlechte Diener finde;
Dein Beispiel sei fortan in Ehren aufgestellt,
Wie man dem Herrn, dem Hof und allen wohlgefällt.

ERZKÄMMERER.

Des Herren großen Sinn zu fördern, bringt zu Gnaden:
Den Besten hülfreich sein, den Schlechten selbst nicht schaden,
Dann klar sein ohne List und ruhig ohne Trug!
Wenn du mich, Herr, durchschaust, geschieht mir schon genug.
Darf sich die Phantasie auf jenes Fest erstrecken?
Wenn du zur Tafel gehst, reich ich das goldne Becken,
Die Ringe halt ich dir, damit zur Wonnezeit
Sich deine Hand erfrischt, wie mich dein Blick erfreut.

KAISER.

Zwar fühl ich mich zu ernst, auf Festlichkeit zu sinnen,
Doch sei's! Es fördert auch frohmütiges Beginnen.

(Zum Dritten.)

Dich wähl ich zum Erztruchsess! Also sei fortan
Dir Jagd, Geflügelhof und Vorwerk untertan;
Der Lieblingsspeisen Wahl lass mir zu allen Zeiten,
Wie sie der Monat bringt, und sorgsam zubereiten.

ERZTRUCHSESS.

Streng Fasten sei für mich die angenehmste Pflicht,
Bis, vor dich hingestellt, dich freut ein Wohlgericht.
Der Küche Dienerschaft soll sich mit mir vereinigen,
Das Ferne beizuziehn, die Jahrszeit zu beschleunigen.
Dich reizt nicht Fern und Früh, womit die Tafel prangt,
Einfach und kräftig ist's, wornach dein Sinn verlangt.

KAISER *(zum Vierten).*

Weil unausweichlich hier sich's nur von Festen handelt,
So sei mir, junger Held, zum Schenken umgewandelt.
Erzschenke, sorge nun, dass unsre Kellerei
Aufs reichlichste versorgt mit gutem Weine sei.
Du selbst sei mäßig, lass nicht über Heiterkeiten
Durch der Gelegenheit Verlocken dich verleiten!

ERZSCHENK.

Mein Fürst, die Jugend selbst, wenn man ihr nur vertraut,
Steht, eh man sich's versieht, zu Männern auferbaut.
Auch ich versetze mich zu jenem großen Feste;
Ein kaiserlich Büfett schmück ich aufs Allerbeste
Mit Prachtgefäßen, gülden, silbern allzumal,
Doch wähl ich dir voraus den lieblichsten Pokal:
Ein blank venedisch Glas, worin Behagen lauschet,
Des Weins Geschmack sich stärkt und nimmermehr berauschet.

Auf solchen Wunderschatz vertraut man oft zu sehr;
Doch deine Mäßigkeit, du Höchster, schützt noch mehr.

KAISER.
Was ich euch zugedacht in dieser ernsten Stunde,
Vernahmt ihr mit Vertraun aus zuverlässigem Munde.
Des Kaisers Wort ist groß und sichert jede Gift,
Doch zur Bekräftigung bedarf's der edlen Schrift,
Bedarf's der Signatur. Die förmlich zu bereiten,
Seh ich den rechten Mann zu rechter Stunde schreiten.

Der Erzbischof (Erzkanzler) tritt auf.

KAISER.
Wenn ein Gewölbe sich dem Schlussstein anvertraut,
Dann ist's mit Sicherheit für ewige Zeit erbaut.
Du siehst vier Fürsten da! Wir haben erst erörtert,
Was den Bestand zunächst von Haus und Hof befördert.
Nun aber, was das Reich in seinem Ganzen hegt,
Sei, mit Gewicht und Kraft, der Fünfzahl auferlegt.
An Ländern sollen sie vor allen andern glänzen;
Deshalb erweitr' ich gleich jetzt des Besitztums Grenzen
Vom Erbteil jener, die sich von uns abgewandt.
Euch Treuen sprech ich zu so manches schöne Land,
Zugleich das hohe Recht, euch nach Gelegenheiten
Durch Anfall, Kauf und Tausch ins Weitre zu verbreiten;
Dann sei bestimmt vergönnt, zu üben ungestört,
Was von Gerechtsamen euch Landesherrn gehört.
Als Richter werdet ihr die Endurteile fällen,
Berufung gelte nicht von euern höchsten Stellen.
Dann Steuer, Zins und Beth', Lehn und Geleit und Zoll,
Berg-, Salz- und Münzregal euch angehören soll.
Denn meine Dankbarkeit vollgültig zu erproben,
Hab ich euch ganz zunächst der Majestät erhoben.

ERZBISCHOF. Im Namen aller sei dir tiefster Dank gebracht!
Du machst uns stark und fest und stärkest deine Macht.

KAISER. Euch fünfen will ich noch erhöhtere Würde geben.
Noch leb ich meinem Reich und habe Lust, zu leben;
Doch hoher Ahnen Kette zieht bedächtigen Blick
Aus rascher Strebsamkeit ins Drohende zurück.
Auch werd ich seinerzeit mich von den Teuren trennen,
Dann sei es eure Pflicht, den Folger zu ernennen.
Gekrönt erhebt ihn hoch auf heiligem Altar,
Und friedlich ende dann, was jetzt so stürmisch war.

ERZKANZLER.
Mit Stolz in tiefster Brust, mit Demut an Gebärde,

Stehn Fürsten dir gebeugt, die Ersten auf der Erde.
Solang das treue Blut die vollen Adern regt,
Sind wir der Körper, den dein Wille leicht bewegt.

KAISER. Und also sei, zum Schluss, was wir bisher betätigt,
Für alle Folgezeit durch Schrift und Zug bestätigt.
Zwar habt ihr den Besitz als Herren völlig frei,
Mit dem Beding jedoch, dass er unteilbar sei.
Und wie ihr auch vermehrt, was ihr von uns empfangen,
Es soll's der ältste Sohn in gleichem Maß erlangen.

ERZKANZLER.
Dem Pergament alsbald vertrau ich wohlgemut,
Zum Glück dem Reich und uns, das wichtigste Statut;
Reinschrift und Sieglung soll die Kanzelei beschäftigen,
Mit heiliger Signatur wirst du's, der Herr, bekräftigen.

KAISER. Und so entlass ich euch, damit den großen Tag
Gesammelt jedermann sich überlegen mag.

(Die weltlichen Fürsten entfernen sich.)

DER GEISTLICHE *(bleibt und spricht pathetisch).*
Der Kanzler ging hinweg, der Bischof ist geblieben,
Vom ernsten Warnegeist zu deinem Ohr getrieben!
Sein väterliches Herz, von Sorge bangt's um dich.

KAISER. Was hast du Bängliches zur frohen Stunde? sprich!

ERZBISCHOF.
Mit welchem bittern Schmerz find ich, in dieser Stunde,
Dein hochgeheiligt Haupt mit Satanas im Bunde!
Zwar, wie es scheinen will, gesichert auf dem Thron,
Doch leider! Gott dem Herrn, dem Vater Papst zum Hohn.
Wenn dieser es erfährt, schnell wird er sträflich richten,
Mit heiligem Strahl dein Reich, das sündige, zu vernichten.
Denn noch vergaß er nicht, wie du, zur höchsten Zeit,
An deinem Krönungstag, den Zauberer befreit.
Von deinem Diadem, der Christenheit zum Schaden,
Traf das verfluchte Haupt der erste Strahl der Gnaden.
Doch schlag an deine Brust und gib vom frevlen Glück
Ein mäßig Scherflein gleich dem Heiligtum zurück:
Den breiten Hügelraum, da, wo dein Zelt gestanden,
Wo böse Geister sich zu deinem Schutz verbanden,
Dem Lügenfürsten du ein horchsam Ohr geliehn,
Den stifte, fromm belehrt, zu heiligem Bemühn;
Mit Berg und dichtem Wald, so weit sie sich erstrecken,
Mit Höhen, die sich grün zu fetter Weide decken,
Fischreichen, klaren Seen, dann Bächlein ohne Zahl,
Wie sie sich, eilig schlängelnd, stürzen ab zu Tal;

Das breite Tal dann selbst, mit Wiesen, Gauen, Gründen:
Die Reue spricht sich aus, und du wirst Gnade finden.

KAISER.
Durch meinen schweren Fehl bin ich so tief erschreckt;
Die Grenze sei von dir nach eignem Maß gesteckt.

ERZBISCHOF.
Erst! der entweihte Raum, wo man sich so versündigt,
Sei alsobald zum Dienst des Höchsten angekündigt.
Behände steigt im Geist Gemäuer stark empor,
Der Morgensonne Blick erleuchtet schon das Chor,
Zum Kreuz erweitert sich das wachsende Gebäude,
Das Schiff erlängt, erhöht sich zu der Gläubigen Freude;
Sie strömen brünstig schon durchs würdige Portal,
Der erste Glockenruf erscholl durch Berg und Tal,
Von hohen Türmen tönt's, wie sie zum Himmel streben,
Der Büßer kommt heran zu neu geschaffnem Leben.
Dem hohen Weihetag – er trete bald herein! –
Wird deine Gegenwart die höchste Zierde sein.

KAISER.
Mag ein so großes Werk den frommen Sinn verkündigen,
Zu preisen Gott den Herrn, so wie mich zu entsündigen.
Genug! Ich fühle schon, wie sich mein Sinn erhöht.

ERZBISCHOF.
Als Kanzler fördr' ich nun Schluss und Formalität.

KAISER. Ein förmlich Dokument, der Kirche das zu eignen,
Du legst es vor, ich will's mit Freuden unterzeichnen.

ERZBISCHOF *(hat sich beurlaubt, kehrt aber beim Ausgang um)*.
Dann widmest du zugleich dem Werke, wie's entsteht,
Gesamte Landsgefälle: Zehnten, Zinsen, Beth',
Für ewig. Viel bedarf's zu würdiger Unterhaltung,
Und schwere Kosten macht die sorgliche Verwaltung.
Zum schnellen Aufbau selbst auf solchem wüsten Platz
Reichst du uns einiges Gold, aus deinem Beuteschatz.
Daneben braucht man auch, ich kann es nicht verschweigen,
Entferntes Holz und Kalk und Schiefer und dergleichen.
Die Fuhren tut das Volk, vom Predigtstuhl belehrt,
Die Kirche segnet den, der ihr zu Diensten fährt. *(Ab.)*

KAISER. Die Sünd ist groß und schwer, womit ich mich beladen;
Das leidige Zaubervolk bringt mich in harten Schaden.

ERZBISCHOF *(abermals zurückkehrend, mit tiefster Verbeugung)*.
Verzeih, o Herr! Es ward dem sehr verrufnen Mann
Des Reiches Strand verliehn; doch diesen trifft der Bann,

Verleihst du reuig nicht der hohen Kirchenstelle
Auch dort den Zehnten, Zins und Gaben und Gefälle.

KAISER *(verdrießlich).*
Das Land ist noch nicht da, im Meere liegt es breit.

ERZBISCHOF.
Wer 's Recht hat und Geduld, für den kommt auch die Zeit.
Für uns mög Euer Wort in seinen Kräften bleiben!

KAISER *(allein).*
So könnt ich wohl zunächst das ganze Reich verschreiben.

FÜNFTER AKT

OFFENE GEGEND

WANDRER. Ja! sie sind's, die dunkeln Linden,
Dort, in ihres Alters Kraft.
Und ich soll sie wieder finden,
Nach so langer Wanderschaft!
Ist es doch die alte Stelle,
Jene Hütte, die mich barg,
Als die sturmerregte Welle
Mich an jene Dünen warf!
Meine Wirte möcht ich segnen,
Hilfsbereit, ein wackres Paar,
Das, um heut mir zu begegnen,
Alt schon jener Tage war.
Ach! das waren fromme Leute!
Poch ich? ruf ich? – Seid gegrüßt,
Wenn gastfreundlich auch noch heute
Ihr des Wohltuns Glück genießt!
BAUCIS *(Mütterchen, sehr alt).*
Lieber Kömmling! Leise! Leise!
Ruhe! lass den Gatten ruhn!
Langer Schlaf verleiht dem Greise
Kurzen Wachens rasches Tun.
WANDRER. Sage, Mutter: bist du's eben,
Meinen Dank noch zu empfahn,
Was du für des Jünglings Leben
Mit dem Gatten einst getan?
Bist du Baucis, die geschäftig
Halb erstorbnen Mund erquickt?
Der Gatte tritt auf.
Du Philemon, der so kräftig
Meinen Schatz der Flut entrückt?
Eure Flammen raschen Feuers,
Eures Glöckchens Silberlaut,
Jenes grausen Abenteuers
Lösung war euch anvertraut.

Und nun lasst hervor mich treten,
Schaun das grenzenlose Meer;
Lasst mich knieen, lasst mich beten,
Mich bedrängt die Brust so sehr.

(Er schreitet vorwärts auf der Düne.)

PHILEMON *(zu Baucis).* Eile nur, den Tisch zu decken,
Wo's im Gärtchen munter blüht.
Lass ihn rennen, ihn erschrecken,
Denn er glaubt nicht, was er sieht.

(Neben dem Wandrer stehend.)

Das Euch grimmig missgehandelt,
Wog auf Woge, schäumend wild,
Seht als Garten Ihr behandelt,
Seht ein paradiesisch Bild.
Älter, war ich nicht zuhanden,
Hülfreich nicht wie sonst bereit;
Und wie meine Kräfte schwanden,
War auch schon die Woge weit.
Kluger Herren kühne Knechte
Gruben Gräben, dämmten ein,
Schmälerten des Meeres Rechte,
Herrn an seiner statt zu sein.
Schaue grünend Wies an Wiese,
Anger, Garten, Dorf und Wald. –
Komm nun aber und genieße,
Denn die Sonne scheidet bald. –
Dort im Fernsten ziehen Segel,
Suchen nächtlich sichern Port.
Kennen doch ihr Nest die Vögel;
Denn jetzt ist der Hafen dort.
So erblickst du in der Weite
Erst des Meeres blauen Saum,
Rechts und links, in aller Breite,
Dicht gedrängt bewohnten Raum.

(Am Tische zu drei, im Gärtchen.)

BAUCIS. Bleibst du stumm? und keinen Bissen
Bringst du zum verlechzten Mund?
PHILEMON. Möcht er doch vom Wunder wissen;
Sprichst so gerne, tu's ihm kund.
BAUCIS. Wohl! ein Wunder ist's gewesen!
Lässt mich heut noch nicht in Ruh;
Denn es ging das ganze Wesen
Nicht mit rechten Dingen zu.
PHILEMON. Kann der Kaiser sich versünd'gen,
Der das Ufer ihm verliehn?
Tät's ein Herold nicht verkünd'gen
Schmetternd im Vorüberziehn?

Nicht entfernt von unsern Dünen
Ward der erste Fuß gefasst,
Zelte, Hütten! – Doch im Grünen
Richtet bald sich ein Palast.

BAUCIS. Tags umsonst die Knechte lärmten,
Hack und Schaufel, Schlag um Schlag;
Wo die Flämmchen nächtig schwärmten,
Stand ein Damm den andern Tag.
Menschenopfer mussten bluten,
Nachts erscholl des Jammers Qual;
Meerab flossen Feuergluten,
Morgens war es ein Kanal.
Gottlos ist er, ihn gelüstet
Unsre Hütte, unser Hain;
Wie er sich als Nachbar brüstet,
Soll man untertänig sein.

PHILEMON. Hat er uns doch angeboten
Schönes Gut im neuen Land!

BAUCIS. Traue nicht dem Wasserboden,
Halt auf deiner Höhe stand!

PHILEMON. Lasst uns zur Kapelle treten,
Letzten Sonnenblick zu schaun!
Lasst uns läuten, knieen, beten
Und dem alten Gott vertraun!

PALAST

Weiter Ziergarten, großer, grad geführter Kanal.

Faust im höchsten Alter, wandelnd, nachdenkend.

LYNKEUS DER TÜRMER *(durchs Sprachrohr).*
Die Sonne sinkt, die letzten Schiffe,
Sie ziehen munter hafenein.
Ein großer Kahn ist im Begriffe,
Auf dem Kanale hier zu sein.
Die bunten Wimpel wehen fröhlich,
Die starren Masten stehn bereit;
In dir preist sich der Bootsmann selig,
Dich grüßt das Glück zur höchsten Zeit.

(Das Glöckchen läutet auf der Düne.)

FAUST *(auffahrend).* Verdammtes Läuten! Allzu schändlich

Verwundet's, wie ein tückischer Schuss;
Vor Augen ist mein Reich unendlich,
Im Rücken neckt mich der Verdruss,
Erinnert mich durch neidische Laute:
Mein Hochbesitz, er ist nicht rein,
Der Lindenraum, die braune Baute,
Das morsche Kirchlein ist nicht mein.
Und wünscht ich, dort mich zu erholen,
Vor fremdem Schatten schaudert mir,
Ist Dorn den Augen, Dorn den Sohlen;
Oh! wär ich weit hinweg von hier!

TÜRMER *(wie oben).*
Wie segelt froh der bunte Kahn
Mit frischem Abendwind heran!
Wie türmt sich sein behänder Lauf
In Kisten, Kasten, Säcken auf!

(Prächtiger Kahn, reich und bunt beladen mit Erzeugnissen fremder Weltgegenden.)

Mephistopheles. Die drei gewaltigen Gesellen.

CHORUS. Da landen wir,
Da sind wir schon.
Glückan dem Herren,
Dem Patron!

(Sie steigen aus, die Güter werden ans Land geschafft.)

MEPHISTOPHELES.
So haben wir uns wohl erprobt,
Vergnügt, wenn der Patron es lobt.
Nur mit zwei Schiffen ging es fort,
Mit zwanzig sind wir nun im Port.
Was große Dinge wir getan,
Das sieht man unsrer Ladung an.
Das freie Meer befreit den Geist,
Wer weiß da, was Besinnen heißt!
Da fördert nur ein rascher Griff,
Man fängt den Fisch, man fängt ein Schiff,
Und ist man erst der Herr zu drei,
Dann hakelt man das vierte bei;
Da geht es denn dem fünften schlecht,
Man hat Gewalt, so hat man Recht.
Man fragt ums Was, und nicht ums Wie.
Ich müsste keine Schifffahrt kennen:
Krieg, Handel und Piraterie,
Dreieinig sind sie, nicht zu trennen.

DIE DREI GEWALTIGEN GESELLEN.
Nicht Dank und Gruß!
Nicht Gruß und Dank!
Als brächten wir
Dem Herrn Gestank.
Er macht ein
Widerlich Gesicht;
Das Königsgut
Gefällt ihm nicht.
MEPHISTOPHELES. Erwartet weiter
Keinen Lohn!
Nahmt ihr doch
Euren Teil davon.
DIE GESELLEN. Das ist nur für
Die Langeweil;
Wir alle fordern
Gleichen Teil.
MEPHISTOPHELES. Erst ordnet oben
Saal an Saal
Die Kostbarkeiten
Allzumal!
Und tritt er zu
Der reichen Schau,
Berechnet er alles
Mehr genau,
Er sich gewiss
Nicht lumpen lässt
Und gibt der Flotte
Fest nach Fest.
Die bunten Vögel kommen morgen,
Für die werd ich zum Besten sorgen.
(Die Ladung wird weggeschafft.)
MEPHISTOPHELES *(zu Faust).*
Mit ernster Stirn, mit düstrem Blick
Vernimmst du dein erhaben Glück.
Die hohe Weisheit wird gekrönt,
Das Ufer ist dem Meer versöhnt;
Vom Ufer nimmt, zu rascher Bahn,
Das Meer die Schiffe willig an;
So sprich, dass hier, hier vom Palast
Dein Arm die ganze Welt umfasst.
Von dieser Stelle ging es aus,
Hier stand das erste Bretterhaus;

Ein Gräbchen ward hinabgeritzt,
Wo jetzt das Ruder emsig spritzt.
Dein hoher Sinn, der Deinen Fleiß
Erwarb des Meers, der Erde Preis.
Von hier aus –
FAUST. Das verfluchte Hier!
Das eben, leidig lastet's mir.
Dir Vielgewandtem muss ich's sagen,
Mir gibt's im Herzen Stich um Stich,
Mir ist's unmöglich zu ertragen!
Und wie ich's sage, schäm ich mich.
Die Alten droben sollten weichen,
Die Linden wünscht' ich mir zum Sitz,
Die wenig Bäume, nicht mein eigen,
Verderben mir den Weltbesitz.
Dort wollt' ich, weit umherzuschauen,
Von Ast zu Ast Gerüste bauen,
Dem Blick eröffnen weite Bahn,
Zu sehn, was alles ich getan,
Zu überschaun mit einem Blick
Des Menschengeistes Meisterstück,
Betätigend mit klugem Sinn
Der Völker breiten Wohngewinn.

So sind am härtsten wir gequält,
Im Reichtum fühlend, was uns fehlt.
Des Glöckchens Klang, der Linden Duft
Umfängt mich wie in Kirch und Gruft.
Des allgewaltigen Willens Kür
Bricht sich an diesem Sande hier.
Wie schaff ich mir es vom Gemüte!
Das Glöcklein läutet, und ich wüte.
MEPHISTOPHELES.
Natürlich! dass ein Hauptverdruss
Das Leben dir vergällen muss.
Wer leugnet's! Jedem edlen Ohr
Kommt das Geklingel widrig vor.
Und das verfluchte Bim-Baum-Bimmel,
Umnebelnd heitern Abendhimmel,
Mischt sich in jegliches Begebnis,
Vom ersten Bad bis zum Begräbnis,
Als wäre zwischen Bim und Baum
Das Leben ein verschollner Traum.

FAUST. Das Widerstehn, der Eigensinn
Verkümmern herrlichsten Gewinn,
Dass man, zu tiefer, grimmiger Pein,
Ermüden muss, gerecht zu sein.
MEPHISTOPHELES. Was willst du dich denn hier genieren?
Musst du nicht längst kolonisieren?
FAUST. So geht und schafft sie mir zur Seite! –
Das schöne Gütchen kennst du ja,
Das ich den Alten ausersah.
MEPHISTOPHELES. Man trägt sie fort und setzt sie nieder,
Eh man sich umsieht, stehn sie wieder;
Nach überstandener Gewalt
Versöhnt ein schöner Aufenthalt.

(Er pfeift gellend.
Die Drei treten auf.)

MEPHISTOPHELES. Kommt, wie der Herr gebieten lässt!
Und morgen gibt's ein Flottenfest.
DIE DREI. Der alte Herr empfing uns schlecht,
Ein flottes Fest ist uns zu Recht.
MEPHISTOPHELES *(ad spectatores).*
Auch hier geschieht, was längst geschah,
Denn Naboths Weinberg war schon da. *(Regum I, 21.)*

TIEFE NACHT

LYNKEUS DER TÜRMER *(auf der Schlosswarte, singend).*
Zum Sehen geboren,
Zum Schauen bestellt,
Dem Turme geschworen,
Gefällt mir die Welt.
Ich blick in die Ferne,
Ich seh in der Näh
Den Mond und die Sterne,
Den Wald und das Reh.
So seh ich in allen
Die ewige Zier,
Und wie mir's gefallen,
Gefall ich auch mir.
Ihr glücklichen Augen,
Was je ihr gesehn,
Es sei wie es wolle,
Es war doch so schön! *(Pause.)*

Nicht allein mich zu ergetzen,
Bin ich hier so hoch gestellt;
Welch ein gräuliches Entsetzen
Droht mir aus der finstern Welt!
Funkenblicke seh ich sprühen
Durch der Linden Doppelnacht,
Immer stärker wühlt ein Glühen,
Von der Zugluft angefacht.
Ach! die innre Hütte lodert,
Die bemoost und feucht gestanden;
Schnelle Hülfe wird gefodert,
Keine Rettung ist vorhanden.
Ach! die guten alten Leute,
Sonst so sorglich um das Feuer,
Werden sie dem Qualm zur Beute!
Welch ein schrecklich Abenteuer!
Flamme flammet, rot in Gluten
Steht das schwarze Moosgestelle;
Retteten sich nur die Guten
Aus der wild entbrannten Hölle!
Züngelnd lichte Blitze steigen
Zwischen Blättern, zwischen Zweigen;
Äste dürr, die flackernd brennen,
Glühen schnell und stürzen ein.
Sollt ihr Augen dies erkennen!
Muss ich so weitsichtig sein!
Das Kapellchen bricht zusammen
Von der Äste Sturz und Last.
Schlängelnd sind, mit spitzen Flammen,
Schon die Gipfel angefasst.
Bis zur Wurzel glühn die hohlen
Stämme, purpurrot im Glühn. –
(Lange Pause, Gesang.)
Was sich sonst dem Blick empfohlen,
Mit Jahrhunderten ist hin.

FAUST *(auf dem Balkon, gegen die Dünen).*
Von oben welch ein singend Wimmern?
Das Wort ist hier, der Ton zu spat.
Mein Türmer jammert; mich, im Innern,
Verdrießt die ungeduld'ge Tat.
Doch sei der Lindenwuchs vernichtet
Zu halb verkohlter Stämme Graun,
Ein Luginsland ist bald errichtet,

Um ins Unendliche zu schaun.
Da seh ich auch die neue Wohnung,
Die jenes alte Paar umschließt,
Das, im Gefühl großmütiger Schonung,
Der späten Tage froh genießt.

MEPHISTOPHELES UND DIE DREIE *(unten).*
Da kommen wir mit vollem Trab;
Verzeiht! es ging nicht gütlich ab.
Wir klopften an, wir pochten an,
Und immer ward nicht aufgetan;
Wir rüttelten, wir pochten fort,
Da lag die morsche Türe dort;
Wir riefen laut und drohten schwer,
Allein wir fanden kein Gehör.
Und wie's in solchem Fall geschicht,
Sie hörten nicht, sie wollten nicht;
Wir aber haben nicht gesäumt,
Behände dir sie weggeräumt.
Das Paar hat sich nicht viel gequält,
Vor Schrecken fielen sie entseelt.
Ein Fremder, der sich dort versteckt
Und fechten wollte, ward gestreckt.
In wilden Kampfes kurzer Zeit
Von Kohlen, ringsumher gestreut,
Entflammte Stroh. Nun lodert's frei,
Als Scheiterhaufen dieser drei.

FAUST. Wart ihr für meine Worte taub?
Tausch wollt' ich, wollte keinen Raub.
Dem unbesonnenen wilden Streich,
Ihm fluch ich; teilt es unter euch!

CHORUS. Das alte Wort, das Wort erschallt:
Gehorche willig der Gewalt!
Und bist du kühn und hältst du Stich,
So wage Haus und Hof und – dich. *(Ab.)*

FAUST *(auf dem Balkon).* Die Sterne bergen Blick und Schein,
Das Feuer sinkt und lodert klein;
Ein Schauerwindchen fächelt's an,
Bringt Rauch und Dunst zu mir heran.
Geboten schnell, zu schnell getan! –
Was schwebet schattenhaft heran?

MITTERNACHT

Vier graue Weiber treten auf.

ERSTE. Ich heiße der Mangel.
ZWEITE. Ich heiße die Schuld.
DRITTE. Ich heiße die Sorge.
VIERTE. Ich heiße die Not.
ZU DREI. Die Tür ist verschlossen, wir können nicht ein;
Drin wohnet ein Reicher, wir mögen nicht 'nein.
MANGEL. Da werd ich zum Schatten.
SCHULD. Da werd ich zunicht.
NOT. Man wendet von mir das verwöhnte Gesicht.
SORGE.
Ihr Schwestern, ihr könnt nicht und dürft nicht hinein.
Die Sorge, sie schleicht sich durchs Schlüsselloch ein.
(Sorge verschwindet.)
MANGEL. Ihr, graue Geschwister, entfernt euch von hier.
SCHULD. Ganz nah an der Seite verbind ich mich dir.
NOT. Ganz nah an der Ferse begleitet die Not.
ZU DREI. Es ziehen die Wolken, es schwinden die Sterne!
Dahinten, dahinten! von ferne, von ferne,
Da kommt er, der Bruder, da kommt er, der – – – Tod.
FAUST *(im Palast).* Vier sah ich kommen, drei nur gehn;
Den Sinn der Rede konnt' ich nicht verstehn.
Es klang so nach, als hieß es – Not,
Ein düstres Reimwort folgte – Tod.
Es tönte hohl, gespensterhaft gedämpft.
Noch hab ich mich ins Freie nicht gekämpft.
Könnt ich Magie von meinem Pfad entfernen,
Die Zaubersprüche ganz und gar verlernen,
Stünd ich, Natur, vor dir ein Mann allein,
Da wär's der Mühe wert, ein Mensch zu sein.

Das war ich sonst, eh ich's im Düstern suchte,
Mit Frevelwort mich und die Welt verfluchte.
Nun ist die Luft von solchem Spuk so voll,
Dass niemand weiß, wie er ihn meiden soll.
Wenn auch ein Tag uns klar vernünftig lacht,
In Traumgespinst verwickelt uns die Nacht;
Wir kehren froh von junger Flur zurück,
Ein Vogel krächzt; was krächzt er? Missgeschick.
Von Aberglauben früh und spat umgarnt:

Es eignet sich, es zeigt sich an, es warnt.
Und so verschüchtert, stehen wir allein.
Die Pforte knarrt, und niemand kommt herein.
(Erschüttert.) Ist jemand hier?
SORGE. Die Frage fordert Ja!
FAUST. Und du, wer bist denn du?
SORGE. Bin einmal da.
FAUST. Entferne dich!
SORGE. Ich bin am rechten Ort.
FAUST *(erst ergrimmt, dann besänftigt, für sich).*
Nimm dich in Acht und sprich kein Zauberwort.
SORGE. Würde mich kein Ohr vernehmen,
Müsst es doch im Herzen dröhnen;
In verwandelter Gestalt
Üb ich grimmige Gewalt.
Auf den Pfaden, auf der Welle,
Ewig ängstlicher Geselle,
Stets gefunden, nie gesucht,
So geschmeichelt wie verflucht. –
Hast du die Sorge nie gekannt?
FAUST. Ich bin nur durch die Welt gerannt;
Ein jed' Gelüst ergriff ich bei den Haaren,
Was nicht genügte, ließ ich fahren,
Was mir entwischte, ließ ich ziehn.
Ich habe nur begehrt und nur vollbracht
Und abermals gewünscht und so mit Macht
Mein Leben durchgestürmt; erst groß und mächtig,
Nun aber geht es weise, geht bedächtig.
Der Erdenkreis ist mir genug bekannt,
Nach drüben ist die Aussicht uns verrannt;
Tor, wer dorthin die Augen blinzelnd richtet,
Sich über Wolken seinesgleichen dichtet!
Er stehe fest und sehe hier sich um;
Dem Tüchtigen ist diese Welt nicht stumm.
Was braucht er in die Ewigkeit zu schweifen!
Was er erkennt, lässt sich ergreifen.
Er wandle so den Erdentag entlang;
Wenn Geister spuken, geh er seinen Gang,
Im Weiterschreiten find er Qual und Glück,
Er, unbefriedigt jeden Augenblick!
SORGE. Wen ich einmal mir besitze,
Dem ist alle Welt nichts nütze;
Ewiges Düstre steigt herunter,

Sonne geht nicht auf noch unter,
Bei vollkommnen äußern Sinnen
Wohnen Finsternisse drinnen,
Und er weiß von allen Schätzen
Sich nicht in Besitz zu setzen.
Glück und Unglück wird zur Grille,
Er verhungert in der Fülle;
Sei es Wonne, sei es Plage,
Schiebt er's zu dem andern Tage,
Ist der Zukunft nur gewärtig,
Und so wird er niemals fertig.

FAUST. Hör auf! so kommst du mir nicht bei!
Ich mag nicht solchen Unsinn hören.
Fahr hin! die schlechte Litanei,
Sie könnte selbst den klügsten Mann betören.

SORGE. Soll er gehen, soll er kommen?
Der Entschluss ist ihm genommen;
Auf gebahnten Weges Mitte
Wankt er tastend halbe Schritte.
Er verliert sich immer tiefer,
Siehet alle Dinge schiefer,
Sich und andre lästig drückend,
Atem holend und erstickend;
Nicht erstickt und ohne Leben,
Nicht verzweiflend, nicht ergeben.
So ein unaufhaltsam Rollen,
Schmerzlich Lassen, widrig Sollen,
Bald Befreien, bald Erdrücken,
Halber Schlaf und schlecht Erquicken
Heftet ihn an seine Stelle
Und bereitet ihn zur Hölle.

FAUST. Unselige Gespenster! so behandelt ihr
Das menschliche Geschlecht zu tausend Malen;
Gleichgültige Tage selbst verwandelt ihr
In garstigen Wirrwarr netzumstrickter Qualen.
Dämonen, weiß ich, wird man schwerlich los,
Das geistig-strenge Band ist nicht zu trennen;
Doch deine Macht, o Sorge, schleichend groß,
Ich werde sie nicht anerkennen.

SORGE. Erfahre sie, wie ich geschwind
Mich mit Verwünschung von dir wende!
Die Menschen sind im ganzen Leben blind,
Nun, Fauste, werde du's am Ende!

(Sie haucht ihn an.)

FAUST *(erblindet).*
Die Nacht scheint tiefer tief hereinzudringen,
Allein im Innern leuchtet helles Licht;
Was ich gedacht, ich eil es zu vollbringen;
Des Herren Wort, es gibt allein Gewicht.
Vom Lager auf, ihr Knechte! Mann für Mann!
Lasst glücklich schauen, was ich kühn ersann.
Ergreift das Werkzeug, Schaufel rührt und Spaten!
Das Abgesteckte muss sogleich geraten.
Auf strenges Ordnen, raschen Fleiß
Erfolgt der allerschönste Preis;
Dass sich das größte Werk vollende,
Genügt ein Geist für tausend Hände.

GROSSER VORHOF DES PALASTS

Fackeln.

MEPHISTOPHELES *(als Aufseher voran).*
Herbei, herbei! Herein, herein!
Ihr schlotternden Lemuren,
Aus Bändern, Sehnen und Gebein
Geflickte Halbnaturen.

LEMUREN *(im Chor).* Wir treten dir sogleich zur Hand,
Und wie wir halb vernommen,
Es gilt wohl gar ein weites Land,
Das sollen wir bekommen.

Gespitzte Pfähle, die sind da,
Die Kette lang zum Messen;
Warum an uns der Ruf geschah,
Das haben wir vergessen.

MEPHISTOPHELES. Hier gilt kein künstlerisch Bemühn;
Verfahret nur nach eignen Maßen!
Der Längste lege längelang sich hin,
Ihr andern lüftet ringsumher den Rasen;
Wie man's für unsre Väter tat,
Vertieft ein längliches Quadrat!
Aus dem Palast ins enge Haus,
So dumm läuft es am Ende doch hinaus.

LEMUREN *(mit neckischen Gebärden grabend).*
Wie jung ich war und lebt' und liebt',
Mich deucht, das war wohl süße;
Wo's fröhlich klang und lustig ging,
Da rührten sich meine Füße.
Nun hat das tückische Alter mich
Mit seiner Krücke getroffen;
Ich stolpert' über Grabes Tür,
Warum stand sie just offen!

FAUST *(aus dem Palaste tretend, tastet an den Türpfosten).*
Wie das Geklirr der Spaten mich ergetzt!
Es ist die Menge, die mir frönet,
Die Erde mit sich selbst versöhnet,
Den Wellen ihre Grenze setzt,
Das Meer mit strengem Band umzieht.

MEPHISTOPHELES *(beiseite).*
Du bist doch nur für uns bemüht
Mit deinen Dämmen, deinen Buhnen;
Denn du bereitest schon Neptunen,
Dem Wasserteufel, großen Schmaus.
In jeder Art seid ihr verloren; –
Die Elemente sind mit uns verschworen,
Und auf Vernichtung läuft's hinaus.

FAUST. Aufseher!

MEPHISTOPHELES. Hier!

FAUST. Wie es auch möglich sei,
Arbeiter schaffe Meng auf Menge,
Ermuntere durch Genuss und Strenge,
Bezahle, locke, presse bei!
Mit jedem Tage will ich Nachricht haben,
Wie sich verlängt der unternommene Graben.

MEPHISTOPHELES *(halblaut).*
Man spricht, wie man mir Nachricht gab,
Von keinem Graben, doch vom Grab.

FAUST. Ein Sumpf zieht am Gebirge hin,
Verpestet alles schon Errungene;
Den faulen Pfuhl auch abzuziehn,
Das Letzte wär das Höchsterrungene.
Eröffn' ich Räume vielen Millionen,
Nicht sicher zwar, doch tätig-frei zu wohnen.
Grün das Gefilde, fruchtbar; Mensch und Herde
Sogleich behaglich auf der neusten Erde,
Gleich angesiedelt an des Hügels Kraft,

Den aufgewälzt kühn-emsige Völkerschaft.
Im Innern hier ein paradiesisch Land,
Da rase draußen Flut bis auf zum Rand,
Und wie sie nascht, gewaltsam einzuschießen,
Gemeindrang eilt, die Lücke zu verschließen.
Ja, diesem Sinne bin ich ganz ergeben,
Das ist der Weisheit letzter Schluss:
Nur der verdient sich Freiheit wie das Leben,
Der täglich sie erobern muss.
Und so verbringt, umrungen von Gefahr,
Hier Kindheit, Mann und Greis sein tüchtig Jahr.
Solch ein Gewimmel möcht ich sehn,
Auf freiem Grund mit freiem Volke stehn.
Zum Augenblicke dürft ich sagen:
Verweile doch, du bist so schön!
Es kann die Spur von meinen Erdetagen
Nicht in Äonen untergehn. –
Im Vorgefühl von solchem hohen Glück
Genieß ich jetzt den höchsten Augenblick.

(Faust sinkt zurück,
die Lemuren fassen ihn auf und legen ihn auf den Boden.)

MEPHISTOPHELES.
Ihn sättigt keine Lust, ihm gnügt kein Glück,
So buhlt er fort nach wechselnden Gestalten;
Den letzten, schlechten, leeren Augenblick,
Der Arme wünscht ihn festzuhalten.
Der mir so kräftig widerstand,
Die Zeit wird Herr, der Greis hier liegt im Sand.
Die Uhr steht still –

CHOR. Steht still! Sie schweigt wie Mitternacht.
Der Zeiger fällt.

MEPHISTOPHELES. Er fällt, es ist vollbracht.

CHOR. Es ist vorbei.

MEPHISTOPHELES. Vorbei! ein dummes Wort.
Warum vorbei?
Vorbei und reines Nicht, vollkommnes Einerlei!
Was soll uns denn das ew'ge Schaffen!
Geschaffenes zu nichts hinwegzuraffen!
„Da ist's vorbei!" Was ist daran zu lesen?
Es ist so gut, als wär es nicht gewesen,
Und treibt sich doch im Kreis, als wenn es wäre.
Ich liebte mir dafür das Ewig-Leere.

GRABLEGUNG

LEMUREN *(Solo).* Wer hat das Haus so schlecht gebaut,
Mit Schaufeln und mit Spaten?
LEMUREN *(Chor).* Dir, dumpfer Gast im hänfnen Gewand,
Ist's viel zu gut geraten.
LEMUREN *(Solo).* Wer hat den Saal so schlecht versorgt?
Wo blieben Tisch und Stühle?
LEMUREN *(Chor).* Es war auf kurze Zeit geborgt;
Der Gläubiger sind so viele.
MEPHISTOPHELES.
Der Körper liegt, und will der Geist entfliehn,
Ich zeig ihm rasch den blutgeschriebnen Titel; –
Doch leider hat man jetzt so viele Mittel,
Dem Teufel Seelen zu entziehn.
Auf altem Wege stößt man an,
Auf neuem sind wir nicht empfohlen;
Sonst hätt ich es allein getan,
Jetzt muss ich Helfershelfer holen.
Uns geht's in allen Dingen schlecht!
Herkömmliche Gewohnheit, altes Recht,
Man kann auf gar nichts mehr vertrauen.
Sonst mit dem letzten Atem fuhr sie aus,
Ich passt' ihr auf und, wie die schnellste Maus,
Schnapps! hielt ich sie in fest verschlossnen Klauen.
Nun zaudert sie und will den düstern Ort,
Des schlechten Leichnams ekles Haus nicht lassen;
Die Elemente, die sich hassen,
Die treiben sie am Ende schmählich fort.
Und wenn ich Tag' und Stunden mich zerplage,
Wann? wie? und wo? das ist die leidige Frage;
Der alte Tod verlor die rasche Kraft,
Das Ob? sogar ist lange zweifelhaft;
Oft sah ich lüstern auf die starren Glieder –
Es war nur Schein, das rührte, das regte sich wieder.
(Phantastisch-flügelmännische Beschwörungsgebärden.)
Nur frisch heran! verdoppelt euren Schritt,
Ihr Herrn vom graden, Herrn vom krummen Horne,
Von altem Teufelsschrot und -korne,
Bringt ihr zugleich den Höllenrachen mit.
Zwar hat die Hölle Rachen viele! viele!
Nach Standsgebühr und Würden schlingt sie ein;
Doch wird man auch bei diesem letzten Spiele

Ins künftige nicht so bedenklich sein.
(Der gräuliche Höllenrachen tut sich links auf.)
Eckzähne klaffen; dem Gewölb des Schlundes
Entquillt der Feuerstrom in Wut,
Und in dem Siedequalm des Hintergrundes
Seh ich die Flammenstadt in ewiger Glut.
Die rote Brandung schlägt hervor bis an die Zähne,
Verdammte, Rettung hoffend, schwimmen an;
Doch kolossal zerknirscht sie die Hyäne,
Und sie erneuen ängstlich heiße Bahn.
In Winkeln bleibt noch vieles zu entdecken,
So viel Erschrecklichstes im engsten Raum!
Ihr tut sehr wohl, die Sünder zu erschrecken;
Sie halten's doch für Lug und Trug und Traum.
(Zu den Dickteufeln vom kurzen, graden Horne.)
Nun, wanstige Schuften mit den Feuerbacken!
Ihr glüht so recht vom Höllenschwefel feist;
Klotzartige, kurze, nie bewegte Nacken!
Hier unten lauert, ob's wie Phosphor gleißt:
Das ist das Seelchen, Psyche mit den Flügeln,
Die rupft ihr aus, so ist's ein garstiger Wurm;
Mit meinem Stempel will ich sie besiegeln,
Dann fort mit ihr im Feuerwirbelsturm!

Passt auf die niedern Regionen,
Ihr Schläuche, das ist eure Pflicht;
Ob's ihr beliebte, da zu wohnen,
So akkurat weiß man das nicht.
Im Nabel ist sie gern zu Haus –
Nehmt es in Acht, sie wischt euch dort heraus.
(Zu den Dürrteufeln vom langen, krummen Horne.)
Ihr Firlefanze, flügelmännische Riesen,
Greift in die Luft, versucht euch ohne Rast!
Die Arme strack, die Klauen scharf gewiesen,
Dass ihr die Flatternde, die Flüchtige fasst.
Es ist ihr sicher schlecht im alten Haus,
Und das Genie, es will gleich obenaus.
Glorie von oben rechts.
HIMMLISCHE HEERSCHAR.
Folget, Gesandte,
Himmelsverwandte,
Gemächlichen Flugs:
Sündern vergeben,

Staub zu beleben;
Allen Naturen
Freundliche Spuren
Wirket im Schweben
Des weilenden Zugs!

MEPHISTOPHELES. Misstöne hör ich, garstiges Geklimper,
Von oben kommt's mit unwillkommnem Tag;
Es ist das bübisch-mädchenhafte Gestümper,
Wie frömmelnder Geschmack sich's lieben mag.
Ihr wisst, wie wir in tief verruchten Stunden
Vernichtung sannen menschlichem Geschlecht;
Das Schändlichste, was wir erfunden,
Ist ihrer Andacht eben recht.

Sie kommen gleisnerisch, die Laffen!
So haben sie uns manchen weggeschnappt,
Bekriegen uns mit unsern eignen Waffen;
Es sind auch Teufel, doch verkappt.
Hier zu verlieren, wär euch ew'ge Schande;
Ans Grab heran und haltet fest am Rande!

CHOR DER ENGEL *(Rosen streuend)*.
Rosen, ihr blendenden,
Balsam versendenden!
Flatternde, schwebende,
Heimlich belebende,
Zweiglein beflügelte,
Knospen entsiegelte,
Eilet zu blühn.

Frühling entsprieße,
Purpur und Grün!
Tragt Paradiese
Dem Ruhenden hin.

MEPHISTOPHELES *(zu den Satanen)*.
Was duckt und zuckt ihr? ist das Höllenbrauch?
So haltet stand und lasst sie streuen.
An seinen Platz ein jeder Gauch!
Sie denken wohl, mit solchen Blümeleien
Die heißen Teufel einzuschneien;
Das schmilzt und schrumpft vor eurem Hauch.
Nun pustet, Püstriche! – Genug, genug!
Vor eurem Broden bleicht der ganze Flug. –
Nicht so gewaltsam! schließet Maul und Nasen!

Fürwahr, ihr habt zu stark geblasen.
Dass ihr doch nie die rechten Maße kennt!
Das schrumpft nicht nur, es bräunt sich, dorrt, es brennt!
Schon schwebt's heran mit giftig klaren Flammen;
Stemmt euch dagegen, drängt euch fest zusammen! –
Die Kraft erlischt! dahin ist aller Mut!
Die Teufel wittern fremde Schmeichelglut.

CHOR DER ENGEL.

Blüten, die seligen,
Flammen, die fröhlichen,
Liebe verbreiten sie,
Wonne bereiten sie,
Herz wie es mag.
Worte, die wahren,
Äther im Klaren,
Ewigen Scharen
Überall Tag!

MEPHISTOPHELES. O Fluch! o Schande solchen Tröpfen!
Satane stehen auf den Köpfen,
Die Plumpen schlagen Rad auf Rad
Und stürzen ärschlings in die Hölle.
Gesegn' euch das verdiente heiße Bad!
Ich aber bleib auf meiner Stelle. –

(Sich mit den schwebenden Rosen herumschlagend.)

Irrlichter, fort! Du, leuchte noch so stark,
Du bleibst, gehascht, ein ekler Gallert-Quark.
Was flatterst du? Willst du dich packen! –
Es klemmt wie Pech und Schwefel mir im Nacken.

CHOR DER ENGEL.

Was euch nicht angehört,
Müsset ihr meiden,
Was euch das Innre stört,
Dürft ihr nicht leiden.
Dringt es gewaltig ein,
Müssen wir tüchtig sein.
Liebe nur Liebende
Führet herein!

MEPHISTOPHELES.

Mir brennt der Kopf, das Herz, die Leber brennt,
Ein überteuflisch Element!
Weit spitziger als Höllenfeuer! –
Drum jammert ihr so ungeheuer,
Unglückliche Verliebte! die, verschmäht,

Verdrehten Halses nach der Liebsten späht.
Auch mir! Was zieht den Kopf auf jene Seite?
Bin ich mit ihr doch in geschwornem Streite!
Der Anblick war mir sonst so feindlich scharf.
Hat mich ein Fremdes durch und durch gedrungen?
Ich mag sie gerne sehn, die allerliebsten Jungen;
Was hält mich ab, dass ich nicht fluchen darf? –
Und wenn ich mich betören lasse,
Wer heißt denn künftighin der Tor?
Die Wetterbuben, die ich hasse,
Sie kommen mir doch gar zu lieblich vor! –

Ihr schönen Kinder, lasst mich wissen:
Seid ihr nicht auch von Luzifers Geschlecht?
Ihr seid so hübsch, fürwahr ich möcht euch küssen,
Mir ist's, als kämt ihr eben recht.
Es ist mir so behaglich, so natürlich,
Als hätt ich euch schon tausendmal gesehn;
So heimlich-kätzchenhaft begierlich;
Mit jedem Blick aufs Neue schöner schön.
O nähert euch, o gönnt mir einen Blick!

ENGEL. Wir kommen schon, warum weichst du zurück?
Wir nähern uns, und wenn du kannst, so bleib!
(Die Engel nehmen, umherziehend, den ganzen Raum ein.)

MEPHISTOPHELES *(der ins Proszenium gedrängt wird).*
Ihr scheltet uns verdammte Geister
Und seid die wahren Hexenmeister;
Denn ihr verführet Mann und Weib. –
Welch ein verfluchtes Abenteuer!
Ist dies das Liebeselement?
Der ganze Körper steht in Feuer,
Ich fühle kaum, dass es im Nacken brennt. –
Ihr schwanket hin und her, so senkt euch nieder,
Ein bisschen weltlicher bewegt die holden Glieder;
Fürwahr, der Ernst steht euch recht schön;
Doch möcht ich euch nur einmal lächeln sehn!
Das wäre mir ein ewiges Entzücken.
Ich meine so, wie wenn Verliebte blicken:
Ein kleiner Zug am Mund, so ist's getan.
Dich, langer Bursche, dich mag ich am liebsten leiden,
Die Pfaffenmiene will dich gar nicht kleiden,
So sieh mich doch ein wenig lüstern an!
Auch könntet ihr anständig-nackter gehen,

Das lange Faltenhemd ist übersittlich –
Sie wenden sich – von hinten anzusehen! –
Die Racker sind doch gar zu appetitlich!

CHOR DER ENGEL.

Wendet zur Klarheit
Euch, liebende Flammen!
Die sich verdammen,
Heile die Wahrheit;
Dass sie vom Bösen
Froh sich erlösen,
Um in dem Allverein
Selig zu sein.

MEPHISTOPHELES *(sich fassend)*.

Wie wird mir! – Hiobsartig, Beul an Beule
Der ganze Kerl, dem's vor sich selber graut,
Und triumphiert zugleich, wenn er sich ganz durchschaut,
Wenn er auf sich und seinen Stamm vertraut;
Gerettet sind die edlen Teufelsteile,
Der Liebespuk, er wirft sich auf die Haut;
Schon ausgebrannt sind die verruchten Flammen,
Und wie es sich gehört, fluch ich euch allzusammen!

CHOR DER ENGEL.

Heilige Gluten!
Wen sie umschweben,
Fühlt sich im Leben
Selig mit Guten.
Alle vereinigt
Hebt euch und preist!
Luft ist gereinigt,
Atme der Geist!

(Sie erheben sich, Faustens Unsterbliches entführend.)

MEPHISTOPHELES *(sich umsehend)*.

Doch wie? – wo sind sie hingezogen?
Unmündiges Volk, du hast mich überrascht,
Sind mit der Beute himmelwärts entflogen;
Drum haben sie an dieser Gruft genascht!
Mir ist ein großer, einziger Schatz entwendet:
Die hohe Seele, die sich mir verpfändet,
Die haben sie mir pfiffig weggepascht.

Bei wem soll ich mich nun beklagen?
Wer schafft mir mein erworbenes Recht?
Du bist getäuscht in deinen alten Tagen,

Du hast's verdient, es geht dir grimmig schlecht.
Ich habe schimpflich missgehandelt,
Ein großer Aufwand, schmählich! ist vertan;
Gemein Gelüst, absurde Liebschaft wandelt
Den ausgepichten Teufel an.
Und hat mit diesem kindisch-tollen Ding
Der Klugerfahrne sich beschäftigt,
So ist fürwahr die Torheit nicht gering,
Die seiner sich am Schluss bemächtigt.

BERGSCHLUCHTEN

Wald, Fels, Einöde.

Heilige Anachoreten gebirgauf verteilt, gelagert zwischen Klüften.

CHOR UND ECHO.
Waldung, sie schwankt heran,
Felsen, sie lasten dran,
Wurzeln, sie klammern an,
Stamm dicht an Stamm hinan.
Woge nach Woge spritzt,
Höhle, die tiefste, schützt.
Löwen, sie schleichen stumm –
freundlich um uns herum,
Ehren geweihten Ort,
Heiligen Liebeshort.

PATER ECSTATICUS *(auf und ab schwebend).*
Ewiger Wonnebrand,
Glühendes Liebeband,
Siedender Schmerz der Brust,
Schäumende Gotteslust.
Pfeile, durchdringet mich,
Lanzen, bezwinget mich,
Keulen, zerschmettert mich,
Blitze, durchwettert mich!
Dass ja das Nichtige
Alles verflüchtige,
Glänze der Dauerstern,
Ewiger Liebe Kern.

PATER PROFUNDUS *(tiefe Region).*

Wie Felsenabgrund mir zu Füßen
Auf tieferm Abgrund lastend ruht,
Wie tausend Bäche strahlend fließen
Zum grausen Sturz des Schaums der Flut,
Wie strack mit eignem kräftigen Triebe
Der Stamm sich in die Lüfte trägt:
So ist es die allmächtige Liebe,
Die alles bildet, alles hegt.

Ist um mich her ein wildes Brausen,
Als wogte Wald und Felsengrund,
Und doch stürzt, liebevoll im Sausen,
Die Wasserfülle sich zum Schlund,
Berufen, gleich das Tal zu wässern;
Der Blitz, der flammend niederschlug,
Die Atmosphäre zu verbessern,
Die Gift und Dunst im Busen trug –

Sind Liebesboten, sie verkünden,
Was ewig schaffend uns umwallt.
Mein Innres mög es auch entzünden,
Wo sich der Geist, verworren, kalt,
Verquält in stumpfer Sinne Schranken,
Scharf angeschlossnem Kettenschmerz.
O Gott! beschwichtige die Gedanken,
Erleuchte mein bedürftig Herz!

PATER SERAPHICUS *(mittlere Region).*

Welch ein Morgenwölkchen schwebet
Durch der Tannen schwankend Haar!
Ahn ich, was im Innern lebet?
Es ist junge Geisterschar.

CHOR SELIGER KNABEN.

Sag uns, Vater, wo wir wallen,
Sag uns, Guter, wer wir sind?
Glücklich sind wir: allen, allen
Ist das Dasein so gelind.

PATER SERAPHICUS.

Knaben! Mitternachts Geborne,
Halb erschlossen Geist und Sinn,
Für die Eltern gleich Verlorne,
Für die Engel zum Gewinn.
Dass ein Liebender zugegen,

Fühlt ihr wohl, so naht euch nur;
Doch von schroffen Erdewegen,
Glückliche! habt ihr keine Spur.
Steigt herab in meiner Augen
Welt- und erdgemäß Organ,
Könnt sie als die euern brauchen,
Schaut euch diese Gegend an!
(Er nimmt sie in sich.)
Das sind Bäume, das sind Felsen,
Wasserstrom, der abestürzt
Und mit ungeheurem Wälzen
Sich den steilen Weg verkürzt.

SELIGE KNABEN *(von innen).*
Das ist mächtig anzuschauen,
Doch zu düster ist der Ort,
Schüttelt uns mit Schreck und Grauen.
Edler, Guter, lass uns fort!

PATER SERAPHICUS.
Steigt hinan zu höherm Kreise,
Wachset immer unvermerkt,
Wie, nach ewig reiner Weise,
Gottes Gegenwart verstärkt.
Denn das ist der Geister Nahrung,
Die im freisten Äther waltet:
Ewigen Liebens Offenbarung,
Die zur Seligkeit entfaltet.

CHOR SELIGER KNABEN *(um die höchsten Gipfel kreisend).*
Hände verschlinget
Freudig zum Ringverein,
Regt euch und singet
Heil'ge Gefühle drein!
Göttlich belehret,
Dürft ihr vertrauen;
Den ihr verehret,
Werdet ihr schauen.

ENGEL *(schwebend in der höheren Atmosphäre, Faustens Unsterbliches tragend).*
Gerettet ist das edle Glied
Der Geisterwelt vom Bösen,
Wer immer strebend sich bemüht,
Den können wir erlösen.
Und hat an ihm die Liebe gar
Von oben teilgenommen,

Begegnet ihm die selige Schar
Mit herzlichem Willkommen.

DIE JÜNGEREN ENGEL.

Jene Rosen aus den Händen
Liebend-heiliger Büßerinnen
Halfen uns den Sieg gewinnen,
Uns das hohe Werk vollenden,
Diesen Seelenschatz erbeuten.
Böse wichen, als wir streuten,
Teufel flohen, als wir trafen.
Statt gewohnter Höllenstrafen
Fühlten Liebesqual die Geister;
Selbst der alte Satansmeister
War von spitzer Pein durchdrungen.
Jauchzet auf! es ist gelungen.

DIE VOLLENDETEREN ENGEL.

Uns bleibt ein Erdenrest
Zu tragen peinlich,
Und wär er von Asbest,
Er ist nicht reinlich.
Wenn starke Geisteskraft
Die Elemente
An sich herangerafft,
Kein Engel trennte
Geeinte Zwienatur
Der innigen beiden,
Die ewige Liebe nur
Vermag's zu scheiden.

DIE JÜNGEREN ENGEL.

Nebelnd um Felsenhöh
Spür ich soeben,
Regend sich in der Näh,
Ein Geisterleben.
Die Wölkchen werden klar,
Ich seh bewegte Schar
Seliger Knaben,
Los von der Erde Druck,
Im Kreis gesellt,
Die sich erlaben
Am neuen Lenz und Schmuck
Der obern Welt.
Sei er zum Anbeginn,
Steigendem Vollgewinn

Diesen gesellt!
DIE SELIGEN KNABEN.
Freudig empfangen wir
Diesen im Puppenstand;
Also erlangen wir
Englisches Unterpfand.
Löset die Flocken los,
Die ihn umgeben!
Schon ist er schön und groß
Von heiligem Leben.
DOCTOR MARIANUS *(in der höchsten, reinlichsten Zelle).*
Hier ist die Aussicht frei,
Der Geist erhoben.
Dort ziehen Fraun vorbei,
Schwebend nach oben.
Die Herrliche mitteninn
Im Sternenkranze,
Die Himmelskönigin,
Ich seh's am Glanze.
(Entzückt.)
Höchste Herrscherin der Welt!
Lasse mich im blauen,
Ausgespannten Himmelszelt
Dein Geheimnis schauen.
Billige, was des Mannes Brust
Ernst und zart beweget
Und mit heiliger Liebeslust
Dir entgegenträget.

Unbezwinglich unser Mut,
Wenn du hehr gebietest;
Plötzlich mildert sich die Glut,
Wie du uns befriedest.
Jungfrau, rein im schönsten Sinn,
Mutter, Ehren würdig,
Uns erwählte Königin,
Göttern ebenbürtig.

Um sie verschlingen
Sich leichte Wölkchen,
Sind Büßerinnen,
Ein zartes Völkchen,
Um Ihre Kniee

Den Äther schlürfend,
Gnade bedürfend.

Dir, der Unberührbaren,
Ist es nicht benommen,
Dass die leicht Verführbaren
Traulich zu dir kommen.

In die Schwachheit hingerafft,
Sind sie schwer zu retten;
Wer zerreißt aus eigner Kraft
Der Gelüste Ketten?
Wie entgleitet schnell der Fuß
Schiefem, glattem Boden?
Wen betört nicht Blick und Gruß,
Schmeichelhafter Odem?

Mater gloriosa schwebt einher.

CHOR DER BÜSSERINNEN.
Du schwebst zu Höhen
Der ewigen Reiche,
Vernimm das Flehen,
Du Ohnegleiche,
Du Gnadenreiche!

MAGNA PECCATRIX. *(St. Lucae VII, 36.)*
Bei der Liebe, die den Füßen
Deines gottverklärten Sohnes
Tränen ließ zum Balsam fließen,
Trotz des Pharisäerhohnes;
Beim Gefäße, das so reichlich
Tropfte Wohlgeruch hernieder,
Bei den Locken, die so weichlich
Trockneten die heil'gen Glieder –

MULIER SAMARITANA. *(St. Joh. IV.)*
Bei dem Bronn, zu dem schon weiland
Abram ließ die Herde führen,
Bei dem Eimer, der dem Heiland
Kühl die Lippe durft' berühren;
Bei der reinen, reichen Quelle,
Die nun dorther sich ergießet,
Überflüssig, ewig helle
Rings durch alle Welten fließet –

MARIA AEGYPTIACA. *(Acta Sanctorum.)*
Bei dem hochgeweihten Orte,

Wo den Herrn man niederließ,
Bei dem Arm, der von der Pforte
Warnend mich zurücke stieß;
Bei der vierzigjährigen Buße,
Der ich treu in Wüsten blieb,
Bei dem seligen Scheidegruße,
Den im Sand ich niederschrieb –

ZU DREI. Die du großen Sünderinnen
Deine Nähe nicht verweigerst
Und ein büßendes Gewinnen
In die Ewigkeiten steigerst,
Gönn auch dieser guten Seele,
Die sich einmal nur vergessen,
Die nicht ahnte, dass sie fehle,
Dein Verzeihen angemessen!

UNA POENITENTIUM *(sonst Gretchen genannt. Sich anschmiegend).*

Neige, neige,
Du Ohnegleiche,
Du Strahlenreiche,
Dein Antlitz gnädig meinem Glück!
Der früh Geliebte,
Nicht mehr Getrübte,
Er kommt zurück.

SELIGE KNABEN *(in Kreisbewegung sich nähernd).*

Er überwächst uns schon
An mächtigen Gliedern,
Wird treuer Pflege Lohn
Reichlich erwidern.
Wir wurden früh entfernt
Von Lebechören;
Doch dieser hat gelernt,
Er wird uns lehren.

DIE EINE BÜSSERIN *(sonst Gretchen genannt).*

Vom edlen Geisterchor umgeben,
Wird sich der Neue kaum gewahr,
Er ahnet kaum das frische Leben,
So gleicht er schon der heiligen Schar.
Sieh, wie er jedem Erdenbande
Der alten Hülle sich entrafft
Und aus ätherischem Gewande
Hervortritt erste Jugendkraft.
Vergönne mir, ihn zu belehren,

Noch blendet ihn der neue Tag.

MATER GLORIOSA.

Komm! hebe dich zu höhern Sphären!
Wenn er dich ahnet, folgt er nach.

DOCTOR MARIANUS *(auf dem Angesicht anbetend).*

Blicket auf zum Retterblick,
Alle reuig Zarten,
Euch zu seligem Geschick
Dankend umzuarten.
Werde jeder bessre Sinn
Dir zum Dienst erbötig;
Jungfrau, Mutter, Königin,
Göttin, bleibe gnädig!

CHORUS MYSTICUS.

Alles Vergängliche
Ist nur ein Gleichnis;
Das Unzulängliche,
Hier wird's Ereignis;
Das Unbeschreibliche,
Hier ist's getan;
Das Ewig-Weibliche
Zieht uns hinan.

FINIS.

NACHWORT

Als Goethe im September 1831 die letzten Szenen seines „Faust. Der Tragödie zweiter Teil“ einsiegelte und mit der Aufschrift versah: „Erst nach meinem Tode zu öffnen“, da hatte er buchstäblich sein Lebenswerk abgeschlossen. Diese gewaltige Dichtung, dieses alle dramatischen Maße sprengende Thema hatte ihn weit mehr als ein Lebensalter beschäftigt. An Zelter, den Einzigen, dem er im Alter noch das vertraute Du anbot, hatte er geschrieben: „... Wenn du aber nach dem ‚Faust‘ fragst, so kann ich dir erwidern, dass der zweite Teil nun auch in sich abgeschlossen ist. Ich habe seit so vielen Jahren recht gewusst, was ich wollte, habe aber nur die einzelnen Stellen ausgeführt, die mich im Augenblick interessierten. Dadurch wurden Lücken offenbar, welche ausgefüllt werden mussten. Dieses alles nun zurecht zu stellen, fasst’ ich den festen Vorsatz, es müsse vor meinem Geburtstag geschehen. Und so ward es auch; das Ganze liegt vor mir, und ich habe nur noch Kleinigkeiten zu berichtigen“ (4. September 1831). Schon ein Vierteljahr vorher hieß es in einem Brief an den Freund in Berlin: „Es ist keine Kleinigkeit, das, was man im zwanzigsten Jahre konzipiert hat, im zweiundachtzigsten außer sich darzustellen ...“

Die frühesten Äußerungen Goethes zum „Faust“ reichen zurück bis 1773, in die Zeit des Sturm und Drang, und als er im November 1775 auf Einladung des jungen Herzogs Carl-August nach Weimar reiste, hatte er bereits ein Manuskript im Gepäck: den „Urfaust“, der uns durch die private Abschrift des Weimarer Hoffräuleins Luise v. Göchhausen erhalten blieb und 1887 wieder entdeckt wurde. 1951 teilte Curd Schulz ein weiteres, das sog. „Bremer Faust-Fragment“ mit. 1790 veröffentlichte Goethe „Faust. Ein Fragment“, 1808 erschien der vollständige „Faust. I. Teil“. 1832, im Todesjahr Goethes, folgte schließlich „Faust. Der Tragödie zweiter Teil“ als erster der auf zwanzig Bände bemessenen Nachlassreihe von Cottas „Ausgabe letzter Hand“.

Schiller, dem Goethe 1797 Einsicht gewährte in die bisher unveröffentlichten Szenen und in seine weitere „Faust“-Planung, schrieb ihm seinerzeit aus Jena: „Was mich ängstigt, ist, dass mir der ‚Faust‘ seiner Anlage nach auch eine Totalität der Materie zu erfordern scheint, wenn am Ende die Idee ausgeführt erscheinen soll, und für eine so hoch aufquellende Masse finde ich keinen poetischen Reif, der sie zusammenhält ... Es gehört sich meines Bedünkens, dass der Faust in das handelnde Leben geführt würde, und welches Stück Sie auch aus dieser Masse erwählen, so scheint es mir immer durch seine Natur eine zu große Umständlichkeit und Breite zu erfordern ...“ (Brief vom 26. Juni 1797).

Das von Schiller scharfsichtig erkannte Problem einer „zu großen Umständlichkeit und Breite“ für Fausts Einführung ins „handelnde Leben“, aber auch Goethes Weiterführung des Themas in philosophische Bereiche hat den Umfang vor allem von „Faust II“ ins fast Unermessliche anschwellen lassen. Zwar wurde 1985 in Bremen an zwei Abenden der ganze „Faust I“ ohne Kürzung und, Peter Hacks folgend, unter Einbeziehung der ersten Szene des zweiten Teils („Anmutige Gegend“,

Verse 4613 bis 4727) aufgeführt, aber im Grunde sind Kürzungen für eine Theateraufführung unvermeidlich.

Um der Planung des Lehrers für seine konkrete Unterrichtssituation nicht vorzugreifen, bietet das Leseheft den vollständigen Text des umfangreichen und komplexen Werkes. Der folgende Vorschlag könnte einer möglichen gestrafften Lektüre zugrunde gelegt werden:

aus dem 1. Akt
4613–5064: „Anmutige Gegend"; „Kaiserliche Pfalz"
6031–6306: „Lustgarten"; „Finstere Galerie"
6487–6501: aus „Rittersaal"

aus dem 2. Akt:
6566–6591, 6616–6818: „Hoch gewölbtes enges gotisches Zimmer"
6819–7004: „Laboratorium"
7080–7213, 7249–7494, 7791–7850: aus „Klassische Walpurgisnacht"

aus dem 3. Akt:
8488–8809, 8826–9087: aus „Vor dem Palaste des Menelas zu Sparta"
9365–9384 aus „Innerer Burghof"
9574–9644, 9679–9954: aus „ Arkadien"

aus dem 4. Akt:
10039–10306: aus „Hochgebirg"
10783–11042: „Des Gegenkaisers Zelt, Thron"

aus dem 5. Akt:
11043–11142: „Offene Gegend"
11143–11162, 11219–11288: aus „Palast, Weiter Ziergarten, Großer Kanal"
11289–11383: „Palast, Tiefe Nacht"

11384–11510: „Palast, Mitternacht"
11511–11603: „Palast, Großer Vorhof"
11604–11843: „Grablegung"
11844–12111: „Bergschluchten, Wald, Fels"

Gegebenenfalls könnten Kurzreferate den Zusammenhang herstellen.

Ausgangspunkt der Handlung ist ja die Wette, die Mephistopheles im „Prolog im Himmel" dem Herrn anbietet. Es geht um Faust, den der Herr „bald in die Klarheit führen" wird (Vers 309), den der Teufel dagegen „von seinem Urquell abziehen" (Vers 324) und auf seinem Wege „mit herab" führen will. Mephistos Bemühungen stehen dabei unter der Einschränkung: „Du darfst auch da nur frei erscheinen" (Vers 336). Fausts Streben zielt darauf, „Dass ich erkenne, was die Welt / Im Innersten zusammenhält“ (Vers 382f.). Philosophische, theologische und naturwissenschaftliche Studien haben seine Fragen nicht beantwortet, die Beschwörung des Erdgeists ist ihm misslungen. Das Läuten der Osterglocken und der Klang der Ostergesänge verhindern seinen Selbstmord. Mephistos Pakt: „Ich will mich hier zu deinem Dienst verbinden, / Auf deinen Wink nicht rasten und nicht ruhn; / Wenn wir uns drüben wieder finden, / So sollst du mir das Gleiche tun“ (Verse 1656 – 1659) akzeptiert Faust und nennt als Merkmal der Erfüllung: „Werd ich zum Augenblicke sagen: / Verweile doch! du bist so schön! / Dann magst du mich in Fesseln schlagen, / Dann will ich gern zugrunde gehn! / Dann mag die Totenglocke schallen, / Dann bist du deines Dienstes frei, / Die Uhr mag stehn, der Zeiger fallen, / Es sei die Zeit für mich vorbei!“ (Verse 1699 – 1706). In seiner grandiosen Vision der Landgewinnung für „Millionen“ erfüllt sich dieser Pakt für Faust („Faust II“, Verse 11563 – 11586) – eine Erfüllung freilich, die sich auf eine Täuschung gründet: Was der blinde Faust für Deicharbeiten hält, sind die Geräusche seiner Totengräber. Der Traum, sich zu verewigen, bleibt eine Schimäre.

Hier lässt sich die Aktualität dieser Dichtung fassen. Es geht ja nicht um das Drama eines Renaissance-Gelehrten im Zeitalter der Aufklärung, vielmehr gestaltet Goethe in „Faust II“ neben der klassisch-humanistischen Begegnung der nordisch-deutschen Welt mit der Kultur der Antike (im zweiten und dritten Akt) vor allem die Auseinandersetzung des Menschen der Neuzeit mit Politik und Wirtschaft. Durch seine zahlreichen Ministerämter im Großherzogtum Sachsen-Weimar-Eisenach gewann der Dichter tiefen Einblick in innen- und außenpolitische Fragen, in Probleme des Finanzwesens und – unter anderem – in Fragen des Bergbaus. Zahlreiche Äußerungen belegen das. Für den Abschluss des vierten und des fünften Akts las er unter anderem eine „Erläuterung der Goldenen Bulle“, 1766 erschienen, um sich über Münz- und Bergrecht, Gerichtsfreiheit und Zollfragen zu informieren. Auch eine 1830 erschienene ökonomische Untersuchung von Gülichs, der frühkapitalistische Mechanismen kritisierte, fand seine Aufmerksamkeit.

Da knüpft die Studie eines Schweizer Professors für Nationalökonomie an (H. C. Binswanger, „Geld und Magie. Deutung und Kritik der modernen Wissenschaft anhand von Goethes ‚Faust‘“, 1985). Er nennt „Faust“ „von allen Dramen, die bisher geschrieben worden sind, das modernste“ und sieht im Schicksal von Philemon und Baucis (fünfter Akt) die Abkehr von der überkommenen Konzeption des Eigentums, aber auch den Preis für unaufhörlichen Fortschritt und wirtschaftliches Wachstum.

1827 erklärte Goethe gegenüber Eckermann: „National-Literatur will jetzt nicht viel sagen, die Epoche der Welt-Literatur ist an der Zeit und jeder muss jetzt dazu wirken, diese Epoche zu beschleunigen“. Mit der Tragödie „Faust“ hat er daran entscheidend mitgewirkt, darauf weist Albrecht Schöne in seinem Kommentar hin (Albrecht Schöne, „Goethe ‚Faust‘. Kommentare“, Frankfurt/M. 1994, S. 33)

ANMERKUNGEN

Die Ziffern vor den Anmerkungen bezeichnen die Verse

v. 4613 *Faust ermüdet.* ein Hinweis auf die dramatischen Ereignisse gegen Ende von „Faust I"
Ariel. während im „Prolog im Himmel" („Faust I") die drei Erzengel erscheinen, tritt hier eine Figur aus Shakespeares „Sturm" auf, ein freundlicher Luftgeist
Äolsharfen. Windharfen

4623 *Strauß.* veraltet für: Kampf, Streit

4626 *vier sind die Pausen.* in Anlehnung an die Nachtwachen im römischen Heer (lat. vigilia)

4629 *Lethes Flut.* der Fluss aus dem antiken Unterwelt-Mythos, aus dem die Verstorbenen Vergessen tranken. Da Faust jedoch noch lebt, soll er nur im Tau daraus gebadet werden

4635 *den grün umschränkten Plan.* „Plan" bezeichnet eine Wiese, hier nun von Wald umstanden

4661 *Schlaf ist Schale.* „in der die Frucht ausreift: eine sehr bezeichnende Metapher für Fausts ‚biologischen' Heilschlaf" (Albrecht Schöne, „Goethe ‚Faust' Kommentare", Frankfurt/M. 1994)

4666 *Horen.* Göttinnen der Jahreszeiten und Dienerinnen des Zeus, die den Himmel öffnen und schließen

4670 *Phöbus.* Beiname Apolls, des Gottes der Weisheit, mit dem Sonnengott gleichgesetzt

4679 *Des Lebens Pulse schlagen . . .* der fünfhebige Jambus mit Endreim gibt Fausts Worten Ernst und Würde. Die Terzinen, von Dante beeinflusst, symbolisieren die Kraft, die Faust von den Elfen verliehen wurde und die im Vergleich zum ungebändigt wirkenden Knittelvers des Anfangsmonologs von „Faust I" beherrscht, harmonisiert wirkt

4695 *Hinaufgeschaut . . .* „Eins der großartigsten Bilder der gesamten goetheschen Dichtung. Faust erwartet den Aufgang der Sonne. Sie ist ihm Sinnbild des Unendlichen. Sie erscheint – und er ist geblendet. Sein Auge kann sie nicht ertragen. Er muss sich abwenden. Nun fällt sein Blick auf die Landschaft; vorher dunkel und tot, ist sie jetzt voll leuchtender Farbe; über dem Wasserfall glänzt in feuchtem Dunst ein bunter Regenbogen. Dies alles wäre nicht ohne die Sonne, aber es ist nicht die Sonne selbst; es ist ihr Abglanz in den irdischen Dingen. Nach Goethes Farbenlehre – die immer zugleich Symbolik ist – ist Farbe die Mischung, die Verbindung von Licht und Materie. Das Auge ist nicht gemacht, in die Sonne zu schauen; aber wir stehen auch nicht im Dunkel; denn das Auge erkennt das herrliche Spiel der Farbe. Und so ist der menschliche Geist nicht gemacht, das Göttliche unmittelbar zu erkennen, aber er ist auch nicht in Dunkel gebannt; er erkennt es im Abglanz. Es ist eine Grundanschauung, die sich durch Goethes sämtliche Werke zieht: Die Welt, die uns gegeben ist, ist Widerschein des Unendlichen. Er hat dafür viele Wörter: Gleichnis,

Symbol, vor allem aber das von ihm neu geschaffene bildhaft-tiefsinnige Wort Abglanz ...“ (Erich Trunz „Goethe, Faust“, 3. Auflage, Hamburg 1954, zur Stelle)

4714 *in jugendlichstem Schleier.* d. h. im Nebelstreif von Vers 4688

4727 *am farbigen Abglanz haben wir das Leben.* vgl. dazu die Anmerkung zu Vers 4695

4730 *den Weisen* ...d. h. den Hofastrologen, der mit Hilfe seiner Sterndeutungen den Herrscher berät

4741 *Hellebarden.* mittelalterliche Hieb- und Stoßwaffen

4743ff. *Was ist* ...die Antwort auf Mephistos Fragen lautet: der Narr, als der er sich bei Hofe einführt

4747 *darfst du nicht* ... so viel wie: brauchst du nicht

4755 *ging ... weit in's Weite.* Umschreibung für: Er ist tot

4759 *der hat vertan.* vgl. die vorstehende Anmerkung

4765 *in diesen Tagen.* die Szene spielt zur Zeit des Karnevals

4767 *Schönbärte.* von spätmittelhochdeutsch „schemebart“ für: Maske

mummenschänzlich. von „Mummenschanz“: Maskenfest

4771 *Geschehen ist's* ... der Staatsrat ist nun einmal einberufen, so will ihn der Kaiser auch anhören

4780–4786 *Wenn's fieberhaft durchaus im Staate wütet* ... der Göttinger Literaturwissenschaftler Albrecht Schöne sieht hier eine Parallele zur Situation des Staatsrats (!) der DDR (so auch Verse 4793f., 4812f., 4841ff.); in FAZ v. 3. 1. 2004, S. 35: „Karl Marx lernte von Mephisto ...“

4784 *Wo Missgestalt* ... bezieht sich auf den Staat, dessen Missgestalten in den folgenden Versen geschildert werden

4817 *auszudauern.* d. h. überdauern (durch Verweigerung und Widerstand)

4819 *Mietsoldat.* Hinweis auf das Söldnerwesen

4824 *der hat* ... gemeint ist: der hätte ...

4829f. *Könige da draußen* ... eine Anspielung auf die Gleichgültigkeit europäischer Herrscherhäuser gegenüber dem Schicksal Ludwigs XVI. in der Französischen Revolution

4832 *Subsidien.* Hilfsgelder

4833 *Röhrenwasser.* Wasser, das nicht aus dem Brunnen entnommen wird, sondern aus (damals) selten intakten, mithin wenig zuverlässigen Leitungen fließt

4844 *gleichgültig.* im wörtlichen Sinn zu verstehen: gleichwertig

4845 *Ghibellinen, Guelfen.* im 13. Jhdt. italienische Anhänger der Hohenstaufen bzw. der päpstlichen Politik

4858 *Welschhühner.* Truthühner

4859 *Deputat.* Naturalabgaben der Bauern und Pächter

4864 *Gesäufte.* so viel wie Gesaufe, Sauferei

4870 *Der Jude.* Geldverleiher, im großen Stil Hofbankiers, waren im ausgehenden Mittelalter Juden, weil den Christen das Zinsnehmen verboten war – andererseits den Juden aber Handwerksberufe verwehrt waren

4871 *Antizipationen.* Vorschüsse

4875 *vorgegessen Brot.* d. h. noch nicht bezahltes Brot
4885 *Schalk.* so viel wie: böswilliger Betrüger
4891 *Estrich.* Fußboden
4897 *... zu Christen.* der Kanzler ist zugleich Erzbischof, vgl. Verse 10931ff. und die voraufgehende Regieanweisung
4902 *Zwitterkind.* Mischling, von versch. Arten abstammend, hier auf Natur und Geist (4897) bezogen
4914 *In ... schwärzen.* so viel wie einschmuggeln
4915 *Ihr hegt euch.* ihr stützt euch auf ...
4922 *münzt.* d. h. zu Münzen prägt
4924 *Fastenpredigt.* die Bußpredigt nach der Zeit des Karnevals
4949 *Kreis um Kreise ... Stund und Haus.* Fachbegriffe, Grundlagen astrologischer Sterndeutung
4955ff. *Die Sonne ...* der Hofastrologe gehörte wie der Hofnarr zum Gefolge des Herrschers. Vermeintlich geheimnisvoll, sind die von ihm aufgezählten Analogien Grundlage des mittelalterlichen magischen Weltbildes: Sonne – Gold – Glück – Herz; Mond – Silber – Laune – Verstand; Venus – Kupfer – Liebe – Geschlechtsorgane
4965 *Sol.* (lat.). Sonne
4976 *Gauch.* Kuckuck, veraltet für: Narr
4979 *Alraunen.* Zauberwurzeln von menschenähnlicher Form
4992 *Spielmann.* Figur des Volksaberglaubens, vgl. „Der Knabe im Moor" von Droste-Hülshoff
5011 *Leimenwand.* Lehmwand (des Stalls, mit Salpeter-Ausblühungen)
5025 *Dauben.* Seitenbretter des Fasses
5032 *Mysterien.* Geheimnisse, Geheimlehren
5041 *eine Herde goldner Kälber.* vgl. 2. Mose, Kap. 32
5049 *das bunte Freudenspiel.* gemeint ist der Karneval
v. 5061 *Exeunt.* sie gehen ab
5063 *Stein der Weisen.* nach alchimistischem Aberglauben verhilft er zu Reichtum und Gesundheit
5072 *an heiligen Sohlen.* d. h. als er, dem Papst huldigend, diesem den Pantoffel küsste
5073 *das Recht zur Macht.* d. h. die Krönung zum Kaiser durch den Papst
5075 *die Kappe.* die Narrenkappe, d. h. die Maskierung, stammt aus dem italienischen Karneval
5098 *Blumen, glänzend künstlich.* hier sei darauf hingewiesen, dass Christiane Vulpius, ehe sie Goethes Gefährtin und später Ehefrau wurde, in Weimar bei Bertuch Stoffblumen verfertigt hatte
5128 *Ceres.* die römische Göttin des Ackerbaus
5134 *gewöhnlich.* gemeint ist „gewohnt, üblich"
5137 *Theophrast.* griech. Philosoph, um 370 – um 285 v. Chr., forschte auch zur Tier- und Pflanzenkunde
5156 *in Florens Reich.* Flora ist die römische Göttin der Blumen
v. 5158 *Theorben.* tief gestimmte Lauten des 16. – 18. Jh.
5187 *Sponsierer.* Freier, zu lat. Sponsalie = Verlöbnis
5194 *dritter Mann.* ein dem Plumpsack ähnliches Gesellschaftsspiel
5199 *Blöße.* zu „bloß", so viel wie freier Raum
5211 *witzten.* zu Witz im Sinne von engl. „wit": klug wären

v. 5215 *Pulcinelle.* derb-komische Figuren aus der ital. commedia dell'arte
v. 5237 *Parasiten.* Schmeichler, Schmarotzer
5252 *Kohlentrachten.* „Tracht", eine Wortbildung zu „tragen"
5255 *prudelt's.* so viel wie „brodelt es"
5258 *Tellerlecker.* Schmeichler
5274 *Maskenstock.* vgl. engl. „stock": Holzklotz
5292 *Toastet...* d. h. bringt einen Toast, einen Trinkspruch aus
v. 5295 *verschiedene Poeten.* Anspielung Goethes auf unterschiedliche literarische Tendenzen der Romantik
Enthusiasten. überschwänglich Begeisterte
v. 5299 *Vampyr.* Blut saugerisches Gespenst
Mythologie. Sagen- und Götterkunde
Grazien. die römischen Göttinnen der Anmut, den griech. Chariten entsprechend. Aglaia „der Glanz", Hegemone, ursprünglich Thalia, „die Blühende" und Euphrosyne „der Frohsinn"
v. 5305 *Parzen.* die römischen Schicksalsgottheiten, den griech. Moiren entsprechend. Klotho „die den Lebensfaden Spinnende", Lachesis „die das Lebenslos Zuteilende" und Atropos „die den Lebensfaden Abschneidende"
5312 *schlichten.* schlicht, d. h. glatt machen
5335 *Weife.* Haspel zum Winden , Aufwickeln des Spinngarns
5349ff. *Furien.* römische Rachegöttinnen, griech. Erinyen. Alecto „die nie Ablassende", Megäre „die Neiderin", Tsiphone „die den Mord Rächende"
5372 *ungleich.* wankelmütig
5378 *Asmodi.* alttestamentlicher Dämon (Buch Tobias 3, Verse 8 u. 17)
5395 *ein Berg.* gemeint ist ein Elefant
5450 *jene Göttin.* die Siegesgöttin, Nike, lat. Victoria, wie sie im Museum des Louvre in Paris zu finden ist
v. 5457 *Zoilo-Thersites.* Thersites ist ein hässlicher Demagoge unter den Troja belagernden Griechen, Zoilos ein griechischer Redner, der Homer gehässig kritisierte
5462 *Aar.* Adler
5472 *des frommen Stabes.* gemeint ist der Heroldsstab
5479 *Otter und Fledermaus.* die Tiere symbolisieren Gift und Nacht (vgl. A. Schöne, z. St. im Kommentar der Frankfurter Goethe-Ausgabe, 1994)
5499 *Weder wanke, weder weiche.* der Vers bezieht sich natürlich nicht auf die Zeile zuvor, sondern auf den Herold
5518 *magische Laterne.* die Laterna magica, ein Gerät zum Projizieren von auf Glas gemalten Bildern
in 5520 *Knabe Wagenlenker.* nach Goethes Hinweis gegenüber Eckermann (20. Dez. 1829) die allegorische Vorwegnahme des Euphorion des dritten Akts
5539 *Sponsierer.* jemand, der um ein Mädchen wirbt, ihr den Hof macht
5594 *Pfiffe.* Kunststücke, Taschenspielertricks
5609 *Gesicht.* Sehen, Sehvermögen
5617 *die Palme.* gemeint ist die Siegespalme

5627 *Den grünen Zweig.* d. h. den Lorbeerkranz
5641 *Scharlatan.* Marktschreier, Kurpfuscher
5642 *Gekauzt.* geduckt
5649 *Avaritia.* der Geiz
5660 *erspulen.* Hinweis auf Garnspinnen
5661 *ihren Buhlen.* ihren Liebhaber
5670 *Strohmann.* Vogelscheuche
Schlappe. so viel wie Ohrfeige
5671 *Marterholz.* das Kreuz Christi
5732 *Rechenpfennige.* zum Üben auf dem Rechenbrett wurden Blechpfennige verwendet
5747 *Umgang.* d. h. Rundgang
5780 *Schwank.* so viel wie lustiger Streich
5791 *widerwärtig.* d. h. ablehnend
5798 *Narrenteidung.* veraltet für: Narretei, Narrenposse
5804 *Pan.* griech. Schutzgott der Hirten, aber auch Walddämon, der „Panik", d. h. Schrecken erregt
5805 *Sie wissen doch, was keiner weiß.* d. h. dass „hinter der Maske des großen Pan der Kaiser steht" (A. Schöne z. St., vgl. Anm. zu Vers 5479)
5819 *Faunenschar.* Faune sind in der röm. Mythologie lüsterne Waldgeister
v. 5829 *Satyr.* übermütig-lüsterner Naturdämon der griech. Mythologie
v. 5840 *Gnomen.* Kobolde, Zwerge
5848 *Gütchen.* „hilfreich-wohlgesinnte Wichtelmänner" (A. Schöne z. St., vgl. Anm. zu Vers 5479)
5849 *Felschirurgen.* der Sage nach betreiben Zwerge Bergbau
5860 *die drei Gebot'.* in Verbindung mit Vers 5857ff. wohl das 7., 6. und 5. der biblischen Gebote
5866 *Natürlich.* d. h. naturgemäß
v. 5872 *Nymphen.* in der antiken Mythologie niedere Naturgottheiten, schöne junge Mädchen, oft Töchter des Zeus
5903 *Troglodytisch.* nach Art der Höhlenbewohner
6002 *Salamander.* gilt als Symbol der Flamme überhaupt
6022 *Nereiden.* die fünfzig Töchter des Nereus, des griech. Meeresgottes
6025 *Thetis.* Meernymphe, die bekannteste der Nereiden
6026 *Peleus.* sagenhafter König von Thessalien, heiratete Thetis. Beider Sohn war Achilleus mit dem Beinamen „der Pelide"
6027 *Olymp.* griech. Bergmassiv zwischen Makedonien und Thessalien, galt den antiken Dichtern als Sitz der griech. Hauptgötter
6032 *Tausend Einer Nacht.* berühmte arabische Märchensammlung
6033 *Scheherazaden.* Dativ des Namens der Märchenerzählerin in Tausendundeiner Nacht
v. 6037 *Marschalk.* alte Form zu „Marschall", Aufseher über das fürstliche Gesinde, Haushofmeister
6048 *Dirnen.* Prostituierte
6072 *Tausendkünstler.* d. h. das Papiergeld ist durch Zauberei entstan-

den. A. Schöne (vgl. Anm. zu Vers 5479) weist in seinem Kommentar z. St. auf die Einführung des Papiergelds 1789 in der Französischen Revolution hin – allerdings wurde das Papiergeld in Europa zuerst 1691 in Schweden eingeführt

6077 *Seht eure Stadt.* vgl. die Wirkung der Geldzusage in Dürrenmatts Stück „Der Besuch der alten Dame“, 1956 uraufgeführt

6088 *sperrig.* gemeint ist: sperrangelweit

6094 *Der Krämer schneidet aus.* d. h. der Stoffhändler schneidet zu

6100 *Schedel.* von spätlat. schedula: Zettel, hier: Banknote

6106 *Brevier.* Gebetbuch der kath. Geistlichen

6126 *amortisiert.* getilgt (da es sich ja um eine Art von Schuldverschreibung handelt)

6134 *Kustoden.* Wächter, Verwalter

v. 6149 *Bannerherr.* mittelalterliche Bezeichnung für den Lehnsherrn, der im Kriegsfall ein „Banner“, eine Schar Bewaffneter zum kaiserlichen Heer beizusteuern hatte

6153 *Flor.* Blumenfülle, auch Wohlstand

6172 *Witz.* hier in der ursprünglichen Bedeutung: Geist, Vernunft

6184 *Helena und Paris.* vgl. Anm. zu Vers 6452 und vor Vers 6479

6200 *Kielkröpfig.* missgestaltet, vgl. Kielkropf: Wechselbalg, Missgeburt

6202 *Heroinen.* zu Heroen, den Idealhelden der Antike, gebildete feminine Form

6209 *Heidenvolk.* Mephistopheles, der Teufel, entstammt christlicher bzw. altjüdischer Symbolik, in der Antike hat er keine Macht

6216 *Mütter.* Eckermann, „Gespräche mit Goethe in den letzten Jahren seines Lebens“, notierte unter dem 10. 1. 1830: „Heute zum Nachtisch bereitete Goethe mir einen hohen Genuss, indem er mir die Szene vorlas, wo Faust zu den Müttern geht. Das Neue, Ungeahnte des Gegenstandes sowie die Art und Weise, wie Goethe mir die Szene vortrug, ergriff mich wundersam, sodass ich mich ganz in die Lage von Faust versetzt fühlte, den bei der Mitteilung des Mephistopheles gleichfalls ein Schauer überläuft. Ich hatte das Dargestellte wohl gehört und wohl empfunden, aber es blieb mir so vieles rätselhaft, dass ich mich gedrungen fühlte, Goethe um einigen Aufschluss zu bitten. Er aber, in seiner gewöhnlichen Art, hüllte sich in Geheimnisse, indem er mich mit großen Augen anblickte und mir die Worte wiederholte: ‚Die Mütter! Mütter! ’s klingt so wunderlich! – Ich kann Ihnen weiter nichts verraten‘, sagte er darauf, ‚als dass ich beim Plutarch gefunden, dass im griechischen Altertume von Müttern als Gottheiten die Rede gewesen. Dies ist alles, was ich der Überlieferung verdanke, das übrige ist meine eigene Erfindung.‘ …“

6249 *Mystagoge.* Priester der antiken Mysterien in Eleusis

6250 *Neophyten.* Neuling, noch nicht in den Kult Eingeweihter

6273 *verteure.* erschwere

6277 *losgebundne Reiche.* absolute Reiche

6283 *Dreifuß.* dreibeiniges Räucherbecken, spielte im Opferkult und im Orakelwesen (Delphi) eine Rolle

in 6293 *Attitüde.* Haltung, Pose

6325 *kohobiert.* alchimistisch für: destilliert
6329 *umschranzen.* umschwärmen
6349 *Kohle . . . Scheiterhaufen* (6357). die Kohle stammt von einer Hexenverbrennung (vgl. auch A. Schöne, Kommentar z. St.)
6373 *Teppiche.* Wandbehänge (Gobelins)
6398 *Proszenium.* Platz vor dem Vorhang
6405 *Atlas.* im griech. Mythos ein Titan, der im äußersten Westen das Himmelsgewölbe tragen musste
6410 *plump und überlästig.* der dorische Tempel beeindruckte durch seine gedrungene Wucht. Goethe prägte bei seinem Aufenthalt in Paestum am 23. März 1787 (kurz nach der Entdeckung der Tempel) den Begriff „strenger Stil", der inzwischen von der Kunstgeschichte übernommen ist
6412 *Schmalpfeiler.* ein Attribut gotischer Baukunst
6447 *Triglyphe.* Block mit drei durch Stege getrennten senkrechten Rinnen am Architrav des dorischen Tempels
6452 *Paris.* der Sohn des mythischen Königs Priamos von Troja. Mit der Entführung Helenas löste er den sagenhaften Trojanischen Krieg aus, vgl. Homer, „Ilias"
6459 *Schäferknecht.* Paris wuchs, wegen einer bedrohlichen Prophezeiung, als Hirte auf dem Berg Ida auf
6477 *Ambrosia.* nach der griech. Mythologie Unsterblichkeit verleihende Götterspeise
v. 6479 *Helena.* Tochter des Zeus und der Leda, Gattin des Atriden Menelaos, König von Sparta, von Aphrodite dem Paris versprochen
6487ff. *Hab ich noch Augen? . . .* „Einer der großen Monologe Fausts, sein ganzes Inneres enthüllend. Ein neues Verhältnis zur Welt (6490), eine neue Funktion (6491) und eine neue Leidenschaft, symbolisch dafür die Worthäufung (6499f.), die, von Neigung bis Wahnsinn führend, ein Höchstmaß innerer Gespanntheit entlädt . . ." (Trunz, Kommentar zu „Faust II", Hamburger Ausgabe, z. St.)
6495 *Die Wohlgestalt . . . voreinst entzückte.* Faust erinnert sich an seine Verjüngungskur in der Hexenküche, „Faust I", Verse 2429ff.
6509 *Endymion und Luna.* die Mondgöttin, griech. richtiger Selene, hatte sich in den Jäger oder Hirten Endymion verliebt und küsste ihn heimlich im Schlaf
v. 6513 *Duenna (*span.). Anstandsdame
6559 *darf.* d. h. kann
v. 6566 *Hoch gewölbtes, enges, gotisches Zimmer.* Fausts Studierzimmer des ersten Teils
6568 *paralysiert.* lähmt
6584 *den Knaben einst belehrt.* Mephisto spielt auf die Schüler-Szene in „Faust I" an
6587 *Rauchwarm.* zu „Rauchware" für: Pelz
v. 6592 *Farfarellen* (ital.). „kleine Schmetterlinge"
6593 *Patron.* Schutzherr
6606 *Flaus.* Flausch, d. h. wollener Rock, auch Schaffell

6617 *Prinzipal.* veraltet für: Lehrherr

v. 6620 *Famulus.* veraltet für: wissenschaftlicher Assistent; in „Faust I" war dies der Titel Wagners

6629 *Vlies.* Schaffell

6634 *Nikodemus.* Name des neutestamentl. jüdischen Schriftgelehrten, vgl. Evangelium nach Johannes Kap. 3, Verse 7 und 19

6635 *Oremus.* (lat.). lasst uns beten

6638 *Bemooster Herr.* studentisch für: Student im letzten Semester

6667 *Sternenstunde.* astrologische Konstellation

v. 6689 *Baccalaureus.* erster akademischer Grad

6704 *als guter Fuchs.* studentisch für: Erstsemester (gemeint ist die Schüler-Szene in „Faust I")

6721 *Lethe.* im griech. Mythos der Fluss des Vergessens in der Unterwelt

6729 *Chrysalide.* Schmetterlingspuppe

6734 *Schwedenkopf.* d. h. ohne Zopf

6802 *Philisterhaft.* spießbürgerlich

6824 *Phiole.* bauchiges Glasgefäß mit langem Hals

6844 *entsetzt.* freigesetzt

6852 *verlutieren.* einkitten

6853 *kohobieren.* durch Destillieren klären

v. 6879 *Homunculus.* Diminutiv zu lat. homo, also: Menschlein

6903 *Bedeutend.* Goethe benutzt dieses Wort vor allem in seinen Alterswerken. Er meint damit so viel wie tiefsinnig, beachtenswert, wesentlich

6916 *Der Schwäne Fürsten.* in diesem Monolog erzählt Homunculus die Begattung Ledas durch Zeus, der die Gestalt eines Schwans angenommen hat. Aus dieser Verbindung entsteht Helena

6941 *klassische Walpurgisnacht.* Wort und Inhalt sind von Goethe erfunden, vgl. dazu die Szene „Walpurgisnacht" in „Faust I"

6952 *Peneios.* der Hauptfluss Thessaliens

6955 *Pharsalus.* hier, in Thessalien, fand 48 v. Chr. die Schlacht zwischen Caesar und Pompeius statt (vgl. die Anspielung in Mephistos Antwort)

6961 *Asmodeus.* Teufel, altpersischer Kriegsdämon

6970 *Brockenstückchen.* Anspielung auf die Walpurgisnacht-Szene in „Faust I"

6971 *Heidenriegel.* das antike Heidentum schiebt dem (christlichen) Teufel einen Riegel vor

6976 *blöde.* im ursprünglichen Wortsinn: gebrechlich, zaghaft

6977 *Thessalische Hexen.* sie galten als lasterhaft

v. 7005 *Erichtho.* eine der thessal. Hexen

7022 *Magnus.* gemeint ist Pompeius

7077 *Antäus.* ein Riese Libyens, Sohn Poseidons und der Gaia (Erde), aus deren Berührung er immer neue Kraft schöpfte

7083 *Sphinxe.* ägyptisch-griech. Sagenwesen, löwenähnlich mit nackten Brüsten

7097 *Etymologisch.* Ursprung und Geschichte der Wörter betreffend

v. 7104 *Ameisen.* Goethe greift eine Bemerkung Herodots auf

7106 *Arimaspen.* nach Herodot sagenhaftes Volk einäugiger Skythen

7123 *old Iniquity.* in Shakespeares „Was ihr wollt“ und „Richard III.“ Bezeichnung für das neben Mephisto auftretende Laster

7127 *beschnittner Mond.* Halbmond

7131 *Rätsel.* vgl. den griech. Mythos von Ödipus, der die Theben belagernde Sphinx durch die Rätsellösung besiegte
Scharaden. das gesuchte Wort muss aus Silben zusammengesetzt werden

7135 *Plastron, aszetisch zu rapieren.* lederner Brustpanzer, auf den der Fechtgegner übungshalber zielt

v. 7152 *Sirenen.* Vogelkörper mit Mädchenköpfen

7154 *Gewahrt euch.* Seht euch vor!

7156 *verwöhnen.* hier mit der negativen Bedeutung der Vorsilbe „ver-“: an etwas Schlechtes gewöhnen

7186 *Ulyss* (lat.). für Odysseus, der sich, um die Sirenen singen zu hören, an den Mast seines Schiffes fesseln ließ, seinen rudernden Gefährten aber die Ohren mit Wachs verklebte, um sie nicht zu gefährden

7197 *Wir reichen nicht hinauf ...* d. h. die Sphinxen sind mythologisch älter als Helena

7198 *Herkules.* die lat. Form für Herakles, der allerdings Sphinxen nicht bekämpfte

7199 *Chiron.* ein menschenfreundlicher Kentaur

7219 *Alcides.* gemeint ist Herakles

7220 *Stymphaliden.* die stymphalischen Vögel des griech. Mythos, die mit ihren eisernen Federn Menschen und Tiere töteten, bis sie von Herakles unschädlich gemacht wurden

7227 *Lernäische Schlange.* das bei Lerna in Arkadien hausende neunköpfige sagenhafte Ungeheuer wurde von Herakles überwunden

7235 *Lamien.* in der griech. Mythologie Kinder raubende Vampire

7237 *Satyrvolk.* gemeint ist Mephisto, der bocksfüßige Teufel

v. 7249 *Peneios.* gemeint ist der Flussgott des Peneios

7262 *Scherzergetzen.* Faust spielt im Folgenden wie zuvor Peneios (Vers 7253) auf Leda und den Schwan (Zeus) an

7329 *Philyra.* im griech. Mythos die Tochter des Okeanos, sie gebar dem Kronos den Kentauren Chiron

7337 *der edle Pädagog.* Chiron galt im Mythos als Erzieher von Theseus, Achilleus, Polydeukes, Jason u. a.

7339 *Argonauten.* im griech. Mythos die fünfzig Teilnehmer der Fahrt mit der „Argos“ nach Kolchis am Schwarzen Meer

7342 *Pallas.* griech. „Mädchen, Jungfrau“, Beiname der Athene
Mentor. Freund des Odysseus, dessen Sohn Telemachos er erzog

7345 *den Arzt ...* Chiron galt als heilpflanzenkundig

7366 *brav.* mutig, tapfer

7369 *die Dioskuren.* Kastor und Pollux, die Brüder Helenas

7372 *Boreaden.* die Söhne des Boreas, des Gottes des heftigen Nordwinds

7374 *Jason.* der Führer der Argonauten, der mit Hilfe von Medea das Goldene Vlies gewann

7375 *Orpheus.* thrakischer Sänger, Sohn der Muse Kalliope
7377 *Lynceus.* Zwillingsbruder des Idas, berühmt wegen seines scharfen Auges
7378 *das heil'ge Schiff.* die „Argos"
7383 *Phöbus.* Beiname des Apollon
7384 *Ares.* der griech. Gott des zerstörenden Krieges
Hermes. der Götterbote
7389 *dem ältern Bruder.* gemeint ist Eurystheus, der sagenhafte König von Mykene und Vetter des Herakles
7391 *Gäa.* die griech. Göttin der Erde und Mutter der Titanen
7392 *Hebe.* die griech. Göttin der Jugendblüte, Gemahlin des vergöttlichten Herakles
7393f. *Vergebens mühen ...* d. h. weder die Dichter noch die Bildhauer können Herakles wiedergeben, abbilden
7416 *aus Räuberfaust befreit.* Kastor und Pollux hatten Helena aus Attika, wohin Theseus sie verschleppt hatte, nach Sparta zurückgebracht
7435 *Achill auf Pherä.* Anspielung, wonach der vor Troja getötete Achill mit Helena nach ihrem Tod vermählt wurde
7450 *Manto.* weissagende Tochter des Priesters Teiresias (nicht des Heilgottes Äskulap)
7460 *niederträchtig.* d. h. er ließe sich „nach unten", ins Gewöhnliche ziehen
7465 *Hier trotzten Rom und Griechenland ...* gemeint ist das Schlachtfeld bei Pydna, wo die Römer die Makedonier 168 v. Chr. besiegten
7487 *Asklepischer Kur ...* d. h. Faust müsste eigentlich von seiner Liebe geheilt werden
7490 *zu Persephoneien.* Persephone, Gemahlin des Hades und Herrscherin in der Unterwelt
7492 *Lauscht ... verbotenem Gruß.* d. h. sie sehnt sich nach der Oberwelt zurück
7493 *den Orpheus eingeschwärzt.* von Sehnsucht nach seiner Gemahlin Eurydike getrieben, hatte der thrakische Sänger den Weg ins Totenreich gefunden
v. 7519 *Seismos.* das personifizierte Erdbeben
7531 *Es ist derselbe ...* dem Mythos zufolge war es der Meeresgott Poseidon, der Delos, die heilige Insel im Mittelpunkt der Kykladen, aus dem Meer hob. So konnte Leto, die Kreißende, Apollon und Artemis gebären
7545 *Karyatide.* steinerne Gewölbeträgerin
7561 *Pelion und Ossa.* Gebirge, die die thessalische Ebene vom Ägäischen Meer trennen
7564 *Parnass.* Gebirgsstock in Mittelgriechenland, nahe Delphi, galt als Sitz Apollons
7566 *Apollon.* der griech. Gott des Lichts, auch mit dem Sonnengott Helios gleichgesetzt. Gott der Weissagung und Musenführer
7567 *Musen.* in der Antike Schutzgöttinnen der Künste
7568 *Jupiter.* römischer Name für Zeus, den griech. Göttervater, sein

Sitz der Olymp, seine Attribute die Donnerkeile, da er auch als Herr von Blitz und Donner galt

7575 *Emporgebürgte.* Goethe, der gern Neologismen prägte, „malt" hier die Gebirgsauffaltung

7585 *Imsen.* gemeint sind die Ameisen

v. 7622 *Daktyle.* der klassische Versfuß „Finger" (eine Länge, zwei Kürzen)

v. 7660 *Die Kraniche* ... Anspielung auf Schillers Ballade, der der griech. Mythos vom Raubmord an dem Sänger Ibykos zugrunde liegt

7677 *nicht just.* nicht recht geheuer

7680 *Frau Ilse* ... der Ilsenstein im Harz

7682 *Schnarcher ... Elend.* die Schnarcherklippen bei Elend im Harz

7714 *das Volk.* bezieht sich auf die Mephisto umgaukelnden weiblichen Erscheinungen, das „Weibervolk"

7719 *die Luder.* Schimpfwort für: liederliche Personen

v. 7732 *Empuse.* nach griech. Volksglauben eine vielgestaltige Spukfigur: Maulesel, Hund, schönes Mädchen

7736 *Mühmichen.* Diminutiv zu Muhme, veraltet für: Tante

7747 *Eselsköpfchen.* Anspielung auf nordische Liebesdämonie, vgl. Shakespeares „Sommernachtstraum"

7759 *Metamorphosen.* Gestaltwandlungen

7774 *Lacerte* (lat.). Eidechse

7777 *Thyrsusstange.* Stab mit Efeubüschel oder Pinienzapfen, Zeichen des Dionysos und seines Gefolges

v. 7811 *Oreas.* eine der Oreaden, der griech. Berg- und Wäldernymphen

7814 *Pindus.* unwegsames Gebirge in Nordgriechenland, zwischen Thessalien und Epirus

v. 7851 *Anaxagoras* (griech.). Naturphilosoph, um 500 – 428 v. Chr.

Thales. der erste griech. Philosoph, Mathematiker und Astronom, um 624 – 546 v. Chr.

7865 *Plutonisch.* Pluto ist der (Reichtum spendende) griech. Gott der Erdentiefe; im Streit der beiden Philosophen spielt Anaxagoras als Vertreter des Vulkanismus auf ihn an (während Thales als Verteter des Neptunismus auftritt)

7866 *Äolisch.* Aiolos, der Gott der Winde, die er in einer Höhle eingeschlossen hielt

7873 *Myrmidonen.* in der Sage thessalischer Volksstamm, mit dem Achilleus in den Trojanischen Krieg zog

7905 *Diana, Luna, Hekate.* Artemis (röm. Diana) galt auch als Mondgöttin; die röm. Luna entsprach der griech. Mondgöttin Selene; Hekate, Göttin des Zaubers und der Gespenster, war den Griechen ebenfalls Mondgöttin. – Goethe verwendet diese drei Gottheiten zur Umschreibung der Mondphasen

7915 *rundumschriebner Thron.* gemeint ist die volle Mondscheibe. Hier im Folgenden als Meteorsturz (vgl. auch Vers 7939) geschildert

v. 7959. *Dryas.* eine der Dryaden, der griech. Baumnymphen

7967 *Phorkyaden.* in der griech. Mythologie die Graien, drei Töchter des Phorkys: Sie besaßen gemeinsam nur ein Auge und einen Zahn

7972 *Alraune.* vgl. Anm. zu Vers 4979

7989 *Ops.* röm. Göttin des Erntesegens, sie wurde Rhea, der Gemahlin des Kronos, gleichgesetzt
7990 *Parzen.* vgl. Anm. vor Vers 5305
7999 *Juno.* die höchste röm. Göttin (griech. Hera)
8017 *der Dritten Bildnis . . .* wie im griech. Mythos Perseus nimmt Mephisto Zahn und Auge der Phorkyaden
8029 *Hermaphrodit.* zutiefst ironisch; denn Hermaphroditos ist in der griech. Sage der schöne Sohn des Gottes Hermes und der Aphrodite, mit einer Quellnymphe zum Zwitter verbunden
v. 8034 *Zenit.* Scheitelpunkt des Himmels
v. 8044 *Nereiden.* vgl. Anm. zu Vers 6022
Tritonen. niedere Meeresgottheiten, von den Hüften an fischleibig
8067 *der kleinsten Reise.* (in Verbindung mit Vers 8074) zum Heiligtum der Kabiren, der Insel Samothrace (Vers 8071)
8082 *Nereus.* im griech. Mythos der sanfte, greise Meeresgott, besaß die Gabe der Weissagung
8119 *Ilios.* anderer Name für Troja
8123 *Circe.* Zauberin, verwandelte die Gefährten des Odysseus in Schweine
Zyklopen (griech.). „Rundaugen", Söhne des Uranos und der Gaia. Polyphem sperrte Odysseus und seine Gefährten ein, um sie zu verspeisen
8141 *Neptunus' Pferde.* der röm. Meeresgott (griech. Poseidon) war mit Pferd und Stier verbunden
8144 *Venus' Muschelwagen.* Botticelli bildet die „Schaumgeborene" auf einer Muschel ab
8145 *Galatee.* eine der Nereiden
8146 *Kypris.* Zypern. Hier, in Paphos, befand sich eine Kultstätte der Aphrodite (röm. Venus)
8152 *Proteus* (griech.). Meergott und Diener des Poseidon, besaß ebenfalls die Gabe der Weissagung
8170 *Chelonens Riesenschilde.* gemeint ist die Galapagos- oder Elefantenschildkröte
8178 *Kabiren.* niedere Gottheiten kleinasiatischen Ursprungs, Fruchtbarkeitsgötter und Beschützer der Seeleute
8215 *das goldne Vlies.* im griech. Mythos Fell eines goldenen Widders, das die Argonauten raubten
8220 *Töpfe.* richtiger wohl: Tröpfe
8256 *hermaphroditisch.* vgl. Anm. zu Vers 8029
8266 *grunelt.* „Mundartlich wie ‚grüneln'. Häufig bei Goethe . . . für das naturhafte Wachstum und sich regende Leben" (A. Schöne, vgl. Anm. zu Vers 5479)
v. 8275 *Telchinen.* zauberkundige bösartige Schmiededämonen, auf dem Land wie im Wasser lebend
Hippokampen. Mischwesen aus Pferd und Schlange, ähnlich den Seepferdchen
8277 *der Donnrer.* Beiname für Zeus, vgl. Anm. zu Vers 7568
8292 *Päan.* Lieder schon aus vorliterarischer Zeit, mit denen ursprünglich Apollon angerufen wurde

8333 *Nachdem es kommt.* zu ergänzen: ‚je' nachdem ‚wie' es kommt
v. 8359 *Psyllen und Marsen* (lat.). Plinius „zauberkräftige und heilkundige Völkerstämme der Antike" (A. Schöne z. St.)
8365 *Cypriens Wagen.* vgl. Anm. zu Vers 8144
8369 *die lieblichste Tochter.* vgl. Anm. zu Vers 8146
8371f. *Adler ... Mond.* Anspielung auf die im Laufe der Zeit Herrschenden: Rom (Adler), Venedig (Leu, Löwe), die Kreuzritter (Kreuz) und die Türken (Mond)
8411 *Was Zeus allein gewähren kann.* nämlich die Unsterblichkeit
8469 *verführt.* zur Vorsilbe „ver-" vgl. Anm. zu Vers 7156
8487 *Element' ihr alle vier.* nämlich Feuer, Wasser, Luft, Erde
v. 8488 *Vor dem Palaste ...* Goethe knüpft an das klassische griech. Drama an und lässt die Handlung vor der Burg, dem Königspalast spielen (vgl. Sophokles, „König Ödipus", Hamburger Leseheft 182). Auch die Übernahme von Chor, Chorführer, die Begrenzung der Zahl der Schauspieler sowie das Versmaß des sechsfüßigen Jambus (bzw. achttaktige Trochäen Verse 8909ff.) entsprechen dem antiken Vorbild ebenso wie die Stichomythie (kurze Wechselrede) und die teilweise seltsame Wortwahl (z. B. Vers 8562, 8809)
8491 *phrygischen Blachgefild.* d. h. Troja (Phrygien, ursprgl. eine Landschaft im mittleren Kleinasien, reichte im 8./7. Jh. als Königreich bis an Ägäis und Dardanellen)
8493 *Euros.* der Südostwind
8494 *Menelas.* Menelaos, König v. Sparta
8497 *Tyndareos.* König von Sparta, Gemahl Ledas
8498 *Pallas' Hügel.* die Akropolis von Athen – aber während Zeus mit Leda Helena zeugte, befand Tyndareos sich weit westlich in Aitolien
8499 *Klytämnestren.* Tochter von Tyndareos und Leda
8500 *Kastor und Pollux.* die Dioskuren der griech. Mythen, die teils Zeus, teils Tyndareos als Vater benennen
8511 *Cytherens Tempel.* Beiname Aphrodites (lat. Venus). Als Helena dort opferte, wurde sie von Paris, dem phrygischen Räuber, entführt
8537 *gegen mir.* mir gegenüber
8538 *Eurotas.* Fluss, an dem Sparta liegt
8547 *Lakedämon.* die Stadt Sparta (und das Staatsgebiet, Lakonien)
8551 *Schaffnerin.* Verwalterin, Haushofmeisterin
8570 *Dreifuß.* vgl. Anm. zu Vers 6283
8630 *Ilios' Schutt.* das zerstörte Troja
8653 *die Stygischen.* die Götter der Unterwelt, nach dem dortigen Fluse Styx
8676 *verhülltes großes Weib.* Mephisto als Phorkyas, vgl. Verse 8012ff.
8685 *der Thalamos.* das Ehebett
8696 *Phöbus.* vgl. Anm. zu Vers 4670
8728f. *Phorkys' Töchter.* die Phorkyaden oder Graien („die Alten")
8762 *Orkus* (lat.). die Unterwelt (griech. Hades)
8772 *mänadisch.* die Mänaden sind bis zur Raserei begeisterte Frauen aus dem Gefolge des Weingottes Dionysos (röm. Bacchus)

8779 *Zikaden.* Heuschrecken

v. 8812 *die Choretiden.* die einzelnen Chortänzer, -mitglieder, die Choreuten

8812 *Erebus.* das aus dem Chaos geborene Dunkel der Erdentiefe

8813 *Scylla.* Meeresungeheuer

8817 *Tiresias.* der in der Unterwelt lebende greise blinde Seher

8818 *Orion.* sagenhafter wilder Jäger, von Artemis getötet

8819 *Harpyen.* Ekel erregende Sturmdämonen, alles besudelnd

8840 *Städteverwüstenden.* auf Troja bezogen, zu dessen Eroberung und Zerstörung Helena Anlass war

8848 *Theseus.* vgl. Anm. zu Vers 7416

8851 *Aphidnus.* Freund des Theseus

8855 *Patroklus.* Freund des Achilleus (des Peliden)

8859 *Hermione.* Tochter des Menelaos und der Helena

8861 *allzu schöner Gast.* gemeint ist Paris

8864 *Kreterin.* Mephisto-Phorkyas in der Rolle der Schaffnerin bezeichnet sich als in Kreta Geraubte

8872 *doppelhaft Gebild.* eine von Euripides verwendete Sage wollte wissen, Paris habe ein Trugbild nach Troja entführt, Helena aber sei von den Göttern nach Ägypten entrückt worden

8877 *Achill.* vgl. Anm. zu 7435

8879 *Idol.* Phantom, Trugbild

8889f. *des dreiköpfigen Hundes Rachen.* gemeint ist Kerberos, der Torhüter am Eingang zum Hades

8896 *Lethe schenkend.* Lethe, der Fluss der Unterwelt, aus dem die Gestorbenen Vergessen tranken

8926 *geahnt.* vgl. die Verse 8528f.

8957 *Parzen.* die Schicksalsgöttinnen (griech. Moiren), vgl. Anm. vor Vers 5305
Sibylle. Seherin

8969 *Rhea.* die Mutter des Zeus

8971 *des Vortrags lang gedehnten Zug.* Mephisto-Phorkyas dehnt die Erzählung, damit, wenn er endlich seinen Vorschlag unterbreitet (Verse 9049ff), dieser nicht mehr lange bedacht werden soll

8996 *Taygetos.* Gebirgszug, trennt Lakonien von Messenien

9000 *aus cimmerischer Nacht.* aus dem Norden; also Hinweis auf Faust

9001 *Burg.* um die klassische Helena mit dem nordisch-mittelalterlichen Faust zusammenzuführen, greift Goethe auf ein Motiv aus der Zeit der Kreuzzüge zurück: Wilhelm v. Champlitte hatte 1205 beim 4. Kreuzzug große Gebiete auf der Peloponnes erobert, Guillaume v. Villehardouin 1207 das Fürstentum Achaia gegründet. Bei Sparta wurde die Normannenburg Mistra erbaut. – So bleibt Helena in ihrem Land und Faust in seiner Zeit (vgl. Trunz, Kommentar z. St., Hamburger Goethe-Ausgabe)

9002 *placken.* plagen

9016 *Großheit.* Seelengröße

9020 *Zyklopisch.* die mehrere Meter dicken Mauern von Tiryns oder Mykene werden kyklopisch genannt, weil man wegen der ungeheuren Ausmaße der einzelnen Steinblöcke glaubte, sie seien von Kyklopen zusammengefügt

9030 *Ajax.* nach Achilleus der stärkste und tapferste Grieche vor Troja

9032 *Sieben vor Theben.* nach dem Drama „Sieben gegen Theben" des Aischylos

9054 *Deiphobus.* Sohn des Königs Priamos von Troja, war Gatte Helenas, nachdem Paris gefallen war

9057 *kebste.* d. h. zur Nebenfrau hatte

9117 *Hermes.* der Götterbote war auch Psychopompos, d. h. Seelengeleiter (der Sterbenden in den Hades)

9135 *Pythonissa.* Bezeichnung für Phorkyas (von Pythia, die weissagende Priesterin des Apollon zu Delphi)

9198f. *der Mann / Mit seltnem Augenblitz.* gemeint ist Lynkeus, der wegen ungewöhnlich scharfer Augen zum Türmer bestellt war, Helena und ihre Dienerinnen jedoch nicht meldete

9243 *das beschworne Horn.* das Horn zu blasen ist des Türmers Pflicht, er hat einen Eid darauf geleistet

9310 *Das Tropfenei.* die Perle

9367f. *warum die Rede ... mir seltsam klang.* Lynkeus' Bericht weist den in der Antike unbekannten Endreim auf. Helena „deutet den Zusammenklang als Sinnbild der Liebe" (Trunz, Hamburger Goethe-Ausgabe, z. St.). Daraufhin lehrt Faust sie im Folgenden reimen. Das Gespräch ist Symbol für die Vereinigung der Antike und des abendländischen Mittelalters

v. 9442 *Zinken.* Hornblasinstrumente mit Trompetenmundstück (ital. Cornetto)

9454 *Pylos.* Spartas Hafen, südwestlich an der messenischen Küste

9455 *Nestor.* der älteste der griech. Helden vor Troja, nach dessen Eroberung er nach Pylos heil zurückkehrte

9462 *Herzoge ...* Faust belehnt im Folgenden die Heerführer mit den Landschaften der Peloponnes

9470 *Elis.* Landschaft im Nordwesten der Peloponnes

9473 *Argolis.* die Landschaft um Argos (mit Mykene und Tiryns)

9512 *Nichtinsel.* die Peloponnes (zu Deutsch: Insel des Pelops) ist durch den Isthmus von Korinth mit Mittelgriechenland verbunden, im strengen Sinne als Insel also erst seit dem Kanaldurchstich 1881–1893 anzusehen

9519 *Schale.* das Schwanenei Ledas

9538 *Pan.* der griech. Schutzgott der Hirten und des Kleinviehs

9564 *vom höchsten Gott entsprungen.* Helena, von Zeus gezeugt

9565 *Der ersten Welt.* dem goldenen Zeitalter der orientalisch-griech. mythischen vier Weltalter, zuerst bei Hesiod fassbar

9569 *Arkadien.* Landschaft nordöstlich von Sparta; Sehnsuchts- und Erfüllungsmotiv der Renaissance (vgl. das Motto zu Goethes „Italienischer Reise", Teil I: „Auch ich in Arkadien")

9578 *Ihr Bärtigen ...* gemeint sind die Zuschauer

9599 *da springt ein Knabe.* „Das Motiv des Springens ist hinfort bezeichnend (geradezu Leitsymbol) für Euphorion, es ist die Fortsetzung des Faustischen Emporstrebens und wird zum Schluss zum Fliegen (entsprechend dem Faustischen Flugsymbol 394ff., 702ff., 1074ff., 1122 u. a. m.). Damit vereinigt sich das Antäus-Motiv (9611), das ebenfalls schon für Faust (7077) Anwendung fand: das Kraftschöpfen aus der Erde.“ (E. Trunz, a. a. O., z. St.)

9603 *Genius.* bei den Römern die göttliche Verkörperung der Lebenskraft
faunenartig. vgl. Anm. zu Vers 5819

9611 *Antäus.* vgl. Anm. zu Vers 9599 und 7077

9620 *die goldne Leier.* Attribut Apollons (mit dem Beinamen Phöbus, Gott des Lichts), der das Instrument von Hermes erhielt

9644 *dem Sohne sang der Maja.* die Bergnymphe, Tochter des Atlas, wurde durch Zeus Mutter des Hermes, von dessen Geburt und ersten Taten der Chor unter strafendem Hinweis auf die alten Mythen (Ahnherrntage, Vers 9640) im Folgenden berichtet

9669 *Trident.* der Dreizack, Poseidons Wahrzeichen

9672 *Hephästos.* der griech. Gott des Feuers und der Schmiedekunst

9675 *Eros* (griech.). Gott der Liebe

9677 *Cyprien.* vgl. Anm. zu Vers 8146

9680 *Fabeln.* die Mythen, die der Chor wiedergab

v. 9695 *Euphorion.* im griech. Mythos der geflügelte Sohn des Achilleus und der Helena – der Name bedeutet: leichtfüßig

9742 *Plan.* der (ebene) Boden

9798 *widerwärtig.* widerstrebend

9804 *Gedränge.* Bedrängnis

9825 *Pelops' Land.* die Peloponnes, als „Insel des Pelops“ durch die zahlreichen Buchten erde- wie seeverwandt

9861 *Amazonen.* im griech. Mythos kriegerisches Frauenvolk in Kleinasien

9863 *Poesie.* vgl. hierzu Eckermann, a. a. O., 20. 12. 1829: „‚Der Euphorion‘, antwortete Goethe, ‚ist kein menschliches, sondern nur ein allegorisches Wesen. Es ist in ihm die Poesie personifiziert, die an keine Zeit, an keinen Ort und an keine Person gebunden ist.‘“

9873 *im Geiste schon getan.* sich vorgestellt

9901 *Ikarus.* im griech. Mythos der Sohn des Daidalos. Als er mit seinem Vater, von Kreta fliehend, der Sonne zu nahe kam, schmolz das Wachs der aus Federn verklebten Flügel und er stürzte ins Meer

v. 9903 *Aureole.* Heiligenschein

9944 *Persephoneia.* die Toten- und Unterweltsgöttin

v. 9955 *die Exuvien.* bei Tieren: abgelegte Häute (vgl. Schlangen), hier Sinnbild der Metamorphose, der Verwandlung

9975 *Asphodelos.* Affodill, eine Liliengewächsgattung

9988–10038 *zum Hades ... nimmer ...* der Chor verwandelt sich teils in Baum-, teils in Echo-, Quell- und Weinnymphen

10007 *mäandrisch.* in engen Windungen (nach dem kleinasiat. Fluss Maiandros, türk. Menderes, gebildet)

10017 *Bacchus* (röm.). für Dionysos, den griech. Weingott

10027 *Kufe.* Bottich

Keltrer. die Trauben mit den Füßen Zertretende
10030 *Zimbeln . . . Becken.* metallene Schlaginstrumente
10031 *Mysterien.* geheime Götterkulte
10032 *Ziegenfüßler.* Satyrn und Silene (Naturdämonen)
nach 10038 *Kothurn.* Fußbekleidung der Schauspieler, die sie größer erscheinen lässt
Epilog. Nachwort
10047 *modeln.* formen
10061 *Aurorens Liebe.* Aurora, die röm. Göttin der Morgenröte, als Anspielung auf erste jugendliche Gefühle
v. 10067 *Siebenmeilenstiefel.* ein nordisches Märchenmotiv, literarisch verarbeitet in Adalbert v. Chamissos Märchennovelle „Peter Schlemihl" (1814)
10075f. *Als Gott der Herr . . .* vgl. im Neuen Testament im 2. Petrusbrief Kap. 2, Vers 4
10094 *(Ephes. 6,12).* die Hinweise auf Bibelstellen im Text stammen von Goethe. Die Bibel war ihm vertraut, er verwendete gern Bilder aus ihr und bezeichnete sich ausdrücklich als bibelfest. In seiner Bibliothek besaß er die Übersetzung Luthers in einer Ausgabe von 1772
10109 *Moloch.* im Alten Testament Götze der Ammoniter (3. Mose 18,21)
10116 *treu-gemein.* das gemeine Volk weiß Mephisto treu, weil es an den Teufel glaubt (vgl. Vers 10119)
10131 *Matth. 4.* die Versuchung Jesu durch den Teufel wird im Folgenden auf Faust übertragen
10137 *Hauptstadt.* als entscheidendes Gestaltungs- und Erprobungsfeld für Faust, vgl. Trunz, a. a. O., z. St.: „Gemeinschaft als Qual und Freiheit, als Notdurft und Idee, mephistophelisch und faustisch gesehen, Bürger und Fürst, Masse und Einzelner"
10146 *Tor.* Stadttor, wo der Reisende kontrolliert und das nächtens geschlossen wurde
10160 *mir selbst bewusst.* d. h. selbstbewusst. – Mephisto nimmt Fausts eben sich andeutendes Herrscherdenken auf
10166 *Kaskadensturz.* künstlich angelegter stufenförmiger Wasserfall
10176 *Sardanapal.* sagenhafter assyr. König, der in Ninive ein wollüstiges Leben geführt haben soll
10183 *Erstaunenswürdiges.* die den Schluss von „Faust II" bestimmende Herrschertragödie kündigt sich an
10186 *Heroinen.* vgl. Anm. zu Vers 6202
10188 *Die Tat ist alles.* vgl. Fausts Versuche, den Anfang des Johannesevangeliums zu übersetzen („Faust I", Vers 1237)
10215 *widerlich.* widerstrebend
10223 *Hügel.* Hinweis auf den späteren Deichbau
10251f. *Regieren und zugleich genießen . . .* vgl. Goethe, „Maximen und Reflexionen": „Herrschen und genießen geht nicht zusammen. Genießen heißt, sich und andern in Fröhlichkeit angehören; herrschen heißt, sich und andern im ernstlichsten Sinne wohltätig sein."

10261 *Anarchie.* Gesetzlosigkeit, Chaos
10266 *Kapitel.* die Domherren (Kapitularen)
10296 *Vasallen.* Lehensträger, Anhänger
10320 *Bergvolk.* Berggeister
10321 *Peter Squenz.* Titelfigur eines Schimpfspiels von Gryphius (1658)
10322 *Prass.* Lärm
Quintessenz. Ergebnis, das Wesentliche
v. 10335 *Habebald.* Goethe lehnt sich bei der Namensgebung an das Alte Testament (Jesaja 8,1–3) an
10343 *den grauen Kerl.* Haltefest meint sich selbst
v. 10345 *Trabanten.* Diener, Leibwächter
10360 *Phalanx.* geschlossene Schlachtreihe (heute feminin)
10361 *Piken.* Spieße
10388 *wenig Gunst.* wenig Günstiges
10413f. *Ringspiel ... Turnier.* den Kaiser langweilte geselliges Geschicklichkeitsspiel, er sehnte sich nach ritterlichem Gefecht
10418 *Feuerreich.* vgl. Verse 5934ff.
nach 10422 *Herausforderung.* d. h. zum ritterlichen Zweikampf
10424 *Vorsicht.* Faust hat den Helm halb geschlossen, also das Visier heruntergeklappt, damit der Kaiser ihn nicht als den Zauberer, den Wundermann aus dem ersten Akt wieder erkennen soll
10425 *simuliert.* grübelt
10439 *Negromant.* Schwarzkünstler, Magier – Faust beruft sich auf ihn, um seine Identität zu verschleiern (vgl. Vers 10424)
Sabiner. vielleicht: aus den Sabiner Bergen nördlich von Rom
10461 *Morgenstunde.* d. h. wenn noch offen ist, wie der Tag verlaufen wird
10467 *Selbst ist der Mann!* der Kaiser geht noch vom geplanten Zweikampf aus
10514 *grass.* zu „grässlich"
v. 10531 *Eilebeute.* vgl. zu Anm. vor Vers 10335
10532 *Buhle.* veraltet für: Geliebter
10545 *der Alte.* wieder (wie in 10343) meint Haltefest sich selbst
v. 10554 *zu den Wissenden.* gemeint sind die Zuschauer (die um die Verabredung in den Versen 10301ff. wissen)
10560 *leere Schneckenhäuser.* d. h. er hat die Ritterharnische aus den Arsenalen mit Teufelchen (Vers 10563) bemannt
10574 *Gewehre.* d. h. die Hieb- und Stichwaffen
10589 *Gesicht.* Anblick (vgl. etwa das „zweite Gesicht")
10600 *Widerschein der Dioskuren.* Faust erklärt den Feuerzauber als Abglanz eines Sternbilds
10606 *dem Meister.* vgl. Vers 10439 und die Anm. dazu
10612ff. *mich pomphaft umzuführen ...* der Kaiser erinnert sich, wie er bei seinem Rundgang (am Krönungstag, Vers 10988) in Rom den Negromant aus Norcia vom Scheiterhaufen rettete
10627 *fabelhaftes Tier.* Fabelwesen
v. 10640 *die Rechte.* d. h. der rechte Heeresteil
10712 *Undinen.* im Wasser hausende weibl. Elementargeister

10713 *ihrer Fluten Schein.* d. h. eine vorgegaukelte Überschwemmung (vgl. Mephistos amüsierte Schilderung 10734ff.)
10748ff. *Ein Feuer, leuchtend ...* d. h. zur vorgegaukelten Überschwemmung soll ein vorgetäuschtes Feuer kommen (vgl. Verse 10760f.)
10772 *Guelfen, Ghibellinen.* vgl. Anm. zu Vers 4845
10774 *wöhnlich.* d. h. wohnhaft
10791 *Morgenstern.* Stachelkugel als Schlagwaffe
10811 *Schoß.* die Schürze aus Vers 10814
10828 *Kontribution.* besondere Kriegssteuer
10845 *Flor.* hier: Nebeldunst
10851 *verräterisch.* Hinweis auf den Gegenkaiser
10866 *Herr Gott, dich loben wir!* das lat. Te Deum laudamus in Luthers Übersetzung
10872 *vier Würdigen.* der Kaiser verleiht die Reichsämter an die vier weltlichen Kurfürsten: Erzmarschall (Sachsen), Erzkämmerer (Brandenburg), Erztruchsess (Pfalzgraf bei Rhein), Erzschenk (Böhmen). Von den drei geistlichen Kurfürsten (Köln, Trier, Mainz) tritt der Letztere als Siegelführer auf
10900 *Vorwerk.* abgetrennter Wirtschaftshof auf landwirtschaftlichen Gütern
10918 *Büfett.* Geschirrschrank, Anrichte
10927 *Gift.* Geschenk, Gabe (vgl. Mitgift)
10928 *Schrift.* Urkunde
10929 *Signatur.* Unterschrift, Namenszug (vgl. Vers 10966), vom Kaiser nur in kleinem Häkchen an den vorgefertigten Namenszug angefügt
10942 *Anfall.* durch Erbschaft, Eheschließung anfallendes Erbe (Amtssprache)
10944 *Gerechtsame.* Nutzungsrechte, Vorrechte
10947 *Beth'.* Naturalabgabe (Amtssprache)
Geleit. für das Recht, Reisende zu geleiten (zu schützen), können Abgaben erhoben werden
10948 *-regal.* wirtschaftlich nutzbares Hoheitsrecht, das eigentlich dem König (vgl. lat. rex, regis) zusteht
10955 *hoher Ahnen Kette.* Anspielung auf die erbliche Thronfolge
10958 *den Folger zu ernennen.* damit werden die Fürsten erst wirklich zu Kurfürsten, die den Nachfolger zu „küren", zu wählen haben
10985 *sträflich.* strafend
10986 *heiligem Strahl.* Kirchenbann
10988 *den Zauberer befreit.* vgl. Anm. zu den Versen 10439 und 10612ff.
10995 *horchsam.* aufmerksam
11024 *Landsgefälle.* die Abgaben eines Gebietes
11042 *zunächst.* als nächstes
11054 *alt.* ergänze: zu
v. 11059 *Baucis.* ihr Name wie auch Philemon (Vers 11069) sind Ovids „Metamorphosen" entnommen; sie bezeichnen dort ein frommes Ehepaar in Phrygien, das Jupiter und Merkur gastfreundlich aufnahm. Dazu Eckermann (a. a. O., 6. 6. 1831): „‚Mein Philemon und Baucis', sagte Goethe, ‚hat mit jenem berühmten Paare des

Altertums und der sich daran knüpfenden Sage nichts zu tun. Ich gab meinem Paare bloß jene Namen, um die Charaktere dadurch zu heben.“

11073 *Jenes grausen Abenteuers.* der Wanderer hatte Schiffbruch erlitten

11085ff. *Garten … paradiesisch Bild.* zusammen mit „Palst“ (11122) und „Kanal“ (11130) entwickelt sich eine Anspielung auf „Schloß und Park in Versailles“ (Albrecht Schöne, vgl. zu Anm. 4780)

11127 *Menschenopfer …* nicht etwa aus Aberglauben (vgl. Storm, „Der Schimmelreiter“), sondern durch Arbeitsunfälle und Fieber ums Leben gekommen

11129 *Meerab flossen Feuergluten …* Anspielung auf die Dampfmaschine, die seit 1789 im Mansfelder Bergwerk erfolgreich eingesetzt war und die Goethe als Minister für den Bergbau kannte

v. 11143 *Faust im höchsten Alter.* vgl. Eckermann (a. a. O., noch 6. 6. 1831): „‚Der Faust, wie er im fünften Akt erscheint‘, sagte Goethe ferner, ‚soll nach meiner Intention gerade hundert Jahre alt sein, und ich bin nicht gewiss, ob es nicht etwa gut wäre, dieses irgendwo ausdrücklich zu bemerken.‘“

11154 *neckt.* aus dem Zusammenhang ergibt sich, dass Faust sich böswillig gequält fühlt

11161 *Dorn den Augen …* vgl. 4. Mose, Kap. 33,55: der Kontext verrät schon Fausts Vertreibungsabsicht

11170 *Patron.* Schiffseigner

11180 *man fängt ein Schiff.* Mephisto und die Gesellen betreiben also Piraterie (Vers 11187)

11182 *hakelt man.* mit Enterhaken heranziehen

11217 *die bunten Vögel.* offenbar die Hafendirnen

11249f. *Betätigend … Wohngewinn.* vgl. die Verse 11563ff.

11255 *Willens Kür.* Goethe vermeidet „Willkür“, meint den Begriff aber indirekt umso deutlicher

11266 *Vom ersten Bad.* gemeint ist die Taufe

11268 *verschollen.* hier von „Schall“ abgeleitet

11274 *kolonisieren.* A. Schöne (a. a. O.): „umsiedeln“

11275 *schafft sie mir zur Seite.* Faust akzeptiert (vgl. Verse 11277ff.), dass Gewalt angewendet wird

11287 *Regum I,21.* im Alten Testament das 1. Buch der Könige, Kap. 21 (dort auch N a b o t h)

11288f. *Sehen … Schauen.* zur unterschiedlichen, d. h. unbewussten bzw. bewussten Wahrnehmung vgl. frz. apercevoir und s'apercevoir

11308 *Funkenblicke.* gemeint sind Funkenblitze, vgl. die folgende Schilderung

11309 *der Linden Doppelnacht.* durch das hinter ihnen lodernde Feuer erscheinen die Baumkronen umso dunkler

11312 *die innre Hütte lodert.* Schöne (a. a. O.) versteht das so, dass die Hütte „von innen her“ brennt

11337 *Mit Jahrhunderten.* Anspielung auf das Alter der Linden

11341 *die ungeduld'ge Tat.* hatte Faust das bei seinem Auftrag (Vers 11275) wirklich nicht mit in Rechnung gestellt?

11361 *weggeräumt.* brutale Fassung von Fausts Auftrag (Vers 11275)
11365 *ward gestreckt.* also (nur er?) umgebracht
11376 *Und ... hältst du Stich.* gemeint ist: aber wenn du standhältst
v. 11384 *Vier Graue Weiber.* Vergil, „Äneis“ VI, 264ff.: Hunger, Mangel, Not, Tod
11415 *Missgeschick.* feindliches Geschick (nicht etwa bloß „Pech“!)
11417 *eignet sich.* für: ereignet sich (im abergläubischen Sinn wie der ganze Vers)
v. 11423 *für sich.* gemeint ist: zu sich
11429 *ängstlich.* eng machend, beklemmend
11464 *Schiebt er's zu* ... d. h. er wird entschlusslos (vgl. die folgenden Verse bis 11490)
11469 *Litanei.* eintöniges Gerede, endlose Aufzählung
11470 *betören.* so viel wie: lähmen
11500 *Allein im Innern leuchtet helles Licht.* in Anbetracht der schweren Selbsttäuschungen, denen Faust in den folgenden Versen (vor allem 11555 – 11586) erliegt, höchst fragwürdig
11510 *Genügt ein Geist ...* der eines sich selbst Täuschenden oder doch zu Täuschenden? (vgl. die Anm. zu 11500)
11512 *Lemuren.* in der röm. Mythologie die Seelen Verstorbener, als Gespenster umgehend
11523 *kein künstlerisch Bemühn.* nicht Vermessungstechnik ist gefordert, sondern das Ausheben eines Grabes
11543 *mit strengem Band.* d. h. mit Deichen
11545 *Buhnen.* ins Meer ragende Dämme zur Landgewinnung
11567 *Hügel.* vgl. Anm. zu Vers 10223
11582 *Verweile doch* ... vgl. den zwischen Faust und Mephisto in „Faust I“ geschlossenen Pakt (Verse 1699–1706):

> „Werd ich zum Augenblicke sagen:
> Verweile doch! du bist so schön!
> Dann magst du mich in Fesseln schlagen,
> Dann will ich gern zugrunde gehn!
> Dann mag die Totenglocke schallen,
> Dann bist du deines Dienstes frei,
> Die Uhr mag stehn, der Zeiger fallen,
> Es sei die Zeit für mich vorbei!“

11584 *Äonen.* Weltalter, Ewigkeiten
11593f. *Die Uhr steht still* – auch Mephistopheles und der Chor zitieren aus dem Vertrag (Vers 1705)
11594 *es ist vollbracht.* blasphemische Anspielung auf das Jesuswort Joh. 19,30
11606 *im hänfnen Gewand.* im Totenhemd
11613 *den blutgeschriebnen Titel.* d. h. die Vertragsurkunde aus „Faust I“, vgl. Verse 1714ff.
11623 *fuhr sie aus.* hier wie in den folgenden Versen ist von der Seele die Rede
v. 11636 *flügelmännisch.* der Flügelmann an der Flanke einer exerzierenden Truppe gibt die Bewegungen vor
11639 *Höllenrachen.* vgl. im Alten Testament Jesaja 5,14

11642 *bei diesem letzten Spiele.* Anspielung auf das Jesuitendrama, etwa Bidermanns „Cenodoxus, Doktor von Paris" (1602)
11647 *Flammenstadt.* ein Bild aus Dantes „Göttlicher Komödie"
11662f. *Stempel.* vgl. im Neuen Testament Offenbarung 19,20
11665 *Schläuche.* Dickbäuche (die Dickteufel)
11670 *Firlefanze.* närrische Tanzlehrer
11672 *strack.* straff, gerade (vgl. strecken)
11675 *das Genie.* die Seele
v. 11676 *Glorie.* Heiligenschein, auch: Herrlichkeit Gottes
rechts. in Darstellungen des Jüngsten Gerichts werden die Geretteten zur Rechten Christi, die Verdammten zu seiner Linken dargestellt (nach Matth. 25,33)
11676 *Gesandte.* die Engel, die „Boten" (so die Bedeutung von griech. „angelos")
11680 *Staub zu beleben.* vgl. im Alten Testament Prediger 3,20
11686 *Tag.* Helligkeit (vgl. vor Vers 11676)
11687 *bübisch-mädchenhaft.* Mephisto sieht die Engel als Hermaphroditen, vgl. Vers 11782)
11691 *das Schändlichste.* vieldeutig, vielleicht der Sündenfall oder die Kreuzigung Christi?
11693 *gleisnerisch.* heuchlerisch
Laffen. Gecken
11712 *Gauch.* Kuckuck, Narr (beides kaum einleuchtend hier). – Schöne (a. a. O.) belegt aus einem Universallexikon des 18. Jh., dass stinkende, scharf-brennende Käfer an Rosensträuchern Gauch genannt wurden
11717 *Broden.* heute Brodem, ekler Dampf
11744 *wie Pech und Schwefel ...* die verbrannten Rosenblätter bewirken bei Mephisto eine Hautentzündung (Wund-„Rose"), vgl. auch Verse 11785f.
11760 *mit ihr.* d. h. der Engelschar
11763 *Ich mag sie gerne sehn ...* in den folgenden Versen erliegt Mephisto einem sinnlich-deftigem Liebesspuk (Vers 11814)
11809 *hiobsartig.* vgl. im Alten Testament Hiob 2,7
11813 *die edlen Teufelsteile.* vgl. im Textzusammenhang: Mephisto findet aus der Liebesraserei wieder zu sich selbst
11831 *weggepascht.* von paschen = schmuggeln
v. 11844 *Anachoreten.* Einsiedler
v. 11854 *Pater ecstaticus.* in religiöser Verzückung
11858ff. *Pfeile ...* die Marterwerkzeuge
v. 11866 *Pater profundus.* gebildet nach „de profundis" („aus der Tiefe"), dem lat. Anfang des Bußpsalms 130
v. 11890 *Pater seraphicus.* d. h. zu den Seraphen (Engeln) gehörend – Beiname für Franz v. Assisi
11898 *Mitternachts Geborne.* nach altem Aberglauben sterben zur Mitternacht Geborene gleich nach der Geburt
11955 *peinlich.* gemeint ist „gepeinigt"
11956 *Asbest.* feuerfeste mineralische Faser

11962 *Zwienatur.* da es um Fausts Rettung geht, wohl als Vermischung von „rein" und „unrein" zu verstehen, vgl. die Verse 11964f.
11982 *Puppenstand.* Fausts Seele wird als aus der Verpuppung zu befreiender Schmetterling gesehen
11984 *Englisch.* engelhaft
v. 11989 *Doctor marianus.* Ehrentitel von Anselm v. Canterbury und Duns Scotus
v. 12032 *Mater gloriosa.* Maria, als Himmelskönigin verklärt (in der Glorie)
v. 12037 *Magna peccatrix.* Maria Magdalena, die große Sünderin, Lk. 7,36–39
v. 12045 *Mulier samaritana.* die samaritische Frau, der Jesus am Brunnen den Ehebruch vergibt, vgl. Joh. 4,6–29
v.12053 *Maria Aegyptiaca.* die „ägyptische Maria", eine bekehrte Sünderin aus den „Heiligenlegenden" (Acta Sanctorum)
12053 *hochgeweihtem Orte.* die Grabeskirche in Jerusalem
12059 *Scheidegruße.* die Bitte der Sterbenden, ihr Beichtvater möge für sie beten
12065 *dieser guten Seele.* gemeint ist Gretchen, die ab Vers 12069 spricht
v. 12069 *Una poenitentum.* „eine der Büßenden"
12069f. *Neige, neige ...* Gretchens Gebet knüpft an an „Faust I", Verse 3587ff.
12104f. *Alles Vergängliche ...* Schöne verweist hierzu auf 1. Korinther 13,12

ZUR TEXTGESTALTUNG

Für die Herstellung des Textes haben wir neben den von Erich Schmidt bearbeiteten älteren Ausgaben, der kritischen Weimarer Ausgabe und der Cottaschen Jubiläums-Ausgabe, die Hamburger Ausgabe von Erich Trunz und die Frankfurter Ausgabe von Albrecht Schöne zu Rate gezogen, die Rechtschreibung den neuen amtlichen Regeln aber behutsam angepasst.